"이 책의 저자인 스티븐 니콜스는 본회퍼의 삶과 신학의 핵심내용을 명료하고 흥미로우면서도 감동적으로 잘 소개하고 있다. 대부분의 본회퍼 연구가들이 범하는 실수를 비켜가는 그의 실력을 칭찬하지 않을 수 없다. 본회퍼의 삶을 연구할 때 소홀하기 쉬운 신학적 내용이나 또는 본회퍼의 신학을 연구할 때 그의 전기적 삶을 간과하는 어리석음을 여기에서는 거의 볼 수 없기 때문이다. 니콜스는 이 책을 통해서 본회퍼를 단순한 정치적 투쟁가나 세속화신학의 선구자로 간주하는 경향과 본회퍼를 복음주의의 틀 안에서만 해석하려고 하는 극단적인 경향을 모두 극복했다. 바른 균형감각으로 본회퍼의 삶과 신학을 정직하게 해석하고 오늘의 구체적인 교회 현실과 사회 상황 속에서 필요한 적용점을 이끌어내고 있는 것이다. 그리스도와 교회를 사랑했던 본회퍼, 기도와 성경읽기, 묵상을 강조했던 본회퍼를 알고 싶은 사람들이나, 세상을 위해 십자가로부터 형성되는 그리스도인의 삶을 실제로 살아내길 원하는 사람들에게는 이 책이 단순한 선택의 문제가 아니라 필수 과제로 다가올 것이다."

고재길, 장로회신학대학교 교수
『한국교회, 본회퍼에게 듣다』의 저자

"스티븐 니콜스처럼 역량 있는 사상가들이 그 누구도 모방할 수 없는 디트리히 본회퍼의 삶과 사상에 그들의 탁월한 지성을 쏟아 붓는 것을 지켜보는 것은 즐거운 일이다. 하지만 이 위대한 인물에 관해서는 아직도 써야 할 내용이 아주 많다. 갈급한 독자들이 그런 글을 기다리고 있다!"

에릭 메택시스, 뉴욕 타임즈 선정 베스트셀러 작가
『디트리히 본회퍼: 목사, 순교자, 예언자, 스파이』 저자

"당신은 이 책을 통해 디트리히 본회퍼의 이야기와 삶에서 생생한 감동과 자신의 맥박이 빨라지는 것을 느낄 것이다. 스티븐 니콜스는 길고 복잡한 삶에 관한 이야기를 우리 각자의 삶에 지속적으로 적용하도록 이끌어간다. 이 책은 나에게 오직 살아계신 하나님과의 강렬한 교제로나 얻을 수 있는 용기를 얻기 위해 기도할 것을 촉구한다. 이 책을 읽으라. 그리고 강건해지라."

러셀 무어, 『왜 우리는 유혹을 이길 수 없는가』 저자

"'인간의 약함이 하나님 은혜를 위한 길을 닦는다.' 디트리히 본회퍼를 그리스도인의 삶을 위한 안내자로 여기는 스티븐 니콜스는 이렇게 쓰고 있다. 하지만 히틀러에 맞서 일어선 사람을 어떻게 약하다고 할 수 있을까? 바로 이것이 본회퍼를 그토록 매력적으로 만들어 주는 요소이며 우리가 그에게 주목해야 할 이유다. 니콜스는 본회퍼의 그리스도 중심적 통찰들을 이용해 고백, 자유, 그리고 사랑 같은 문제들을 다룬다."

콜린 한센, 인터넷 사이트 Gospel Coalition 편집장, 『하나님 규모의 비전』 공동저자

"본회퍼는 확신과 연민, 명확함과 모호함, 내러티브와 시 모두에 탁월했던 독특한 사람이다. 이 사람을 통해 교회는 모든 신학이 살아 있는 신학임을 강력하게 상기하게 된다. 이 책에서 스티븐 니콜스는 우리를 본회퍼의 복잡한 세계 속으로 이끌어 십자가, 공동체, 그리고 살아 있는 하나님의 말씀 같은 중요한 주제들에 풍성한 성찰을 제공한다. 독자들은 이 책에서 공정한 역사적 재구성과 현명한 목회적 조언이 조화되는 모습을 발견할 것이다."

켈리 카픽, 커버넌트 칼리지 신학 교수

"디트리히 본회퍼의 삶은 하나님의 능력이 우리의 약함 가운데서 온전해진다는 진리를 예증한다. 나치 체제에 맞선 용기 있는 싸움은 그가 말하는 십자가 중심적 신학과 약함이 기독교 영성의 출발점이라는 믿음에 대한 강력한 증거다. 스티븐 니콜스는 통찰력과 명확함, 지혜에 의지해 우리를 이 겸손하지만 영웅적인 목회자의 삶과 사역 속으로 이끌어간다. 본회퍼는 모든 그리스도인의 삶이 그리스도의 십자가 안에 있는 하나님의 은혜로부터 흘러나온다는 것을 알려 준다."

저스틴 홀콤, 리서전스 사역 대표, 『하나님의 은혜에 관하여』 저자

십자가에서
세상을
향하여

십자가에서 세상을 향하여

ABBA
CHRISTIAN
LIFE
SERIES
I

본회퍼가
말하는
그리스도인의 삶

스티븐 니콜스 **지음**
김광남 옮김

아바서원

수십 년간 기독교 출판 사역에 헌신한 공로와
내게 베풀어 준 우정에 감사하며
앨런 피셔에게 드립니다.

목차

시리즈 서문   _10

감사의 글   _12

약어표   _14

제1부   서론
1. 본회퍼와의 만남   _16

제2부   기초
2. 그리스도 안에서   _32
3. 공동체 안에서   _74

제3부   훈련
4. 말씀   _108
5. 기도   _141
6. 고백   _165

제4부 삶

7. 세속성 _188

8. 자유 _223

9. 사랑 _248

제5부 문헌

10. 본회퍼 읽기 _278

부록 A 본회퍼 생애 연표 _287

부록 B 그리스도인의 삶에 관한

본회퍼의 사상 개요 _289

시리즈 서문

우리는 그리스도인의 삶에 관한 온갖 자원이 넘치는 시대에 살고 있다. 책, DVD 시리즈, 온라인 자료, 세미나 등 날마다 그리스도와 동행하도록 격려하는 매체와 기회가 주변에 즐비하다. 오늘날의 평신도는 과거에 학자들이 꿈꾸었던 것보다 더 많은 정보를 접할 수 있다.

그러나 이 모든 풍부한 자원에도 불구하고 무언가 빠진 것이 있다. 그것은 과거, 곧 우리와 다른 시대와 장소에서 지금을 바라보는 관점이다. 달리 표현해서 현재의 지평선 위에 너무도 많은 것이 있어서 과거의 지평선을 바라보지 않는다는 말이다.

이는 안타까운 현상이 아닐 수 없다. 제자의 길을 배우고 실천하는 문제를 생각하면 더욱 안타깝다. 마치 대저택을 소유하고도 한 방에만 살겠다고 고집하는 모습과 같다. 이 시리즈는 다른 방들도 탐색해 보라고 당신을 초대한다.

우리가 탐색을 시작하면 지금과는 다른 장소와 시대를 방문하게 될 것이다. 거기서 다른 모델들과 접근법, 강조점들을 보게 될 것이다. 이 시리즈는 이런 모델들을 무비판적으로 모방하라고 격려할 의도가 없으며 과거의 어떤 인물을 우리와는 종족이 다른 '슈퍼 그리스도인'인양 저 높은 곳에 올려놓을 생각도 없다. 오히려 당신에게 과거에 귀를 기울여보라고 권한다. 지난 20세기에 걸친 교회 역사 속에 그리스도인으로 사는 데 필요한 지혜가 있다고 믿기 때문이다.

_스티븐 니콜스, 저스틴 테일러

감사의 글

책을 구입하는 이들은 저자에게 빚을 진다. 저자 역시 누군가에게 빚을 진다. 이 책의 저자인 나 역시 여러 사람들에게 많은 빚을 졌다. 내가 이 책을 쓰는 동안 직·간접적으로 나를 도왔던 친구들에게 감사를 전한다. 그중에는 케이스 크루거, 팀 라센, 크리스 라손, 신 루카스 그리고 제프 트림배스가 있다. 또한 나는 이 책의 초벌 원고 전체를 읽고 아주 유익한 논평과 교정을 해준 데일 모트에게 감사드린다.

나는 이 책의 집필 작업에 흔쾌히 지원해 준 랭커스터 바이블 칼리지에도 빚을 졌다. 특히 피터 티규 박사와 필립 디어본 박사의 지속적인 격려에 대해 깊이 감사드린다. 나의 학생들 역시 감사의 말을 들어야 마땅하다. 그들은, 비록 자발적인 것은 아니었을지라도, 내가 지난 3년간 거의 모든 수업 시간에 불쑥불쑥 본회퍼 이야기를 꺼내는 것을 감내해 주었다. 특히 이 원고의 마지막 부분을 꼼꼼하게 읽어 준 마이클 바우어와 앤드류 키난에게 감사한다.

크로스웨이 출판사의 톰 나타로는 명민하고 세심한 편집자임을 다시 한 번 입증했다. 이 시리즈의 공동 편집자이자 소중한 친구인 저스틴 테일러에게도 감사드린다. 이 시리즈, 특히 본서와 관련된 작업을 그와 함께한 것은 나로서는 큰 기쁨이었다. 나는 이번에도 그에게 빚을 졌다.

나는 가족에게도 빚을 졌다. 가족들은 이 책과 관련해 늘 신경을 써주었다. 특히 하이디에게 감사한다.

마지막으로 내가 앨런 피셔에게 진 빚에 대해 언급해야겠다. 지난 수십 년간 앨은 기독교 출판계에서 일했다. 처음에는 베이커, 그 다음에는 P&R, 그리고 지난 8년간은 크로스웨이에서. 앨은 내가 이 일에 뛰어들도록 격려했고, 내가 저술 활동을 한 지난 12년 동안 변함없이 나를 도와주었다. 나와 다른 여러 작가들, 그리고 독자들은 그에게 많은 빚을 지고 있다. 본회퍼는 어느 순간 우리가 자신의 마음을 표현할 수 없게 되는 것에 대해 이렇게 말한 적이 있다. "굉장한 말을 하려는 모든 욕망이 사라진다." 그래서 당신에게 그저 이렇게 말하고자 한다. 앨, 고마워요!

약어표

DBWE 1   *Dietrich Bonhoeffer Works*, 영어판 제1권
            Sanctorum Communio
DBWE 2   *Dietrich Bonhoeffer Works*, 영어판 제2권
            Act and Being
DBWE 3   *Dietrich Bonhoeffer Works*, 영어판 제3권
            Creation and Fall
DBWE 4   *Dietrich Bonhoeffer Works*, 영어판 제4권
            Discipleship
DBWE 5   *Dietrich Bonhoeffer Works*, 영어판 제5권
            Life Together and Prayerbook of the Bible
DBWE 6   *Dietrich Bonhoeffer Works*, 영어판 제6권
            Ethics
DBWE 7   *Dietrich Bonhoeffer Works*, 영어판 제7권
            Fiction from Tegel Prison
DBWE 8   *Dietrich Bonhoeffer Works*, 영어판 제8권
            Letters and Papers from Prison
DBWE 9   *Dietrich Bonhoeffer Works*, 영어판 제9권
            The Young Bonhoeffer: 1918-1927
DBWE 10   *Dietrich Bonhoeffer Works*, 영어판 제10권
            Barcelona, Berlin, New York: 1928-1931
DBWE 11   *Dietrich Bonhoeffer Works*, 영어판 제11권
            Ecumenical, Academic, and Pastoral Work: 1931-1932
DBWE 12   *Dietrich Bonhoeffer Works*, 영어판 제12권
            Berlin: 1932-1933
DBWE 13   *Dietrich Bonhoeffer Works*, 영어판 제13권
            London: 1933-1935
DBWE 15   *Dietrich Bonhoeffer Works*, 영어판 제15권
            Theological Education Underground: 1937-1940
DBWE 16   *Dietrich Bonhoeffer Works*, 영어판 제16권
            Conspiracy and Imprisonment: 1940-1945
  LPP   Dietrich Bonhoeffer, *Letters and Papers form Prison*, 확대판. 편집
            Eberhard Bethge. New York: Simons & Schuster, 1997.
  LT   Dietrich Bonhoeffer, *Life Together*. 번역 Jon W. Doberstein.San Francisco:
            Harper, 1954.

*미네아폴리스에 위치한 포트리스 출판사가 출판한 *Dietirch Bonhoeffer Works*는 에버하르트 베트게 등이 편집한 총 16권으로 이루어진 *Dietrich Bonhoeffer Werke* (Munich: Christian Kaiser Verlag, 1986-1999)의 영어 번역본이다.

제1부

서
론

오늘은 골프를 배워 볼까 합니다.

디트리히 본회퍼
그의 형 칼 프리드리히에게 보낸 편지에서
필라델피아, 1930년

1. 본회퍼와의
만남

―――――

나는 그 동안 내게 일어난 일들 중 의미 없는 것은 하나도 없다고, 설령
상황이 우리가 바라는 것과 상충할지라도 결국 그것이 우리에게 좋은
것이라고 믿는다. 지금의 내 삶에 어떤 목적이 있다고 믿는데, 그것을 이
룰 수 있기를 바랄 뿐이다.

_디트리히 본회퍼[1]

1939년 7월의 어느 무더운 여름날, 디트리히 본회퍼가 증기선 브레멘
호에서 내려 뉴욕 항 부두 위로 발을 내디뎠다. 그 해에 부두는 분주
했다. 뉴욕시는 만국 박람회를 주최하는 중이었는데, 그 행사는 임박
한 세계대전의 긴장으로 그늘져 있었다. 9월에는 부두를 보호하기 위
해 미 해군 함대가 이동했고 해안가에는 독일의 잠수함 공격에 대비
해 기뢰들을 설치했다. 본회퍼는 그런 긴장에 대해 아주 잘 알고 있었
다. 그는 한동안 그보다 훨씬 더 큰 긴장 속에서 살았고 그 긴장에서
벗어나기 위해 미국으로 향했기 때문이다.

본회퍼는 전에 이미 미국을 다녀간 적이 있었다. 그의 첫 번째 미국

―――――

1 Renate Bethge, *Dietrich Bonhoeffer: A Brief Life* (Minneapolis: Fortress, 2004), 68에
서 재인용.

여행은 9년 전 일이었다. 당시 이미 박사학위를 갖고 있던 본회퍼는 베를린 대학교에서 교수직을 시작하기 전에 미국의 신학계를 살펴보고 도움을 얻을 계획이었다. 그런 이유로 그는 독일을 떠나 뉴욕에 있는 유니온 신학교에서 1년간 시간을 보냈다. 그 첫 번째 미국 체류 기간에 그는 몇 사람의 신학자들과 깊은 우정을 나눴다.

본회퍼의 이 두 번째 미국 여행을 계획하고 추진한 이는 그때 교제했던 친구인 유니온 신학교의 교수 라인홀드 니버(Reinhold Niebuhr)였다. 니버는 미국 전역에 있는 동료 학자들에게 서둘러 편지를 보내 본회퍼를 위한 강연 스케줄을 짰다. 그것은 체류비를 마련하기 위함과 동시에 그가 보다 실제적이고 영속적인 교수직을 얻도록 돕기 위함이었다. 서른세 살의 젊은 나이에 이미 인상적인 학문적 업적을 세운 본회퍼의 미래는 아주 밝았다.

그런데 본회퍼는 니버의 그런 노력을 헛된 것으로 만들 참이었다. 배에서 내릴 무렵, 그는 자신이 잘못된 선택을 했음을 알고 있었다. 그는 독일로 돌아가기를 바랐다. 그의 일기는 당시 그의 심정을 이렇게 기록하고 있다. "결정은 내려졌다."[2] 그는 니버에게 편지를 보내 "내가 미국에 오기로 한 것은 실수였습니다"라고 말했다. "우리 민족 역사의 어려운 시기에 나는 독일의 그리스도인들과 함께 있어야 합니다."[3] 또한 본회퍼는 두 사람 모두의 친구였던 폴 레만(Paul Lehmann)에게 이렇게 썼다. "상황이 심각해지고 있는 지금 나는 마땅히 나의 형제들과 함께 있어야 합니다."[4]

---

2 Bonhoeffer, "American Diary," 1939년 6월 20일, *DBWE* 15:226. 그는 다음날 그의 일기에 최종적으로 "하나님은 아신다"라고 씀으로써 그 결정과 관련된 그의 싸움이 끝났음을 알려 준다.
3 본회퍼가 1939년 6월 말에 라인홀드 니버에게 보낸 편지에서. *DBWE* 15:210.

본회퍼는 독일이 그 전쟁에서 살아남을 거라고 예상했다. 또한 독일 교회가 그 나라와 마찬가지로 재건될 것이라고 여겼다. 그러니 만약 교회가 그의 도움을 가장 절실하게 필요로 하는 순간에 그가 교회를 버린다면, 교회를 재건하는 과정에서 어떤 역할을 할 수 있겠는가?

레만에게 보낸 편지에서 니버는 본회퍼의 결정과 관련해 이렇게 말할 수밖에 없었다. "나로서는 도무지 이해할 수가 없습니다."[5] 하기야 그런 결정을 누가 이해할 수 있겠는가? 도대체 어떤 사람이 전쟁의 소동과 잔해에서 멀리 떨어진 자유롭고 민주적인 사회에서 대학 순회 강연이나 하는 안락한 삶을 마다하고 생명의 위협을 감수하며 전체주의 체제와 맞서겠는가? 더구나 이것은 단발적인 결정도, 열정적인 영웅주의도 아니었다.

그가 독일로 돌아가 히틀러의 나치 체제와 맞서 궁극적으로 기꺼이 죽으려 했던 것은 모두 잘 연마된 반사 신경에서 나온 것이었다. 1939년, 그는 확실한 기회가 있었지만 독일로부터 도망치지 않았다. 당신과 내가 심장이 뛰는 것을 멈추게 할 수 없는 것만큼이나 그렇게 할 수 없었다. 1939년 여름, 삼복더위가 기승을 부리던 뉴욕에서 본회퍼가 내렸던 결정을 이해하려면 먼저 본회퍼 자신을 이해해야 한다.

우리는 이 사건을 본회퍼의 영웅주의에 대한 증거로 여겨서는 안 된다. 본회퍼의 이런 충동은 이해할 만하고 심지어 매력적이기까지 하지만, 오해의 소지가 있다. 그가 쓴 편지와 일기는 완전히 다른 방향을 가리킨다. 그 행위는 꾸며 낸 용기가 아니었다. 오히려 그의 결정은 부서지기 쉬운 믿음을 보여 준다. 그는 영웅적인 인물이 아니라

---

4 본회퍼가 1939년 6월 30일에 폴 레만에게 보낸 편지에서, *DBWE* 15:209.
5 니버가 1939년 7월 8일 폴 레만에게 보낸 편지에서, *DBWE* 15:216.

겸손한 사람이었다. 그는 하나님을 전적으로 의존한 자였다. 그는 일기에 이렇게 썼다. "하나님은 분명히 오늘 내가 내린 결정, 겉보기에 용기 있는 것으로 보일 수도 있는 이 결정 안에 얼마나 많은 근심과 두려움이 들어 있는지 알고 계신다. … 하나님께서 오늘 내가 내린 결정에 자비로운 심판을 내려주시기를 기도할 뿐이다. 이제 모든 것은 하나님의 손에 달려 있다."[6]

그의 일기장을 몇 장 뒤로 넘기다 보면 그가 말한 "하나님의 손에 달려 있다"가 그리스도를 통해서, 그리고 그리스도 안에서 하나님의 자비를 얻는 것을 의미한다는 것을 알게 된다. 그가 미국에서 쓴 일기의 처음 몇 장이 그 점을 분명하게 증언해 준다. "우리는 자신의 특별한 지식과 경험이 아니라 오직 그리스도의 자비에 전적으로 의존해 살고 말할 때만, 스스로 독실한 신자인 척하지 않게 될 것이다."[7]

본회퍼를 이해하려면, 우리 자신의 한계와 하나님의 한계의 완전한 부재를 이해해야 한다. 본회퍼는 자신을 이해력과 경험, 의지, 강함 모두에서 분명한 한계가 있는 자로 여겼다. 자신을 신뢰하는 것은 완전한, 그리고 아주 분명한 위선이며 바리새인적인 신앙이다. 하지만 하나님을 신뢰하는 것은 그것과는 전혀 다른 문제다. 따라서 우리는 무엇보다도 믿음으로 사는 것이 무엇을 의미하는지 알아야 한다.

본회퍼는 믿음으로 사는 것(그는 그것을 참으로 사는 것이라고 말한다)은 "의무와 문제, 성공과 실패, 경험과 혼돈 속에서 거침없이 살아가는 것"을 의미한다고 썼다.[8] 그는 현대 세계에 속한 교회와 제자들에게 값

6 Bonhoeffer, "American Diary," 1930년 6월 20일, *DBWE* 15:227.
7 Bonhoeffer, "American Diary," 1939년 6월 8일, *DBWE* 15:217.
8 본회퍼가 1944년 7월 21일 에버하르트 베트게에게 보낸 편지에서, *LPP*, 370.

싼 은혜의 값비싼 대가에 대해 썼다. 그는 기독교가 문화를 수용한 나머지 문화의 포로가 된 예들을 너무 많이 목격했다. 그래서 그는 교회와 교회의 제자들에게 값비싼 은혜와 제자도의 대가에 대해 생각할 것을 요구했다. 값비싼 제자도는 그리스도의 포로가 되는 것을 의미한다. 그것은 그리스도 중심적이다.

그리스도 중심적으로 현실을 바라본 그는 이 영역 안에서 살아가는 것을 설명하기 위해 '그리스도의 현실'(*Christuswirklichkeit*)이라는 신조어를 만들어 내기까지 했다.[9] 또한 본회퍼는 이런 그리스도 중심적인 삶 혹은 그리스도의 현실 안에서의 삶이 어떻게 우리와 그리스도의 연합에 중심을 둔 공동생활 곧 공동체의 삶이 되는지를 설득력 있게 설명했다. 우리는 위대한 일을 성취하는(그것은 우리 시대에 그리스도인의 삶을 살아가는 것에 대한 불행하고도 만연한 모델이다) 개별적인 영웅들이 아니다. 오히려 우리는 믿음으로 그리스도 안에서 함께 살아간다.

그러나 본회퍼를 이해하려면 단순히 그리스도 안에서의 이런 믿음의 삶을 신학적으로 이해하는 것 이상의 무언가가 필요하다. 우리로서는 그의 신학의 이런 핵심적 내용이 어떻게 그 자신의 매일의 삶에 나타났는지를 살펴볼 필요가 있다. 본회퍼는 신학자요 교인이었으나 또한 한 인간이었다.

언젠가 본회퍼는 이런 시를 썼다.

멀리서 혹은 가까이서
기쁨 속에서 혹은 슬픔 속에서

---

9 *DBWE* 6:58.

서로에게서

자신을 형제애로 가득 찬 자유로

이끌어가는 참된 조력자를 목도한다.[10]

본회퍼는 소설을 쓰려 한 적이 있었다. 한때 그는 기타를 치는 젊은 목회자로 살았다. 영화관과 미술관을 자주 어슬렁거렸으며 미술과 음악, 건축에 조예가 깊었다. 언젠가 그는 감옥에서 다음과 같이 쓴 적이 있다. "남부 지역에 풍경화가 될 만한 곳이 드물다는 자네의 의견은 옳네. 하지만 프랑스 남부와 고갱은 예외겠지?"[11] 베를린 대학교의 신학 교수였던 그는 자신과 다른 환경에서 성장한 일단의 거친 젊은이들을 지도했다. 이 젊은이들이 첫 번째 성찬을 받게 되자 그는 그들 모두에게 새 옷을 사주었다.

본회퍼는 지하 신학교를 이끌었다. 그는 종종 이른 오후에 강의를 하면서 창밖을 내다보았다. 태양이 비추고 시원한 산들바람이 나뭇가지를 부드럽게 흔들던 어느 날, 그는 축구공을 집어 들고 문 밖으로 나갔고 학생들이 그를 뒤따랐다. 하루만 그랬던 것이 아니다.

한편 본회퍼는 스파이였다. 그는 유대인들이 나치를 피해 달아나도록 도왔다. 히틀러 암살의 공모자들 중 하나였던 것이다.

본회퍼는 1943년 1월에 마리아 폰 베데마이어(Maria von Wedemeyer)와 약혼했으나, 그로부터 3개월 후 테겔 형무소에 수감되었다. 1944년 가을, 베를린에 있는 게슈타포 감옥으로 이감된 그는 그곳에서 책과 신문, 펜과 잉크와 단절된 채 폭탄 투하를 알리기 위해 끊임없이

---

10 Bonhoeffer, "친구," 1944년 8월, *LPP*, 390.
11 본회퍼가 1944년 3월 25일 에버하르트 베트게에게 보낸 편지에서, *LPP*, 239.

울리는 사이렌 소리를 들으며 삶의 마지막 몇 주간을 보냈다.

이런 면에서 그는 순교자이기도 했다.

디트리히 본회퍼는 그의 삶과 작품을 통해 우리를 매료시키며 우리의 주목을 끈다. 두 살배기 아이의 앙탈이 아니라 지혜로운 친구의 조용하고 신뢰할 만한 음성으로 그렇게 한다. 본회퍼의 음성은 조용하기는 하나 결코 침묵하지 않는다. 그가 태어나 1세기가 지난 지금도 그의 음성은 여전히 분명하게 울리고 있다.

데이비드 맥컬로우(David McCullough)는 이렇게 말한다. "우리는 한 번도 만난 적이 없는 이들에게서 영향을 받아 사고를 형성한다." 이것은 아주 분명한 사실이다. 아마도 본회퍼는 한 명의 신학자로서, 그리고 그의 삶에 나타난 말과 행위를 통해 우리가 어떻게 그리스도인의 삶을 살고, 그리스도의 제자가 되며, 그리스도의 현실(Christuswirklichkeit) 속에서 살아갈 수 있는지를 보여 줌으로써 우리를 가장 잘 형성시켜 줄 것이다.

그의 책 『나를 따르라』(The Cost of Discipleship, 대한기독교서회)는 모든 관심을 그 주제에 집중한다. 『나를 따르라』는 그 자체로 하나의 유산이 될 것이다. 하지만 본회퍼는 우리에게 그 이상이다. 우리는 관심을 넓히기 위해 그에 대한 기억뿐 아니라 우리 자신에게도 의존해야 한다. 그리스도인의 삶에 관한 본회퍼의 사상을 살피는 이 책은 바로 그 일을 의도하고 있다.

『나를 따르라』는 우리에 대해 아무것도 묻지 않는 기독교와 이것을 자연스럽게 받아들이는 모든 것에서 180도 방향을 전환하라고 요구한다. 또한 우리는 값싼 은혜와 값비싼 은혜의 차이를 배운다.

한편 우리는 『신도의 공동생활』(Life Together, 대한기독교서회)과 그가 스물한 살이 못 되어 쓴 박사학위 논문 "성도의 교제"(Sanctorum

Communio)를 통해 그리스도인의 삶은 '홀로' 그리고 그와 동시에 '함께' 사는 것임을 배운다. 우리에게 도전이 될 수 있는 부분은 '함께'라는 영역이다. 그리고 우리 시대에 전문적인 어감을 줄 정도로 유행어가 된 '공동체'의 내용을 이루는 것 역시 바로 이 '함께'라는 부분이다.

본회퍼에게 공동체는 단순한 유행어 이상의 의미를 갖는다. 그것은 그의 삶이었다. 그의 친구 에버하르트 베트게(Eberhard Bethge)가 편집해 그의 사후에 출판된 『옥중서간』(*Letters and Papers from Prison*, 대한기독교서회)에서 본회퍼는 우리에게 다음과 같이 가르친다. "우리가 믿음을 갖는 것은 오직 이 세상에 살아야만 가능하다네."[12] 이것은 그가 매우 좁은 감옥에 갇혀 지낼 때 한 말이다.

또한 우리는 그의 출간되지 않은 미완의 소설(이것 역시 그가 투옥 중에 쓴 것이다)을 통해 교회의 참된 본질과 과업, 그리고 사명에 대해 배운다. 그의 미완의 대표작인 『윤리학』(*Ethics*, 대한기독교서회)은 그의 여러 에세이들과 강연, 설교, 심지어는 그의 일기와 투옥 중에 거칠게 기록한 단편적인 생각까지 우리에게 전해 주고자 했던 그의 신앙과 신념을 보여 준다.

또한 본회퍼는 그의 행위(삶과 죽음 모두)를 통해 우리가 어떻게 하나님을 사랑하고 섬길 수 있는지를 알려 준다. 바울처럼 본회퍼 역시 비천과 풍부 양 극단 모두에 처하는 것에 대해 알고 있었다(빌 4:12). 그는 성장기 동안 중산층 가정의 삶을 누렸다. 어린 시절, 그는 여름이면 별장에서 긴 휴가를 보냈고, 가정교사에게 세심한 교육을 받았으며, 집 거실을 겸한 가족 소유 음악당에서 가족 오라토리오를 연주하

---

12 *LPP*, 369.

는 등 다양한 경험을 했다. 그 후 그는 권위 있는 베를린 대학교에서 학문적 활동을 시작했다.

그러나 히틀러가 등장했다. 본회퍼는 교수 자격을 상실했고, 베를린에서 핑켄발트로 내려가야 했다. 핑켄발트는 호사스럽고 사치스러운 학교가 아니라 쇠락해 가는 수도원을 닮은 공터나 다름없었다. 얼마 후 그는 투옥되었다. 언젠가 감옥에서 그는 새들의 노랫소리를 듣고 색채를 보기를 바랐다. 그는 결핍에 처하는 것이 무엇을 의미하는지 아주 잘 알았다.

> 나는 내가 알고 있는 자에 지나지 않는 걸까?
> 새장 속의 새처럼 불안하게 갈구하다 병들고,
> 손으로 목을 졸렸을 때처럼 숨을 쉬기 위해 애쓰고,
> 색채와 꽃, 새들의 노랫소리를 그리워하고,
> 친절한 말과 인간적인 친근함을 그리워하는….[13]

그리고 바울이 그랬던 것처럼 이런 비천함과 풍요로움의 경험이 본회퍼를 만족에 이르도록 이끌어 주었다. 그는 1945년 새해를 기념하는 시에서 그것에 대해 말했다. 당시 그는 1944년 한 해를 나치 체제의 감옥에서 보낸 상태였다. 1944년 섣달그믐, 그는 이렇게 썼다. "낡은 해가 우리의 마음을 여전히 괴롭히고 있다."[14] 12월에도 그는 여전히 베를린에 있었다. 그리고 편지와 책의 유출입은 가뭄에 콩 날 정도로 줄어들었다.

그렇게 드물게 나온 편지 중 하나(어머니의 생일에 보내도록 허락된 편지)에

---

13 Bonhoeffer, "나는 누구인가?" 1944년 7월, *LPP*, 348.

그는 신년을 기념하기 위해 쓴 "선의 능력"이란 시 한 편을 써 넣었다.

당신의 명령을 따라 슬픔의 잔을 마시는 것이,
고통의 앙금까지 마시는 것이 우리의 몫이라면,
우리는 당신의 손으로 주신 모든 것을
망설이지 않고 감사함으로 받겠습니다.

그러나 다시 한 번 우리에게 삶의 즐거움과
밝은 햇살을 주시는 것이 당신의 뜻이라면,
슬픔을 통해 배운 것이 우리를 성장시킬 것입니다.
그리고 우리의 모든 삶은 당신의 것이 될 것입니다.[15]

우리에게 삶의 궁극적 역설을 제공하신 분은 그리스도였다. "자기 목숨을 얻는 자는 잃을 것이요 나를 위하여 자기 목숨을 잃는 자는 얻으리라"(마 10:39). 그리스도는 제자들에게 각자 자기의 십자가를 지라고 말씀하신 직후에 이 말씀을 하셨다(마 10:38). 즉 부르심은 처음부터 제자도로의 부르심, 곧 그리스도인의 삶을 살라는 부르심이었던 것이다. 본회퍼는 아마도 이 사실을 20세기의 다른 모든 사람들보다 훨씬 더 잘 이해했을 것이다. 또한 가장 어두운 밤이든 빛으로 충만한 낮이든 상관없이 그런 삶을 살았을 것이다. 그는 거침없이 그리스도께 헌신하는 것, 곧 믿음으로 사는 것이 무엇을 의미하는지 이해하고 있었다.

---

14 *LPP*, 400.
15 *LPP*, 400.

그러므로 본회퍼는 오늘날 우리가 그리스도인의 삶을 사는 데 필요한 안내자 역할을 할 수 있는 신학자가 될 자격이 있다. 그는 문자 그대로 제자도에 관한 책을 썼다. 하지만 이미 고전이 된 그의 작품 『나를 따르라』 이상의 무언가가 있다. 그는 제자도의 삶을 살았다. 카터 패밀리(Carter Family, 1927-1956년 사이에 음반 활동을 했던 컨트리 뮤직 그룹 – 역자주)가 웅얼거리며 노래하듯, "근심스러운 노래를 부르기 위해서는 근심에 찬 사람이 필요하다." 나는 이것을 진정성이 중요하다는 것을 강조하는 말로 여긴다. 그런데 진정성과 관련된 주장은 무엇보다도 제자도와 관련해 제기해야 한다. 카터 패밀리의 이 노랫말은 당신이 가짜를 탐지할 수 있음을 의미한다. 본회퍼는 사기꾼이 아니었다. 그는 제자였기에 제자도에 관해 아주 잘 노래할 수 있었고, 설교하고 쓸 수 있었다.

오늘날 우리는 교회사 속의 그 어느 시기보다도 그리스도인의 삶에 관한 많은 자료를 책, 세미나, 회의, 그리고 DVD 등의 형태로 갖고 있다. 그런 자료 중 많은 것이 우리의 개인적인 기도생활과 사적인 경건 시간 등에 초점을 맞추고 있다. 그런 점에서 우리가 수행해야 할 이런저런 의무에 초점을 맞추고 있는 것은 당연한지 모른다. 더 나아가 영성에 관한 이런 담화들 중 많은 것이 내세 중심적으로, 즉 이 세상의 우여곡절과 무관한 것으로 들린다.

로드니 클랩(Rodney Clapp)은 내세에 대한 이와 같은 강조는 살과 피를 가진 인간들이 아니라 천사들을 위한 영성을 낳을 뿐이라고 꼬집는다.[16] 특히 북미 복음주의의 영향을 받은 우리는 그리스도인의 삶

---

16 Rodney Clapp, *Tortured Wonders: Christian Spirituality for People, Not Angels* (Grand Rapids: Brazos, 2006).

과 영성을 이처럼 개인적인 행위나 수행 중심적인, 그리고 초연하고 내세적인 방향에서 정의하려 한다. 대개 이런 방식을 따르는 제자도는 우리를 패배하고 낙심하게 한다. 인간이 천사 수준의 삶을 살기란 어려운 일이기 때문이다.

본회퍼는 개인적이고 영적인 제자도 곧 "혼자 사는 삶"에 관해서도 말했으나, "공동생활"에 관해서도 우리가 그리스도와 그리스도의 몸인 교회 안에서 서로에게 연합되어 있음을 상기시켰다. 본회퍼는 의무뿐 아니라 은혜도 선포했다. 그는 루터교 신자였고, 그런 까닭에 '은혜'라는 개념을 결코 잊지 않았다. 마지막으로 본회퍼는 다가올 세상에서의 삶에 대해 말했는데, 그의 제자도는 이 타락한 세상의 변동과 밀접하게 관련된 "세속적인 제자도"였다. 과거로부터 오는 이런 목소리는 지금 우리가 그리스도와 동행할 때 발을 헛딛지 않도록 도와준다. 우리는 그를 만나 그가 그의 말과 행위를 통해 말하고자 했던 것에 귀 기울여야 한다.

~~~~~~~~~~

본회퍼가 그의 동료와 제자들에게 전해 주고자 했던 모든 것에 대한 탐험은 그가 말하는 그리스도인의 삶의 기초들을 살피는 것으로 시작하려 한다. 그는 우리에게 십자가 중심의 삶을 권한다. 본회퍼 학자들은 그의 사상의 핵심을 "그리스도-교회론"(Christo-ecclesiology)이라고 부른다. 이것은 본회퍼가 그리스도론과 교회론을 마치 바퀴의 중심축처럼 신학의 핵심으로 삼았다는 것을 의미한다. 본회퍼의 교회론은 그의 그리스도론에서 자연스럽게 필연적으로 흘러나온다. 그러므로 우리는 먼저 본회퍼의 그리스도론(2장)에서 시작해 그의 교회론

(3장)으로 나아갈 것이다.

본회퍼는 그가 좋아하는 신학자였던 마르틴 루터에게서 영향을 받았다. 루터의 신학에서도 그리스도가 핵심이었다. 그리고 그 핵심 중의 핵심에는 십자가에 달린 그리스도가 있었다. 루터는 본회퍼가 그랬듯이 삶의 초기부터 그의 삶 전체에 이르기까지 십자가 신학에 대해 말했다. 신학과 마찬가지로 그리스도인의 삶 역시 십자가에서 흘러나온다.

이런 십자가의 삶(본회퍼의 그리스도론)과 교회 안에서의 삶(그의 교회론)은 모두 그리스도인의 삶의 훈련으로 이어진다. 이 책에서 우리는 그런 훈련 중 세 가지를 살펴볼 것이다. 바로 성경을 읽고 그것에 순종하는 것과 기도, 그리고 신학의 실천이다. 내가 이 세 가지를 택한 것은 본회퍼가 1930년대 말, 자신이 이끌었던 지하 신학교에서 힘든 상황을 보내면서 이 세 가지 훈련을 목회자들을 위한 교육의 핵심 요소로 여겼기 때문이다.

그는 자신이 지도하는 학생들이 성경을 읽는 방법을 알아 실제로 성경을 읽기를 바랐다. 그는 그들이 기도하는 방법을 알아 실제로 기도하기를 바랐다. 그는 그들이 신학적으로 사고하여 실제로 그렇게 살기를 바랐다. 그에게 신학 교육은 지식(고대인들이 *scientia*라고 불렸던)을 나눠주는 것과 영적 형성, 그리고 삶(고대인들이 *formation*이라고 불렸던)과 상관이 있었다. 그리고 이것은 "암컷 거위에게 좋은 것은 수컷 거위에게도 좋다"라는 속담을 예증해 준다. 다시 말해 목회자들에게 좋은 것은 우리 모두에게도 좋다는 것이다. 이 세 가지는 그리스도인의 삶의 핵심적 실천사항이고, 이 모두가 예배를 구성한다.

다음으로 우리는 본회퍼의 성경론(4장)을 살펴볼 것이다. 이것은 본회퍼가 보수 혹은 복음주의 신학자였는지 아니면 자유주의 신학자였는지에 관한 논쟁에서 중요한 항목이다. 하지만 우리는 여기서 그치지 않고 본회퍼의 성경 읽기와 우리가 그것을 배우기 위해 견지해야 할 것에 대해서도 살필 것이다. 다음으로 기도(5장)가 나온다. 역설적이게도 이것은 그리스도인의 삶에서 가장 쉬우면서도 가장 어려운 실천 사항이다. 마지막으로 우리는 신학적으로 사고하며 살아가는 것(6장)에 대해 살펴볼 것이다. 때때로 신학은 그리스도인의 삶에 흉터를 내기도 한다. 이는 신학은 이론이고, 그리스도인의 삶은 실천이라는 이분법적 오류에서 비롯된 것이다. 이에 본회퍼는 우리가 그 둘의 연합을 보고 치명적인 분열에 빠지지 않도록 도울 것이다.

이런 십자가의 삶은 단지 성경과 기도, 신학이라는 세 가지 훈련으로만 이어지는 것이 아니라 우리를 이끌어 세상 속으로 들어가게 한다. 이 훈련들은 우리를 세상을 위해 살도록 이끈다. 이 책의 마지막 세 장에서 우리는 먼저 본회퍼의 진기하면서도 유쾌한 "세속적인 기독교"라는 표현을 살펴봄으로써 세상을 위해 사는 것이 무엇을 의미하는지 생각해 볼 것이다. 세속성(7장)은 우리가 피해야 할 그 무엇이다. 어떤 이유로든 우리는 '세상에'(요 15:19) 속해 있지 않으며, '이 세상 [개역 성경에는 '세대'로 번역되어 있으나 여러 번역본들은 '세상'으로 번역하고 있다 – 역자 주]을 본받지'(롬 12:2) 말아야 한다.

그러나 우리는 먼저 본회퍼가 실제로 그 말로 의미하고자 했던 것이 무엇인지를 세심하게 살펴보아야 한다. 그다음으로는 봉사와 희생으로 위장된 자유(8장)가 나온다. 거기에서 우리는 본회퍼의 봉사의 정신과 희생을 위한 부름을 살펴볼 것이다. 그리스도인의 삶을 사는 것에 관한 고전적 본문인 로마서 12장 1-2절은 우리에게 희생적인 삶을 명령한다. 본회퍼에게 이것은 먼저 그가 베를린 대학교에서 가졌던 직위를 잃었을 때 자신의 지위를 희생하는 것이었고, 다음으로는 옥에 갇혔을 때 그의 자유를 희생하는 것이었고, 마지막으로 그가 1945년 4월 9일, 프로센베르크 강제 수용소에서 교수형에 처했을 때 그의 목숨을 희생하는 것이었다.

그러나 그의 죽음이 그에 관한 우리의 마지막 말이 되어서는 안 된다. 그래서 우리는 사랑(9장)으로 넘어간다. 사랑은 이 모든 것(봉사, 희생, 세속성, 성경 읽기, 기도, 그리고 신학의 실천, 즉 공동체 안에서의 삶과 십자가의 삶)에 능력을 더한다. 예수님은 이런 특성들을 제자도와 교회의 특질로 여기셨다(요 13:34-35). 그리고 본회퍼는 그것을 '비범한 것'이라고 불렀다.

디트리히 본회퍼는 대부분의 사람들이 이제 겨우 삶을 희미하게나마 이해하기 시작할 나이인 서른아홉 살에 죽었다. 하지만 그는 이해가 빠른 사람이었다. 그는 자신이 처한 상황 속에서 벌어지는 철저하게 거칠고 비열한 일들을 감내했다. 어린 안네 프랑크(Anne Frank)가 보여 준 놀라운 통찰을 생각해 보라. 도전적인 환경은 사람의 나이가 얼마가 되었든 그들을 심원한 이해 속으로 이끌어 간다.

그러나 본회퍼의 경우, 우리는 그 모든 깊이를 단순히 그의 경험 탓으로만 돌릴 수 없다. 본회퍼가 어떻게 살아야 하는지를 그토록 잘 이해했던 것은, 그가 그리스도가 달려 죽으신 십자가를 아주 잘 이해하고 있었기 때문이다. 또한 본회퍼는 십자가가 인간의 실존에 갖고 있는 포괄적 의미를 잘 파악하고 있었다. 그는 세상을 위해 십자가의 삶을 살았다. 바로 이것이 우리가 그를 만나는 일에 가치를 부여한다.

'비범한 것'이란 무엇인가? 그것은 고통과 순종 속에서 십자가로 나아가신 예수 그리스도 자신의 사랑이다. 그것이 십자가다. 기독교에서 고유한 것은 바로 이 십자가다.

디트리히 본회퍼
『나를 따르라』, 1937년

나는 우리가 특별히 훌륭한 성탄절을 맞이하게 되리라고 생각합니다. 모든 외적 상황이 성탄절 준비를 가로막고 있다는 바로 그 사실이 과연 우리가 참으로 본질적인 것에 만족할 수 있는지 알려 줄 것입니다. 나는 무슨 선물을 살지 곰곰이 생각하고 그 선물을 사는 것을 아주 좋아합니다. 하지만 지금 우리는 서로에게 줄 것이 아무것도 없기에 하나님께서 그리스도의 탄생을 통해 우리에게 주신 선물이 더욱 은혜롭게 보일 것입니다. 우리의 손이 비면 빌수록, 우리는 루터가 죽어가면서 했던 말, "우리는 거지들이다. 참말이다"라는 말의 의미를 잘 이해할 수 있을 것입니다.

본회퍼가 테겔 형무소에서
그의 약혼녀 마리아 폰 베데마이어에게 쓴 편지 중에서, 1943년

그리스도를 아는 것은, 곧 그분의 은혜를 아는 것이다.

필립 멜랑히톤, 『공통 논제(Loci Communes)』, 1521년

2. 그리스도 안에서:
십자가의 삶

우리에게 있는 대제사장은 우리의 약함을 동정하지 못하실 이가 아니요.

_히브리서 4:15

모든 인간은 본성적으로 지금 상황 속에서 불편함을 주는 모든 문제와
떨어져 있고 싶어한다.

_디트리히 본회퍼, 런던, 1934년

예수님은 사람들을 새로운 종교가 아니라 삶에로 부르신다.

_디트리히 본회퍼, 테겔 형무소에서, 1944년

히틀러가 권력을 잡고 나치당이 득세했을 때, 독일 교회는 침묵을 강
요받았고 그 압력은 더욱 거세졌다. 나이보다 현명했던 젊은 본회퍼
는 문제를 정확하게 꿰뚫어 보았다. 그는 나치의 힘이 교회 안으로 스
며드는 것을 막기 위해 운동을 선도했고, 나치당의 우생학 프로그램
에 반대하는 운동도 했다. 당시 사람들은 정신적, 육체적으로 장애가
있는 이들을 "쓸모없는 먹보들"이라 불렀다. 의료진과 병원 관계자들
은 환자들의 명단을 살펴 목록을 작성하라는 명령까지 받았다.
　나치는 이런 "쓸모없는 먹보들"에 대한 단종(斷種)을 명했다. 이 목

록에 포함된 많은 이들이 소리 없이 사라졌다. 아무것도, 그 누구도 이 프로그램을 가로막지 못했다. 그것은 독일인을 청소하는 것이자 주류 인종을 만들어 내는 프로그램이었다. 바로 아리안족의 지배, 그것이 히틀러의 꿈이었다.

때는 1940년 이전, 이 모든 일은 1933년부터 이미 일어나고 있었다. 외부 세계(본질적으로 독일 이외의 모든 나라들을 가리킨다)는 그 후로도 여러 해 동안 문제의 심각성을 깨닫지 못했다.[1] 히틀러의 우생학 프로그램은 '쓸모없는 먹보들'을 지나쳐 이제 그 초점을 유대인들에게 맞추기 시작했다. 그 무렵에야 비로소 세계는 무슨 일이 벌어지고 있는지 알게 되었다. 하지만 본회퍼와 그의 소수 동료들은 1933년의 상황이 어떠했는지를 잘 알고 있었다. 성직자였던 본회퍼는 교회가 그 문제와 관련해 분명한 입장을 취하고, 사람들을 진리와 정의의 길로 이끌기를 기대했다.

하지만 독일 교회는 뒷걸음질을 쳤고 굴속으로 숨어들었다. 그로 인해 교회 안에는 일단의 개혁 집단인 헌신되고 참된 그리스도인들이 나타났다. 본회퍼는 뉴욕의 유니온 신학교에서 만난 스위스 개혁교회의 목회자 어윈 슈츠(Erwin Sutz)에게 편지를 보내 이렇게 말했다. "나는 지금 교회 안에서 진행되고 있는 일에 완전히 빠져들었습니다. … 나는 '독일 그리스도인들'이 승리하리라는 것을 의심하지 않습니다."[2]

---

1 윈스턴 처칠(Winston Churchill)이 1939년까지도 영국 의회에 독일이 위협이 되고 있음을 확신시키는 데 어려움을 겪었음을 기억하라. 또는 찰스 린드버그(Charles Lindberg)가 전쟁이 발발하기 직전까지도 자신이 독일의 공군(*Luftwaffe*)에 얼마나 깊은 인상을 받고 있는지에 말했다는 것을 기억하라.

2 본회퍼가 1933년 7월 13일 어윈 슈츠에게 보낸 편지에서. *DBWE* 12:140. 또한 Eberhard Bethge, *Dietrich Bonhoeffer: A Biography*, enl. ed. (Minneapolis: Fortress, 2000), 291-323을 보라. 『디트리히 본회퍼, 신학자-그리스도인-동시대인』, 김순현 옮김(복 있는 사람, 2014).

이쯤에서 우리는 잠시 당시의 정황을 살펴보아야 한다. 1931년, 나치의 오랜 동조자인 루드비히 뮐러(Ludwig Müller)는 '독일 그리스도인들'(Deutsche Christen)이라는 집단을 조직했다. 1933년, 나치당이 집권한 후 히틀러는 뮐러를 자신의 수족으로 삼아 독일 교회, 곧 독일의 루터교회와 관련된 모든 문제를 관할하게 했다. 본회퍼를 탈진시켰던 격렬한 싸움이 있고 난 몇 달 후인 1933년 9월에 뮐러는 제국 교회(Reichskirche, 그 무렵 독일 교회는 그렇게 불리고 있었다)의 감독으로 임명되었다. 무엇보다도 안타까운 것은 그 일이 루터가 섬겼던 비텐베르크 성당에서 일어났다는 점이다.

뮐러는 히틀러가 그를 찾기 훨씬 이전부터 히틀러의 총애를 얻고자 애를 썼다. 이제 그 어떤 제약도 받지 않게 된 그는 지속적으로 아주 부지런하게 제국 교회를 나치를 섬기며 게슈타포를 돕는 일에 바쳤다. 그런 노력에도 불구하고 1945년, 나치의 꿈과 이상이 물거품이 되자 뮐러는 스스로 목숨을 끊었다.

뮐러는 유능한 행정가라기보다 나치의 봉이었음에도 유대인들이 교회의 일원이 되는 것을 금하고 유대인 성직자들의 지위를 박탈하는 '아리안 문구'(Aryan Paragraph) 혹은 '아리안 조항'(Aryan Clause)을 도입함으로써 제국 교회에 아주 중대한 공헌을 했다. 또한 뮐러는 예수가 유대인이 아니라 아리아인이라는 선전 운동을 지원했다. 실제로 제국 교회와 나치즘은 예수를 아리아인이자 초인(Übermensch)으로 간주했다.[3]

---

3 Bethge, *Dietrich Bonhoeffer*, 304-23을 보라. 또한 Susannah Heschel, *The Aryan Jesus: Christian Theologians and the Bible in Nazi Germany* (Princeton, NJ: Princeton University Press, 2012)를 보라.

당시 본회퍼는 스물일곱 살에 불과했으나 말로 표현하기 어려울 만큼 위중한 결과를 낳게 될 '전쟁'이라는 무서운 움직임에 저항하는 교회 지도자들 중 한 명이었다. 그로 인해 독일 교회 안에 분열이 발생했다. 그러나 그것을 '분열'이라고 부르는 것은 본회퍼가 속한 반대 진영을 과대 평가하는 셈이다. 아마도 '분열'(split)보다는 '파편'(splinter)이라는 표현이 더 적합할 것이다. 대다수의 사람들이 나치 편에 섰기 때문이다. 본회퍼와 동일한 마음으로 이 파편을 형성했던 이들은 자신의 그룹을 가리켜 '고백 교회'(Confessing Church)라고 불렀다. 이 목회자들과 교구민들은 (아리아인이 아닌) 예수 그리스도께 충성을 맹세하고, 교회를 나치당의 정치적 이데올로기의 포로로 넘겨주지 않았다.

세례자 요한처럼 고백 교회의 사역자들은 종교적·정치적 기성 질서에 맞서 예언자적 음성을 발하는 아웃사이더들이었다. 고백 교회 내부의 분열인 이른바 '교회 투쟁'(*Kirchenkampf*, 고백 교회와 제국 교회 사이의 갈등을 가리키는 용어 - 역자주)으로 좌절한 본회퍼는 잠시 독일을 떠나 런던으로 갔다.[4] 그곳에서 그는 독일 루터교 회중을 상대로 목회를 했다. 그는 사역하는 동안 지금 독일에서 무슨 일이 일어나고 있는지를 세상에 알리기 위해 쉬지 않고 일했다. 특히 정계보다는 기독교계에 일어난 독일의 상황을 알리기 위해 더 많은 노력을 기울였다. 본회퍼는 런던에서 살 수도 있었지만 마음은 독일을 향하고 있었다.

---

4 베트게는 본회퍼의 입장이 고백 교회에 속한 동료들과 얼마나 많이 달랐는지 말한다. "거의 모든 사안에서 그는 혼자였다." *Dietrich Bonhoeffer*, 325. 그런 이견들 중 많은 것이 고백 교회가 어떻게 신학적으로 이끌려야 하는지 그리고 어떤 신학을 지지해야 하는지와 관련되어 있었다. 우리는 이런 문제들을 각각 4장과 6장에서 다루게 될 것이다.

1933년부터 1936년 사이에 나치는 제국의 선전 장관 요제프 괴벨스(Joseph Goebbels)의 주도하에 대대적인 홍보 활동을 전개했다. 괴벨스가 그 자리에 있으면서 한 일 중 가장 두드러진 것은 1936년 베를린 올림픽 때의 일이었다. 세계의 눈이 독일로 쏠려 있던 그때, 괴벨스는 온 세계 사람들에게 독일이 하나님을 경외하는 순박한 나라로 보이길 바랐다. 그는 올림픽 촌 바로 옆에 아름다운 예배당 하나를 건립했다.[5]

그러는 동안 아웃사이더 예언자였던 본회퍼는 설교를 통해 진리를 선포했다. 그가 1933년 10월부터 이듬해 4월 사이에 런던에 체류하면서 한 설교들은 본회퍼의 삶에서 그의 사상이 형성되는 모습을 아주 잘 보여 준다. 그는 1934년과 1935년 사이에 런던으로 돌아가 잠시 머물렀다.

본회퍼의 이야기 중 우리를 매혹시키는 부분은 결국 그의 순교로 이어진 투옥과 마지막 사건들이다. 하지만 그런 투옥 경험과 그 기간 중에 있었던 그의 풍부한 저술 활동은 진공 상태에서 온 것이 아니었다. 본회퍼는 투옥되기 오래 전부터 그에게 저항할 용기를 주어 그의 영혼을 강하게 만든 사상을 가슴에 품고 있었다. 그 사상을 기반으로 활발한 저술 활동이 가능했다.

학자였던 본회퍼는 다양한 사상에 매료되었고 그것들에 헌신했다. 그의 학생들과 동료들은 거듭 그의 지치지 않는 지적 탐색에 관해 증

---

5 이 문제에 대해 그리고 그 올림픽에서 히틀러가 흑인 육상 스타 제시 오웬스(Jesse Owens)로 인해 면목이 없게 된 문제에 대해서는 Jeremy Schaap, *Triumph: The Untold Story of Jesse Owens and Hitler's Olympics* (New York: Houghton Mifflin, 2007)을 보라.

언한다. 여러 해 후, 본회퍼는 비록 테겔 형무소에 수감된 상태이기는 했으나 여전히 몇 가지 여물지 않은 생각을 종이 위에 휘갈겨 썼다. 그 내용 중에 이런 말이 있다. "무언가 새로운 것은 늘 대화 속에서 나타난다."[6] 그와 학생들의 관계를 지배했던 것은 대화였다. 대화는 늦은 저녁에 시작되어 다음날 이른 아침까지 이어졌다. 그러는 동안 그들은 대화의 주제가 된 문제들을 마치 어느 생물학자가 그의 표본을 해부하듯 여러 차원에서 분석했다.

학생들은 그의 강의 방식과 그가 가르친 과목들에 대해 증언했다. 하지만 학생들이 가장 잘 기억하는 것은 그와 함께 해변이나 숲에서 오랫동안 걸었던 일이다. 그런 경우에 대화는 늘 이런저런 사상이나 어느 한 개념에 집중되었다. 언젠가 본회퍼는 어느 한 개념에 대해 이야기하느라 조금도 앞으로 나아가질 못했다.

하지만 1940년대에 일어난 상상하기조차 어려운 일들에 대비해 볼 때 본회퍼의 기질을 빚어낸 것은 어떤 개념에 대한 그런 식의 숙고가 아니었다. 그것을 위해서는 단순한 지적 이해를 훨씬 능가하는 무언가가, 즉 본회퍼의 마음을 꿰뚫으면서 그의 존재 전체에 골고루 스며드는 어떤 사상이 필요했다. 그 사상이란, 하나님의 강함은 우리의 약함을 통해 완전해진다는 것이었다. 물론 본회퍼는 그 사상을 바울로부터 배웠다(고후 12:9). 바울은 이런 사상을 갖게 됨으로써, 훗날의 본회퍼처럼 단순한 지적 이해 이상으로 깊어졌다.

1934년 어느 날, 본회퍼는 런던에서 고린도후서 12장 9절을 본문으로 삼아 설교를 한 적이 있다.[7] 이때 그는 하나님의 능력이 인간의 약함을 통해 완전해진다는 개념에 사로잡혀 있었다. 우리의 약함과

---

6 Bonhoeffer, "노트", 1944년 7월, *LPP*, 343.

대비되는 하나님의 강함이라는 이 개념에는 여러 가지 차원이 들어 있다. 우리가 만나는 당혹함과 혼란, 그 속에서 하나님의 지혜가 나타난다. 우리의 약함과 유한함 속에서 하나님의 무한하심이 드러난다. 그러나 이 모든 것은 우리의 본성에 맞지 않는다. 인간은 스스로 자신의 무한한 가능성을 가정한 나머지 열을 올린다. "더 빨리, 더 높이, 더 힘차게"라는 올림픽 모토처럼 우리는 더 빠르고, 더 높게, 더 강해지기를 갈구한다. 우리는 우리 자신을 약한 존재로 보지 않는다.

독일 국민에게 '초인'(*Übermensch*) 혹은 보다 정확하게 '초월적 남성 혹은 지배적 인종'(*Übermensch*)이라는 개념을 소개한 이는 철학자 프리드리히 니체(Friedrich Nietzsche)였다.[8] 니체는 약함과 결함을 경멸했다. 그는 신앙 특히 독일 루터교회의 신앙을 경멸했다. 또한 그는 그리스도를 경멸했다. 니체의 세계에는 고통이나 약함을 위한 자리가 없었다. 니체는 뮐러와 열혈 나치당원들이 그리스도를 아리아인으로 만들고자 했던 노력에 박수를 치지 않았을 것이다. 오히려 그는 그리스도를 아리안족 바깥에 내버려두는 쪽을 좋아했을 것이다.

이제 인간, 보다 중요하게는 그리스도인이 되는 것에 대한 바울의 견해를 생각해 보자. 바울은 어느 정도 자기 성찰적인 글에서 이렇게 말한다. "나를 위하여는 약한 것들 외에 자랑하지 아니하리라"(고후 12:5). 니체는 바울이 자기 진영에 속하는 것을 원치 않았을 것이다.

---

7 아마도 그는 이 설교를 그가 일곱 달 동안의 목회를 마친 후 런던으로 돌아갔던 1934년 7월 말경에 했을 것이다. *DBWE* 13:402n14.

8 Friedrich Nietzsche, *Thus Spoke Zarathustra*, trans. R. J. Hollingdale (New York: Penguin, 1961), 최초 출간 1883-1885, 『짜라투스트라는 이렇게 말했다』, 사지원 옮김(홍성문화사, 2006).

바울적 영성

고린도후서 12장 1-10절은 하나님과 우리의 특징을 비교해서 보여 준다. 원장(元帳)이 되시는 하나님 편에서 우리는 강함과 능력을 발견한다. 반면 인간 편에서는 약함을 발견한다. 바울의 경우, 약함은 오늘 우리에게 여전히 불가사의한 문제로 남아 있는 '육체의 가시'(12:7)와 "약한 것들과 능욕과 궁핍과 박해와 곤고"(12:10)로 가득 찬 그의 이력을 뜻한다. 이것은 사람들이 얻기를 바라는 것이 결코 아니다.

이미 살펴보았듯이, 하나님의 강함이 우리의 약함 안에서 완전해진다는 개념은 바울이 그저 지적 수준에서 파악한 것이 아니었다. 이것은 그의 자서전, 곧 그가 누구이며 무슨 일을 겪었는지에 대한 요약이었다. 살아가는 동안 그는 이 개념의 어떤 중요한(가장 중요한 것은 아니지만) 측면과 관련해 혼란에 빠졌었다. 그것은 하나님의 은혜가 우리의 약함 속에서 그리고 보다 정확하게는 우리의 약함 때문에 우리를 만나 주신다는 것이었다.

하나님은 바울에게 직접 말씀하셨다. "내 은혜가 네게 족하도다 이는 내 능력이 약한 데서 온전하여짐이라"(고후 12:9). 단순한 자전적 성찰을 넘어 더 깊은 의미를 담고 있는 이 본문은 우리에게 그리스도인의 삶에 관한 바울의 가르침과 관련해 굉장한 통찰을 제공한다. 그러므로 본회퍼가 그리스도인의 삶에 관한 그의 견해를 형성해 가던 시기에 이 본문에 주목한 것은 놀라운 일이 아니다.

인간의 약함에 대하여

그렇다면 바울이 인간의 약함을 이토록 강조한 이유는 무엇일까? 그것은 인간의 약함이 하나님의 은혜를 위한 길을 열기 때문이다. 인간의 약함은 우리의 무능력을 깨닫게 함으로써, **우리를 초월한 무언**

가에 의존하도록 만든다. 신학자들은 이와 관련해 '외래적인'(alien)이라는 단어를 사용하는데, 그것은 이 무언가가 우리 안에서, 즉 니체가 아주 잘못 말했던 '권력에의 의지'(will to power)로부터 오는 것이 아님을 강조하기 위함이다.

그러나 이 개념의 아름다움은 여기에 있다. 바울은 모든 것을 아주 놀랍게 바꾼다. 오히려 바울은 고린도전·후서에서 하나님이 약하시다고 말한다. 히틀러가 그토록 존경했던 니체가 '힘'(권력)이라는 개념을 말하기 훨씬 이전부터 로마인들과 그리스인들은 힘에 대한 생각에 사로잡혀 있었다. 약함은 보상을 받지 못했다. 반면 힘은 축하를 받았다. 어쨌거나 우리에게 올림픽을 제공한 것은 그리스인들이었다. 그리고 바울이 살았던 지중해 일대 전역에 그들 자신의 영광을 위해 기념물을 세운 것은 로마인들이었다.

한편 힘이 주는 강함에 대한 집착과 함께 지혜, 곧 신약 성경이 '세속적인 혹은 인간적인 지혜'라고 여기는 것에 대한 집착이 나타났다. 그리스인과 로마인들이 칭송했던 지혜는 계시(인간의 마음 바깥에 있는 외래적인 그 무엇)에 대한 의존이 아니었다. 오히려 그것은 인간의 마음에서 온 것이었다. 바울은 이것을 궤변에 지나지 않는 것으로 여긴다(고전 1:20). 인간의 이성과 지혜 그리고 힘과 강함, 바로 이런 것들이 그리스도가 태어나시고 기독교가 잠복해 있던 1세기 문화의 우상들이었다.[9]

바울은 힘과 지혜 그리고 육체적·지적 강함을 숭상하는 이런 그레코-로만(Greco-Roman) 문화를 향해 '하나님의 어리석음'과 '하나님의 약하심'에 대해 쓴다(고전 1:25). 나중에 바울은 자기가 '하나님의 약하

---

9 예수 그리스도와 기독교가 탄생하기 전까지는 겸손이 하나의 덕으로 인식되거나 선전되지 않았다는 John Dickson의 주장에 유념하라. *Humilitas: A Lost Key to Life, Love, and Leadership* (Grand Rapids: Zondervan, 2010)에서. 『후밀리타스』, 김명희 역(포이에마, 2013).

심'이라는 말로 의미하고자 했던 것을 상세하게 풀어 쓴다. 그는 고린도후서에서 하나님의 이런 약하심이 발생했던 역사적 순간에 대해 이야기한다. 그 일은 바로 십자가에서 일어났다. 바울은 "그리스도께서 약하심으로 십자가에 못 박히셨다"(고후 13:4)라고 말한다.

만약 당신이 그레코-로만의 세계관과 기독교 세계관 사이에 존재하는 구분선을 찾고자 한다면, 아마도 이것일 것이다. 소망과 구속이 인간 안에 있어서 우리가 우리 자신의 신앙의 대상이 되느냐, 아니면 소망과 구속이 우리 바깥에 있고 우리에게 이질적인 것이어서 믿음의 대상을 찾으려면 우리 너머를 바라보느냐, 이 두 기준으로 구분된다. 우리는 우리 자신의 끝에 이를 때 비로소 우리의 참된 필요에 눈뜨게 된다. 바로 이것이 기독교의 견해다.

그리고 이것은 분명히 본회퍼의 고백 교회와 뮐러의 제국 교회를 가름하는 구분선이다. 가련하게도 뮐러가 그토록 구속을 얻기 위해 추구했던 대상은 히틀러였다. 그리고 그의 계획은 보기 좋게 실패했다.

바로 이것이 그리스도와 십자가에 대한 본회퍼의 견해를 이해하기 위한 핵심이다. 그리스도, 구원, 그리고 그리스도인의 삶에 대한 바울의 견해가 그레코-로만 세계가 추구하는 가치와 완전히 달랐듯이, 본회퍼의 견해 역시 나치의 이데올로기와 완전히 달랐다. 나치의 세계관은 인간의 강함과 성취를 칭송했다. 그런 세계관에 비추어 본다면, 십자가는 그야말로 어리석은 것이다. 하지만 그런 잘못된 견해가 20세기의 나치에게만 국한된다고 여기는 것은 잘못이다. 지정학적 경계를 알지 못하는 세계관인 모더니즘은 나치가 인간의 지혜와 능력, 그리고 잠재력에 갖고 있던 무한한 믿음을 아주 많이 공유하고 있다.

사실 바울이 말하고 본회퍼가 되풀이했던 "나를 위하여는 약한 것들 외에 자랑하지 아니하리라"는 말은 모더니스트들에게는 불협화음을 내는 것이나 다름없다. 본회퍼는 그것을 다음과 같이 간단 명료하게 말한다. "예수와의 만남이 인간의 모든 가치에 대한 전복을 의미한다는 것은 사실이네."[10] 또한 본회퍼는 그의 미완의 작품인 『윤리학』에서 이렇게 쓰고 있다. "정죄당해 십자가에 달리신 분은 성공을 모든 것의 척도와 변명거리로 여기는 세상에서 이질적인 존재, 기껏해야 가엾은 존재로 남아 있을 뿐이다."[11]

우리는 본회퍼의 그리스도론를 이해하기 위한 이 모든 배경을 약간 복잡하기는 하나 다음과 같이 요약할 수 있다. "십자가는 로마인들에게 걸림돌이었다. 십자가는 나치에게 걸림돌이었다. 십자가는 현대인들에게 걸림돌이었다. 만약 우리가 겸손하게 자기를 낮추고 십자가 아래로 나아가 그것의 능력과 아름다움을 보지 않는다면, 그것은 우리에게도 걸림돌이 될 수 있다."

여기서 우리는 니체나 히틀러에게 손가락질로 혐오감을 표시하는 대신 우리 스스로를 점검해 보아야 한다. 우리는 자신을 약하고 무능하며 깨지기 쉬운 존재로 여기는가? 아니면 강하고 유능하며 무슨 일이든 해낼 수 있는 존재로 여기는가? 이 질문을 바르게 제기하지 않는 한, 우리는 그리스도를 바르게 보지 못할 것이다. 그리고 결과적으로 그리스도인의 삶을 바르게 살지도 못할 것이다.

비텐베르크를 지나서

본회퍼는 영성과 그리스도인의 삶을 살기 위한 출발점인 약함에 대한 바울의 개념을 혼자 힘으로 발견했던 게 아니다. 그에게는 중재자

---

10 본회퍼가 1944년 6월 30일 에버하르트에게 보낸 편지에서, *LPP*, 341.
11 *DBWE* 6:88.

와 멘토가 있었다. 다름 아닌 독일의 루터교 학자이자 목회자였던 마르틴 루터였다. 그의 앞에 있는 바울과 그의 뒤에 있는 본회퍼와 마찬가지로 루터에게도 약함을 통한 강함이라는 이 개념은 단순한 지적 승인 이상의 의미를 갖고 있었다. 그들 모두에게 그것은 그들의 삶과 정체성의 핵심이 되었다.

루터가 인간의 약함에 심원한 의식을 갖게 된 것은 그가 스스로 강해지기 위해 무진 애를 썼기 때문이다. "만약 수도사의 삶을 통해 천국에 올라간 수도사가 한 사람 있다면, 아마도 내가 바로 그 사람일 것이다."[12] 그는 온 힘을 다해 탁월함을 추구한 헌신된 사람이었다. 하지만 그 모든 노력에도 불구하고 그는 하나님께 조금도 다가가지 못했다. 마치 러닝머신 위에서 달리는 자와 같았다. 그는 아무리 열심히 달려도 어디에도 이르지 못했다. 사실 그가 노력하면 할수록 상황은 더 나빠졌다. 그가 빨리 달리면 달릴수록 그와 하나님 사이의 거리는 더 멀어지기만 했다. 루터가 하나님께 다가가기 위해 애를 쓰면 쓸수록 하나님은 그가 닿지 못할 곳으로 점점 더 멀리 이동하시는 것처럼 보였다.

이 점에서 루터는 참으로 그 시대의 아이였다. 루터 자신이 그렇게 요약했듯이, 그는 영광의 신학에 사로잡혀 있었다. 일반적으로 영광은 좋은 것이다. 그러나 여기에서 루터는 그것을 인간적 성취와 강함, 그리고 힘에 대한 약칭으로 사용하고 있다. 루터가 중세 로마 가톨릭 교회가 **영광의 신학**을 선포한다고 비난했을 때, 그는 당시 사람들이 그들 자신의 능력(노력, 헌신, 그리고 그 자신이 그것의 일부였던 수도원적 삶 등)과

---

12 Martin Luther, Bard Thompson, *Humanists and Reformers: A History of the Renaissance and Reformation* (Grand Rapids: Eerdmans, 1996), 188에서 재인용.

힘을 신뢰하며 의지하고 있음을 고발하고 있었던 것이다.

이런 영광의 신학에 맞서서 루터는 **십자가의 신학**을 제안했다. 우리가 하나님을 만나는 것은 십자가에서다. 그리고 우리가 십자가에서 만나는 하나님은 약함의 하나님이시다. 그분은 고난당하는 하나님이시다. 이것은 인간의 모든 지혜를 혼란에 빠뜨린다.[13]

우리는 '약함의 하나님'이라는 이 개념을 쉽게 확대할 수 있다. 우리는 성육신의 순간부터 하나님의 약함이 드러나는 것을 본다. 사실 우리는 그것을 처녀 마리아에 대한 수태 고지의 순간부터 발견할 수 있다. 본회퍼는 1934년 런던에서 이렇게 설교했다.

"그 이야기는 마리아와 함께 시작됩니다. 마리아는 목수의 아내였습니다. 우리가 흔히 말하는 가난한 노동자의 아내였던 그녀는 다른 이들이 알아보거나 존경할 만한 사람이 아니었습니다. 하지만 하나님께서는 다른 이들이 하찮고 비천하게 여기는 그녀를 높이 보셨고 세상의 구주의 어머니로 택하셨습니다. 그녀가 택하심을 받은 것은 어떤 인간적 장점 때문이 아니었습니다. 심지어 그녀의 겸손함이나 다른 미덕 때문도 아니었습니다. 그것은 전적으로 오로지 미천하고 평범하며 아무런 가치도 없는 것을 사랑하고 택하시어 위대하게 만들고자 하신 하나님의 은혜였습니다."[14]

---

13 루터의 십자가 신학에 관해서는 Martin Luther, "The Heidelberg Disputation," Stephen J. Nichols, *Martin Luther: A Guide Tour of His Life and Thought* (Phillipsburg, NJ: P&R, 2002), 69-85; Gerhard O. Forde, *On Being a Theologian of the Cross: Reflections on Luther's Heidelberg Disputation* (Grand Rapids: Eerdmans, 1997)을 보라.

14 Bonhoeffer, 누가복음 1:46-55에 관한 설교 중에서, *DBWE* 13:343.

잠시 후 같은 설교에서 본회퍼는 이렇게 덧붙인다. "하나님께서는 미천하나 사랑스러운 잃어버린 자와 눈에 띄지 않고 하찮은 그래서 무력하기까지 한 깨어진 자들에게 가까이 다가오십니다."[15] 이어서 그는 우리 자신을 하찮고 비천한 구유로 이끈다. 본회퍼는 우리에게 하나님의 약함과 무력함이라는 개념과 관련해 누구나 쉽게 알아볼 수 있는 두 가지 이미지를 제공한다. 그것은 구유와 십자가다.

그리스도는 무력하고 의존적인 아기의 모습으로 오셨다. 또한 그분은 (찬송가 작가가 우리에게 상기시켜 주듯이) 십자가 위에서 만 명이나 되는 천사들을 호출하실 수도 있었지만, 끝까지 고통을 당하시고 마침내 죽으심으로써 자신의 온전한 한계와 약함을 드러내셨다. 그리스도 안에서 우리는 하나님의 약함을 본다.

그리스도 안에서

이쯤에서 우리는 '약함'과 '능력' 둘 모두의 배후에 심원한 무언가가 있음을 인식하게 된다. 우리의 약함 뒤에는 죄가 있다. 반면 하나님의 능력 뒤에는 거룩하심이 있다. 문제는 우리의 약함이 아니다. 약함은 우리의 참된 문제를 가리키는 징후일 뿐이다. 그리고 우리와 하나님 사이에 놓여 있는 큰 차이는 단순히 하나님의 무한한 능력과 대비되는 우리의 유한한 약함에 있지 않다. 그 차이는 하나님의 비교할 수 없는 거룩하심과 대비되는 우리의 완전한 죄성에서 비롯된다.

약함과 강함이 우리의 주목을 끄는 이유는 그것들이 빙산의 돌출 부분처럼 표면 위로 드러나 있기 때문이다. 그러나 만약 타이타닉 호의 생존자들에게 물어본다면, 아마도 그들은 정말 심각한 것은 수면

---

15 Ibid., 344.

위가 아니라 아래에 있다고 말할 것이다. 우리는 우리가 보는 것을 피할 수도 있고 겉모양을 보완할 수도 있다. 하지만 표면 아래에 있는 것은 어떻게 방어할 수 있는가? 여기에서 문제가 되는 것은 하나님은 거룩하시고 우리는 악하다는 것이다. 이것은 우리 삶의 근본적인 두 가지 전제다. 참으로 이것은 매우 단순하지만, 동시에 아주 심원하다. 피할 수도 보완할 수도 없다. 우리 안에 있는 그 무엇도 이 문제를 극복할 수 없다.

R. C. 스프롤(Sproul)은 그의 고전적인 책 『하나님의 거룩하심』(*The Holiness of God*, 지평서원)에서 마르틴 루터에 대해 논하고 있는데, 이 부분에서 그는 약함과 강함은 사악함과 거룩함을 뜻한다고 명료히 말한다.[16] 바로 이 딜레마야말로 루터가 다음과 같이 말해야 했던 이유다. "나는 하나님을 증오한다." 그는 이 두 전제(우리의 악함과 하나님의 거룩하심)가 갖고 있는 완전한 장악력을 깨닫고 비틀거리기 시작했다. 오직 세 번째 전제만이 그가 수도원에서 하나님을 받아들이기 위해 그토록 애썼지만 절망적이게도 손에 잡히지 않던 평화를 가져다줄 수 있었다.

루터에게 절실했고 그래서 결국 발견한 그 세 번째 전제는 실제로는 하나의 인격, 곧 그리스도였다. 그리스도는 하나님인 동시에 인간이셨고, 또한 거룩하신 하나님과 죄악된 인간 사이의 유일한 중재자셨다. 신학자들은 이것을 '그리스도의 두 본성론'(two-nature christology) 혹은 '위격의 연합'(hypostatic union)이라는 용어로 부른다. 이것은 그리스도가 하나의 '위격'(person) 안에 두 가지 '본성'(natures)을 갖고 계신

---

16 스프롤(R. C. Sproul)은 그 장에 아주 영리하게 "The Insanity of Luther"라는 제목을 붙였다. . C. Sproul, *The Holiness of God*, 출간 25주년 기념판 (Lake Mary, FL: Ligonier, 2010), 91-116을 보라. 『하나님의 거룩하심』, 조계광 옮김(지평서원, 2013).

온전한 인간이자 온전한 하나님이시라는 뜻이다. 칼케돈 신조(AD 451)에서 사용된 '위격'에 해당하는 헬라어는 '히포스타시스'(hypostasis)인데 바로 여기에서 '위격의 연합'이라는 신학적 표현이 나왔다. 초대교회는 그리스도의 인성이나 신성을 부인하는 다양한 이단들로 오염되어 있었고, 그 후에는 그 두 본성이 한 위격 안에서 어떻게 하나가 되는지에 대한 문제와 관련된 이단들이 뒤를 이었다.

이 모든 문제에 대한 강연에서 본회퍼는 다음과 같이 결론을 짓는다. "칼케돈 공식[혹은 신조]은 모든 개념적 형식을 넘어서는 그리스도에 관한 객관적이고 살아 있는 확언이다. 모든 것이 이 아주 분명한 그러나 역설적인 명민함 안에 내포되어 있다."[17] 여기서 '역설적인 명민함'이라는 마지막 표현은 칼케돈 신조 안에 들어 있는 신비의 임재를 가리키는 것으로, 우리가 그리스도의 위격 안에서 만나는 신비를 반영한다. 온전한 인성과 신성이 한 위격 안에서 서로 결합되어 있다는 말은 참으로 신비로운데, 본회퍼는 그것을 깊이 이해하고 있었다.

본회퍼에게 신인(God-man)으로서의 그리스도는 그리스도의 모든 사역, 특히 그의 십자가 처형에서 정점에 이른 자기 비하(卑下)의 사역을 이해하기 위한 핵심이다. 본회퍼는 이렇게 말한다. "낮아지신 신인은 경건한 인간과 나아가서는 모든 인간에게 걸림돌이다. 더 말할 것도 없다."[18] 이 말에 따르면 이때까지의 본회퍼의 강연은 그저 이 사실을 알리기 위해 시동을 걸어왔던 것으로 보인다. 신인으로서의 그리스도가 걸림돌이 되는 이유는 그 개념이 하나님의 절대적 거룩성과 인간의 철저한 죄악성을, 또한 그 둘 사이에서 크게 입을 벌리고 있는

---

17 Bonhoeffer, "Lectures on Christology," *DBWE* 12:343.
18 Ibid., 358.

심연을 강조하기 때문이다. 그러므로 우리에게는 신인으로서의 그리스도가 반드시 필요하다. 우리에게는 이 세 번째 전제, 곧 이 인격이 절대로 필요하다. 그분 없이는 그 어떤 희망도 없다.

그리스도의 사역은 즉각 우리에게 루터가 좋아했던 '의인'(justification)이라는 말을 상기시킨다. 본회퍼는 이 말과 관련해 할 말이 아주 많았다. 학생들의 노트 형태로 보존되어 있는 20세기 조직신학의 역사에 관한 강의에서 그는 그리스도, 의인, 하나님, 성경, 그리고 윤리학 등을 다뤘는데, 이 모든 주제들은 그에게 아주 소중한 것이었다.

그러나 안타깝게도 그의 동료 신학자들 중 많은 이들이 이 주제에 갈피를 잡지 못하고 있었다. 본회퍼는 의인과 관련된 강의를 학생들에게 그리스도의 십자가가 우리의 노력으로 얻어지는 것인가 하는 질문에 "아니오"라고 말하는 방식을 상기시키는 것으로 시작한다. "하나님은 십자가를 통해 '아니오'(No)라고 과격하게 말씀하신다. 즉 사람들에게 너희는 하나님께 도달할 그 어떤 가능성도 갖고 있지 않다고 선포하시는 것이다."[19]

우리가 하나님께 이르기 위해 할 수 있는 일은 아무것도 없다. 그래서 하나님이 우리를 위해 그 일을 하신다. 바로 그리스도를 통해서. 이것은 본회퍼가 다음과 같은 결론에 이르게 한다. "그러므로 인간은 그들의 의를 오직 하나님에게서만 받는다." 본회퍼는 계속해서 말한다. "이것이 십자가의 이유다. 그리스도론은 본질상 의인 교리와 묶여

---

19 Bonhoeffer, "The History of Twentieth-Century Systematic Theology, 1931-1932," *DBWE* 11:236. 이 텍스트의 역사와 관련해서는 177을 보라.
20 Ibid., 237-38.

있다."[20]

우리는 본회퍼가 라틴어로 인용한 '외래적인 의'(*iustitia aliena*), 다시 말하면 "우리 밖에 있으며 우리와 무관한 의"를 필요로 한다. 이것은 십자가에서 이루어진 그리스도의 사역을 통해 하나님에게서 오는 의다. 우리에게 이 의는 오직 믿음으로만 가능하다. 사실 본회퍼는 믿음을 '가장 심원한 인간적 수동성'이라고 부른다. 의인은 전적으로 하나님의 역사다. 심지어 본회퍼는 성령의 사역에 대해서도 말한다. "우리가 인간의 의는 전적으로 그리스도 안에 놓여 있다는 말씀을 믿고 듣게 하시는 분은 성령이시다."[21]

오직 은혜

이 세 가지 전제(하나님의 거룩하심, 인간의 죄악성, 그리고 그리스도의 위격과 사역)가 복음의 핵심을 형성한다. 또한 그것들은 영성의 뼈대를 이루는데, 오직 하나 곧 '은혜'를 위한 여지를 남기기 때문이다. 은혜가 우리에게 임하는 것은 우리의 어떤 장점이나 성취, 잠재력 때문이 아니다. 은혜는 이 모든 것들의 결여에도 불구하고 우리에게 임한다. 어떤 이들은 은혜가 무조건적(un-conditional)이라고 말한다. 하지만 그보다는 은혜가 반조건적(contra-conditional)이라고 말하는 편이 훨씬 정확할 것이다. 은혜는 우리를 그리스도께 인도하고, 그리스도 안에 머물며 성장하게 한다. 이 사실을 모르는 인간에게 신인이신 그리스도는 걸림돌이다. 우리는 우리가 하나님의 인정을 얻어 낼 수 있다고 자신하지만, 그런 자신은 사실 자기 기만에 불과하다. 십자가는 그런 기만에 대해 큰 소리로 "아니오"라고 외친다.

---

21 Ibid., 239.

이 세 가지 전제와 이 모두가 강조하는 '은혜'라는 개념은 구원뿐 아니라 그리스도인의 삶과 제자도를 뒷받침해 주는 신학적 소도구들이다. 만일 우리가 이 도구들을 단지 우리의 의인 됨에만 국한시킨다면 그것은 잘못이다. 우리가 이 세 가지 전제, 특히 은혜를 구원의 문지방에 내려놓은 채 길을 간다면, 그리스도인인 우리는 삶을 좌절로 끝마치게 될 것이다.

언젠가 루터는 이렇게 썼다. '인간이 하나님은 자기에게 매우 은혜로우시다'라고 믿기란 아주 어려운 일이다."[22] 우리가 은혜를 붙잡지 못하는 이유는 본래 태어날 때부터 모든 것을 장점과 결점이라는 관점에서 생각하기 때문이다. 우리가 은혜를 붙들지 못하기에 그것이 우리를 붙든다. 은혜는 우리가 구원을 얻을 때뿐만 아니라 그 이후로도 계속해서 우리가 깨어 있는 모든 순간에 우리를 붙든다.

신학자들은 '유효한 은혜' 혹은 '구원하는 은혜'에 대해 말하기를 좋아하는데, 그것이 하나님의 목적을 이루기 때문이다. 하나님의 목적은 하나님이 사람을 어떻게 자신에게로 부르시는지(구원 혹은 회심의 순간), 그리고 그 사람이 어떻게 자신의 아들, 곧 자신의 영광과 거룩하심을 완벽하게 반영하신 분을 따르게 하시는지(성화 혹은 그리스도인의 삶을 살아가는 과정)를 보여 준다.

분명히 그리스도께 나아가는 구원의 순간과 그리스도 안에서 성장하는 성화의 과정 사이에는 차이가 존재한다. 루터가 "내 주는 강한 성이요"라는 찬송시를 통해 말했듯이, 일단 우리가 그리스도 안에 있

---

22 Martin Luther, "Table Talk, No. 137," in Luther's Works, vol. 54, *Table Talk*, ed and trans, Theodore G. Tappert (Philadelphia: Fortress, 1967), 19. 『탁상담화』, 이길상 옮김(다이제스트, 2005).

으면 "성령과 은사가 우리의 것이 된다." 바울은 우리가 그리스도께 나아오면 우리의 존재가 새 생명 가운데서 높임을 받는다고 말한다(롬 6:1-4). 그럼에도 이 세 가지 전제는 우리가 그리스도를 주로 고백한 날부터 세상에서 우리의 삶이 끝나는 날까지 항상 우리 곁에 남아 있다. 하나님은 거룩하시고, 우리는 죄인이며, 그리스도는 우리의 유일한 희망이시다. 그리고 그 희망은 그리스도의 부활을 통해서뿐만 아니라 그분의 십자가상에서의 죽으심을 통해서도 온다.

그리스도의 부활과 부활의 능력은 우리의 성화를 위한 수단이다. 1944년 부활절 즈음, 본회퍼는 테겔에 있는 감방에 앉아 있었다. 그는 자기가 가르쳤던 학생이자 훗날 자신의 전기를 쓰게 될 에버하르트 베트게에게 편지를 보냈다. 그는 이 편지에서 그리스도의 부활이 어떻게 죽음을 정복했는지에 대해 말한 후 "오직 그리스도의 부활을 통해서만 새롭고 청정한 바람이 이 세상으로 불어온다"라고 썼다. 이어서 그는 얼마간이라도 "부활의 빛 속에서 살기를" 바라는 자신의 소망을 피력했다.[23]

또한 본회퍼는 그리스도론에 관한 그의 강의에서 부활의 역사성을 부인하는 자들을 맹렬하게 비난했다. 그리고 빈 무덤의 필요성에 대해 분명하고 결정적인 진술을 했다. 그는 십자가와 승천과 관련해 이렇게 말했다. "그리스도의 비하와 승귀 사이에 빈 무덤이라는 역사적 사실이 있다. … 만약 무덤이 비어 있지 않다면, 그리스도는 부활하신 게 아니다. 우리의 부활 신앙은 빈 무덤의 이야기와 묶여 있는 것이나 다름없다. 만약 그 무덤이 비어 있지 않다면, 우리는 우리의 믿음을 지켜내지 못할 것이다."[24] 이처럼 우리의 믿음은 부활의 역사성 위에 서 있다.

---

23 본회퍼가 1944년 3월 27일 베트게에게 보낸 편지에서, *LPP*, 240.

바울은 우리에게 그리스도를 아는 것은 그리스도의 부활의 능력을 아는 것인 동시에 그리스도의 고난에 동참하는 것임을 상기시킨다(빌 3:10). 본회퍼는 바울의 선례를 따라 우리에게 그리스도의 십자가와 약함에 관심을 두게 한다. 이는 우리가 그리스도를 알고 그분의 모습을 닮아가도록 돕는 중요한 수단이다. 본회퍼는 "우리는 십자가 아래에 있는 교회다"라고 말한다.[25]

베델에서의 본회퍼

본회퍼를 연구하는 학자인 베른트 반넨베취(Bernd Wannenwetsch)는 본회퍼가 1933년에 독일의 베델 시를 방문했던 것에 주목한다. 반넨베취는 본회퍼가 베델에서 보고 배운 것을 훗날 그가 부켄발트 강제 수용소에서 한 경험과 그 당시 히틀러가 시도한 일과도 비교한다. 본회퍼는 1933년 8월 20일, 그의 할머니 율리에에게 편지를 보내 이렇게 말했다. "이곳 베델에서의 경험은 저에게 아주 깊은 인상을 남겼습니다."[26] 그 깊은 인상은 그가 세운 신학적 성찰, 그의 성화관, 나아가

---

24 Bonhoeffer, "Lectures on Christology," *DBWE* 12:359-60; cf. 고전 15:1-28, 특히 18-20절, 본회퍼 이후 그의 영향을 받은 독일 신학자들 중 볼프하르트 판넨베르크(Wolfhart Pannenberg)는 부활의 역사성에 대한 강조를 계속해 나갔다. 심지어 그는 빈 무덤을 인식론을 위한 출발점, 즉 우리가 아는 모든 것과 우리가 아는 것을 어떻게 아는지에 대한 지식의 출발점으로 여긴다. Wolfhart Pannenberg, *Systematic Theology*, vol. 2, trans, Geoffrey W. Bromiley (Grand Rapids: Eerdmans, 1994), 343-62를 보라. 그러나 판넨베르크는 칼케돈 신조를 온전하게 승인하는 것을 주저한다. 반면 본회퍼는 칼케돈 신조의 신비를 이해한다. 그는 그 신조가 그리스도 안에서 온전한 인성과 온전한 신성의 결합, 즉 하나의 위격 안에서 두 본성의 결합이라는 신비를 반영하고 있다고 여긴다(*DBWE* 12:342-43).
25 본회퍼가 1932년에 베를린 공과대학에서 했던 짧은 기도, *Dietrich Bonhoeffer: Meditations on the Cross*, ed. Manfred Weber, trans, Douglas W. Stott (Louisville: Westminster John Knox, 1998), 8. 『본회퍼 십자가 부활의 명상』, 연규홍 옮김(청우, 2006).
26 *DBWE* 12:157.

서는 그 자신의 삶에 광범위한 영향을 미쳤다.

본회퍼는 그 편지에서 적지 않은 열의를 갖고 베델에서 드렸던 한 예배의 참석자들에 대해 묘사한다. "저는 방금 예배 참석을 마치고 돌아왔습니다. 그것은 굉장한 광경이었습니다. 온 교회가 간질병 환자와 갖가지 병으로 고생하는 병자들로 가득 차 있었고, 이 병자들이 쓰러질 경우 그들을 도와줄 남녀 집사들이 곳곳에 자리를 잡고 있었습니다."[27] 이어서 그는 다음과 같이 덧붙인다. "시골길을 떠돌다 들어온 노인들, 신학교 학생들, 대학 부설 학교의 학생들, 가족을 동반한 의사들과 목회자들도 있었습니다." 그리고 곧 이렇게 말한다. "하지만 그 광경을 지배한 이들은 병자들이었습니다."[28]

예배자들이 이처럼 각양각색인 까닭은 그 교회가 있는 베델이라는 도시의 위치 때문이었다. 빌레펠트(Bielefeld) 외곽에 있는 베델에는 장애인들을 위한 병원과 보호시설 역할을 하는 공동체가 있었다. 또한 베델에는 신학교가 하나 있었는데, 본회퍼는 런던을 오가던 사이에 그곳에서 가르쳤다. 그는 1933년 7월 한 달을 런던에서 보내며 몇 차례 설교를 하고 그곳 교회의 상황을 살폈다. 그 후 그는 베델로 가서 8월 한 달을 보냈는데, 그것은 베를린 대학교에서의 분주한 강의와 실패로 끝난 교회 투쟁(Kirchenkampf)으로 인한 좌절감에서 벗어나 얼마간 휴식을 취하기 위함이었다. 그는 다시 런던으로 돌아가 1934년 늦봄까지 그곳에 머물렀다.

애초에 본회퍼는 베델에서 휴식을 취하려고 했으나 그렇게 하지 않았다. 아니, 안 했다기보다는 못했다. 본회퍼는 베를린에서 하던 목회

---

27 *DBWE* 12:157-58.
28 *DBWE* 12:158.

를 뒤로 한 채 뉘렘베르크 인근의 에어랑겐 대학교의 신학 교수가 된 헤르만 사세(Hermann Sasse)와 함께 독일 교회로부터 분리된 그룹을 위한 신앙고백문을 작성하는 일에 열을 올렸다. 이른바 '베델 신앙고백'(Bethel Confession)은 비록 '바르멘 선언'(Barmen Declaration, 1934)으로 인해 빛이 바래기는 했으나, 당시 주류 독일 루터교회와 거기에서 분리된 그룹 사이의 심각한 차이를 잘 보여 준다.

히틀러와 나치당에 대한 묵종(默從)은 상담가들이 말하는 이른바 '드러난 문제'였을 뿐이다. 진짜 문제는 성경과 관련되어 있었다. 교회는 성경과 성경이 말하는 모든 요구를 진지하게 다루고 있는가? 본회퍼가 보기에는 바로 이것이 당시 모든 논쟁과 관련된 핵심 질문이었다. 그는 자신이 속한 교회가 성경에 순복하고 있지 않다고 여겼다.

사실 이것이야말로, 나중에 4장에서 좀 더 상세하게 다루겠지만, 우리가 제자로서 물어야 할 가장 근본적인 질문이다. 우리는 성경과 성경의 모든 요구를 진지하게 다루고 있는가? 만약 우리가 성경을 순종해야 할 것이 아니라 협상해야 할 것으로 여긴다면, 우리는 그리스도인의 삶에 왜곡된 견해를 갖게 될 것이다.

베델에서의 그리스도

문제의 핵심을 꿰뚫어 보는 그의 능력에 비추어 볼 때, 본회퍼가 『베델 신앙고백』을 통해 단순히 제국과 제국 교회 사이에 존재하는 교회와 국가의 관계 이상의 근원적인 문제들을 다루고자 했을 거라고 추측할 수 있다. 베트게가 잘 말했듯이, "본회퍼는 철저하게 자유주의 전통에서 자랐지만 점점 반자유주의적이 되어갔다."[29] 특히 두 가지 신학적 이슈가 본회퍼의 보수 지향적인 신학(theologizing)과 그의 자유주의적 교육 환경 사이를 점점 더 넓혀 나갔다. 그 두 가지 이슈란 성경과 그리스도론이었다.

본회퍼는 베를린 대학교에서 그리스도론을 강의(훗날 학생들의 노트 자료를 편집해 『중심이신 그리스도』[Christ the Center]라는 책으로 출판되었다)하면서 '이상으로서의 그리스도' 곧 '신화로서의 그리스도'는 아무런 소용이 없다고 분명히 밝혔다. 그는 이렇게 선언한다. "사정이 그렇게 된 까닭은, 빌헬름 헤르만[Wilhelm Herrmann]이 말했듯이, 고통 가운데 있는 우리의 양심이 우리 내면의 삶 속에서 예수를 만나기 때문이며, 또한 그런 만남을 통해 우리가 예수께서 역사 속에 존재하셨다는 사실을 확신하게 되기 때문이다."[30]

예수께서는 불변하는 관념 속이 아니라 현실, 즉 시간과 공간 속에 계신다. "교회는 모든 가현설을 거부해야 한다." 본회퍼는 계속해서 강의를 이어간다. "그와 더불어 우리는 모든 헬라적인 관념과 사고를 거부하고 이상과 외형을 구별하는 정도까지 나아가야 한다." 가현설(docetism)은 신약 성경과 초대 교회 시대에 출현했던 다양한 이단들에 적용되는 포괄적인 명칭이다. 헬라어 '도케오'(dokeo)는 '-처럼 보이다'를 의미한다. 이 가현설은 예수가 그저 살과 피를 가진 사람처럼 보였을 뿐이라고 가르쳤다. 사도 요한은 이런 헛된 가르침을 단호하게 거부했다(요일 4:1-4).

본회퍼는 그리스도에 대한 이런 거짓된 가르침이 왜 잘못된 것인지를 상세하게 설명한다. "이와 같은 구별과 관련해 말하자면, 그런 관념론은 모든 신학의 첫 번째 전제, 즉 하나님이 자유로운 은총으로 인해 참으로 인간이 되셨다는 전제를 폐기한다."[31] 나중에 본회퍼는 이

---

29 Bethge, *Dietrich Bonhoeffer*, 289.
30 Bonhoeffer, "Lectures on Christology," *DBWE* 12:330. 학생들에 의해 기록된 그의 강의 시리즈는 *Christ the Center* (New York: HarperOne, 1978)라는 제목으로 출판되었다.

렇게 덧붙인다. "그분에게는 인간적인 그 어떤 것도 이질적이지 않다."[32] 본회퍼는 그리스도의 비하, 즉 그분이 인간이 되시고 고난을 당하시고 결국 십자가에서 심판을 당하신 것을 참된 교회의 특질로 묘사했다. 바로 이것이 교회가 고백하는 것이고(정통, orthodoxy), 이 고백은 교회에 속한 우리가 살아가는 방식에 영향을 주어야 한다(정행, orthopraxy).

오직 육신을 입고 이 땅에 오신 참된 인간이자 참된 하나님이신 그리스도만이 어느 때 어느 곳에서든 교회가 취하는 입장을 충분히 대변할 수 있다. 특히 1933년과 같이 독일 제국과 제국 교회가 부상하던 그 소란스럽고 변덕스러운 불안정한 시대에서는 더욱 그랬다. 바르멘 선언이 확실하게 외치듯이, 오직 그리스도만이 인간의 왕국을 무색게 하고 다른 모든 것들보다도 우리의 충성을 요구할 수 있다. 이 모든 문제를 정리하자면 본회퍼의 신학과 그리스도인의 삶에 대한 그의 견해를 이해하려면 그리스도론에 주목해야 한다.

그러나 교회를 섬기고 신학을 연구하는 과정에서 본회퍼는 그가 베델에서 보았던 많은 것에서 깊은 인상을 받지 않을 수 없었다. 한편에는 히틀러와 그가 추진한 우생학 프로그램(그 무렵 이미 알려져 시작되고 있었다)이 있었다. 다른 한편에는 병자와 약자들을 위한 피난처인 베델이 있었다. 본회퍼는 그곳이 베델, 곧 '하나님의 집'이라고 불렸다는 사실을 결코 잊지 않았다. 그는 베델에서 서로 다른 것들이 공존하는 곳인 교회 이상의 무언가를 보았다. 바로 베델에서 참된 인류를 보았다. 그는 할머니에게 이렇게 썼다. "철저한 무방비라고 불릴 만한 그들의 상

---

31 *DBWE* 12:338.
32 *DBWE* 12:353.

태는 인간 실존의 한 측면, 즉 우리가 참으로 철저하게 무방비 상태에 있다는 사실을 건강한 사람들보다 훨씬 분명하게 볼 수 있게 해줍니다."[33]

베델에서 본회퍼는 인간의 본성과 더 나아가서는 교회의 본질에 대한 통찰을 얻었다. 그리고 그리스도의 본성에 대한 통찰도 얻었다. 베델로 가기 직전인 1933년 초여름에, 본회퍼는 베를린에서 앞서 언급했던 그리스도론에 대해 강의했다. 그 강의가 끝나갈 무렵, 그는 그리스도의 비하와 승귀를 논하면서 이렇게 말했다. "그리스도의 비하는 교회가 따라야 할 원리라기보다 하나의 사실이다."[34]

신학자들은 빌립보서 2장에 나오는 그리스도의 위격과 사역에 대한 바울의 가르침과 관련해 '그리스도의 비하와 승귀'라는 용어를 사용한다. 빌립보서 2장은 두 본성에 입각한 그리스도론, 즉 신인으로서의 그리스도에 대한 가장 온전한 진술을 담고 있다. 이 장에서 배운 그리스도의 인성은 우리를 그리스도의 약함과 고난받으심이라는 개념으로 이끈다.

또한 우리는 이 교훈을 빌립보서 2장이라는 큰 문맥 안에서 배우는 것이 그리스도인의 삶을 살아가는 데 얼마나 중요한지 알게 된다. 바울에게 '비하'는 교회가 본받아야 할 삶의 필수 요소다. 바로 그 '비하'가 그리스도를 본받고자 하는 그리스도인들에게서 나타난다. 주님이 보이신 비하의 모습을 따르려는 이들의 노력은 모든 경계, 심지어 십자가상에서의 죽음이라는 경계조차 넘어선다. 또한 본회퍼는 런던으로 돌아가 시든햄의 연합 회중교회와 런던 동부에 있는 성 바울 개

---

33 *DBWE* 13:158.
34 *DBWE* 13:360.

혁교회 강단에서 비하(고난과 약함 그리고 부서지기 쉬움과 한계)에 대한 그리스도의 예가 갖고 있는 온전한 무게를 제자가 되는 문제에 적용했다.

런던에서 한 설교들

본회퍼가 런던에서 한 설교, 특히 그중 하나를 살피기 전에 그가 1933년 초여름부터 베를린에서 강의한 "오늘날 신학생은 무엇을 해야 하는가?"라는 제목의 강의 내용을 살피는 것이 도움이 될 것이다. 본회퍼는 자기가 제기한 질문에 이렇게 답한다.

거룩한 신학[theologia sacra]에 대한 실제적 공부는 인간이 질문과 추구 가운데서 십자가를 만날 때, 인간이 가한 모진 고통을 감당하신 하나님 안에서 고통의 말단을 인식할 때, 그리고 그들의 모든 활력이 심판에 노출되어 있음을 깨달을 때 시작된다.[35]

본회퍼는 이렇게 생각하는 것을 주저하지 않았다. 이것은 정식으로 신학을 연구하는 학생들뿐만 아니라 우리 모두를 위한 선결 과제이기도 하다. 우리는 모두 십자가에서 출발한다. 하나님과의 모든 만남은 거기에서 시작된다. 본회퍼의 메시지는 동일했다. 그는 베를린에서 미래의 목회자들과 신학자들로 가득 찬 강의실에 있을 때든 런던에서 독일 이민자 중 주로 노동자로 이루어진 회중 앞에 있을 때든 상관없이 동일한 생각을 가르치고 선포했다.

본회퍼가 런던에서 한 설교 중 하나가 특별히 이 모든 논의를 부각시킨다. 그가 고린도후서 12장 9절을 본문으로 한 설교의 육필 원고

---

35 *DBWE* 12:433.

는 영어로 되어 있다. 성 바울 개혁교회의 회중에는 이미 영국의 문화에 동화된 이들이 많아서 영어로 설교해야 했던 것이다. 그것은 바로 약함에 대한 설교였다. 본회퍼는 이런 질문으로 말문을 연다. "약함의 문제가 왜 그리도 중요한 것인가?"[36] 첫 번째 대답은 기독교가 역사적으로 약함의 종교, 본회퍼의 용어로 말하자면 "노예들의 종교"였기 때문이다.[37] 그러나 진짜 대답은 하나님 자신이 십자가에서 고통을 당하셨기에 그 고통 당하신 하나님 안에서 고통과 약함은 거룩으로 승화된다.[38]

나중에 본회퍼는 그의 책 『윤리학』에서 하나님은 단지 인간을 끌어안으시는 것으로 그치지 않으신다고 말한다. 하지만 사실 그렇게 말하는 것은 "충분하지 않다."[39] 하나님은 우리를 끌어안으시는 것보다 훨씬 더한 일을 하신다. 그리스도 안에서 그분은 우리가 되신다.

하나님은 인간이 되어 인간의 삶 속으로 들어오사 인간의 본성과 실체, 죄책과 고통을 취하고 짊어지심으로써 하나님의 사랑에 맞서 제기된 우리의 비진리와 의심, 불확실성 같은 온갖 비난의 원인들을 무효화하신다. 하나님은 인간에 대한 사랑 때문에 몸소 인간이 되신다. 하나님은 자신과 연합할 만한 가장 완벽한 인간을 찾지 않으시고 오히려 있는 그대로의 인간의 본성을 취하신다. 예수 그리스도는 고귀한 인간의 변형이 아니라 실제적 인간에 대한 하나님의 '긍정'[Yes], 즉 어느 재판관의 공평한 '긍정'이 아니라 인정이 많은 고통당하는 자의 자비로운 '긍

---

36 *DBWE* 12:401.
37 *DBWE* 12:402.
38 *DBWE* 12:403.
39 *DBWE* 6:84.

정'이다.[40]

우리는 약함이나 고통 같은 주제는 되도록이면 회피하고 싶어한다. 대신 우리는 힘을 찬양한다. 본회퍼가 런던에서 했던 설교를 살펴보면, 그는 사실 약함을 강조하는 이런 기독교적 견해를 그가 '귀족주의적'(aristocratic)이라고 불렀던 강함과 힘을 강조하는 견해와 대비시킨다. 또한 그는 그런 귀족주의적 견해가 자신들의 목적을 이루기 위한 수단인 폭력과 압제에 초점을 맞춘다. 그는 설교를 통해 이렇게 외친다. "기독교는 권력이 오만함에 가득 차서 자의적으로 행사하는 폭력에 대해 혁명적으로 저항하느냐 않느냐에 따라 또한 약자들을 옹호하느냐 안 하느냐에 따라 일어서기도 하고 넘어지기도 합니다."[41] 그가 이 마지막 말을 하면서 베델을 염두에 두고 있었음은 의심할 여지가 없다. 또한 그는 훗날 부켄발트와 프로센베르크 형무소, 그리고 다른 강제 수용소에서 일어나게 될 일을 유념하면서 다음과 같이 엄중하게 외친다. "그 동안 기독교는 힘을 숭배하는 일에 너무 쉽게 적응해 왔습니다."[42]

본회퍼가 보기에 당시 상황은 세계관에 있어서의 코페르니쿠스적 전환, 본회퍼 자신의 용어로 말하자면, "그리스도의 시각에 입각한 가치의 새로운 질서"를 요구하고 있었다.[43] 그런 질서 안에서 힘은 더이상 자기를 내세우지 못하고 오히려 굴복하고 멈칫거린다. 그래서

---

40 *DBWE* 6:84-85. 여기에서 본회퍼가 아리안주의와 상반되는 그리스도론을 생각하고 있다는 사실은 그가 바로 다음 단락에서 인류를 사랑하시는 하나님을 '인류에 대한 폭압적인 경멸가'인 히틀러와 대비시키는 것을 통해 분명하게 드러난다.

41 *DBWE* 13:402.

42 *DBWE* 13:402.

43 *DBWE* 13:403.

본회퍼는 다음과 같이 주장한다. "약자들에 대한 기독교적 사랑과 도움은 약자 앞에서 강자의, 고통당하는 자 앞에서 건강한 자의, 착취당하는 자 앞에서 힘 있는 자의 비하를 의미합니다."[44]

여기에서 본회퍼는 단지 독일에만 초점을 맞추지 않고 훨씬 더 광범위한 비전을 제시한다. 설교 중 그는 자신이 1929년부터 1930년 사이에 뉴욕 시에 있는 흑인들의 할렘가 교회에서 경험한 일들을 언급하며 "백인 국가에서 벌어진 유색인들에 대한 착취"에 대해 말했다.[45] 또한 멀리서나마 인도의 간디가 하고 있는 일을 높이 평가하고 있음을 밝히면서 '불가촉천민들'의 경험을 언급했다. 요약하자면, 본회퍼는 삶에 대한 평가와 관련해 20세기가 제시하는 새로운 가치에 대해 의문을 제기하고 있었던 것이다. 어쩌면 그는 삶의 가치와 관련된 20세기의 견해에는 새로운 것이라고는 전혀 없다고 여기고 있었는지도 모른다.

본회퍼는 '우리가 어떻게 살아갈 것인가?'에 대한 답을 정통 그리스도론 안에서 보았다. 우리는 우리 자신의 죄악과 씨름하는 과정에서 약간의 겸손을 배운다. 또한 우리는 그리스도의 비하와 그분이 육신을 입고 우리와 완전히 동일하게 되신 것을 본받고자 애쓰는 과정에서 좀 더 많은 겸손을 배우게 된다(빌 2장). 그리고 겸손에 대한 이런 태도를 통해 우리는 다른 이를 섬기기에 이른다.

본회퍼는 그리스도의 성육신과 십자가 사역에 관해 배운 것에 기초해 동시대의 세계관을 전복시키는 데까지 나아갔다. 이런 그리스도론의 다음 단계는 그리스도의 제자인 우리가 다른 사람들을 어떻게 여

---

44 *DBWE* 12:403.
45 *DBWE* 12:402.

기고 대해야 하며 어느 정도까지 그들을 섬겨야 하는지를 살피는 것이다. 우리의 본래 성향은 안쪽으로 훨씬 더 많이 치우친다. 하지만 그리스도의 비하는 우리가 먼저 그분을 찾기 위해 위를 바라보고, 다음으로 다른 이들을 찾기 위해 밖을 보도록 이끈다.

런던의 회중이 무언가가 본회퍼를 무겁게 압박하고 있음을 느꼈을 것은 의심할 여지가 없다. 무언가 알고 있는 사람 주변에 머무는 것은 매우 흥미로운 일이다. 그런 사람에게는 우리를 끌어당기는 힘이 있다. 본회퍼가 그런 사람이었기에 그의 회중 역시 그렇게 될 수밖에 없었다. 그리고 그들이 제자가 된다는 것의 의미가 담고 있는 깊이와 길이, 넓이를 이해하기에 이르렀을 때, 본회퍼는 설교의 결론을 맺으면서 다시 그들을 십자가로 이끌어갔다.

십자가로 나아가는 자는 약함과 고통 속에서 드러나는 하나님의 강하심을 발견한다. 본회퍼는 이렇게 말한다. "그곳에서 그는 하나님이 자기와 함께 계심을 느낍니다. 그리고 그곳에서 그는 하나님의 강하심, 곧 인간의 모든 이해와 인간적인 가치를 뛰어넘는 하나님의 은혜와 사랑, 위로를 향해 열립니다." 이어서 그는 좀 더 목소리를 높인다. "하나님은 '십자가의 고난'이라는 그 약함 속에서 자신을 영화롭게 하십니다. 인간이 아무것도 아닌 곳에서 하나님은 강력하십니다."[46]

1933년부터 1934년 사이에 있었던 이 경험은 본회퍼의 삶에서 조형적 성격을 띠고 있었다. 베를린에서의 그리스도론에 관한 강의, 베델에서 보낸 시간, 베델 신앙고백문의 작성, 그리고 런던에서의 목회 활동 모두가 그에게 결정적인 영향을 미쳤다. 다음 장에서는 '공동체'라는 개념(본회퍼에게는 오직 그리스도와 십자가로부터만 나올 수 있는 개념)이 그의

---

46 *DBWE* 13:404.

삶의 행위와 신학을 어떻게 형성했는지 살펴볼 것이다. 종합하자면, 1930년대에 형성된 '그리스도'와 '공동체'라는 이 쌍둥이 개념이야말로 1940년대에 본회퍼의 삶에서 나타난 영웅적 순간의 원인이었다고 할 수 있다.

영웅적인 기독교

본회퍼는 1940년대에 이르러 급기야 영웅적인 순간을 겪게 되는데, 이때 과거에 했던 여행이 떠오른다. 그는 이른바 질풍노도의 시기인 20대의 마지막 한 해를 뉴욕에서 보냈다. 그가 뉴욕을 찾은 표면상의 이유는 유니온 신학교에서 공부를 하기 위함이었는데, 사실 그는 그곳에서의 공부가 그다지 마음에 들지 않았다. 오히려 그가 가장 즐거워했던 것은 할렘가에 있는 아비시니안 침례교회에서 보낸 시간이었다. 그곳에서 지내는 동안 그는 흑인 영가와 초기 블루스 음악 78편을 수집했고, 미국 전역을 다니며 여행도 했다. 그는 그가 찾아간 모든 곳에서 그 지역의 삶에 빠져들었다. 또 그는 도로 여행을 통해 아주 많은 것을 보았다. 미국의 어떤 것들은 그를 당혹하게 했는데 특히 금주법은 아무런 의미가 없었다. 그는 그의 쌍둥이 누이동생 자비네에게 이렇게 썼다. "끔찍할 정도로 지루하다."[47] 그는 극장에서도 똑같이 지루함을 느꼈다. "이곳의 극장 프로그램은 끔찍할 정도야, 그래서 거의 가질 않아." 심지어 그는 뉴욕 필하모닉 오케스트라를 지휘하는 아르투로 토스카니니(Arturo Toscanini)조차 "나를 전혀 감동시키지 못했다"라고 썼다.[48] 그러나 1930년 여름에 있었던 멕시코 서부와 남

---

47 *DBWE* 10:271.
48 *DBWE* 10:271.

부의 도로 여행은 그에게 전혀 색다른 경험이 되었다.

그 여행이 본회퍼에게 끼친 영향은 적지 않았는데, 특히 그의 동료 중 훗날 프랑스 개혁교회에서 목회한 진 라세르(Jean Lassere)의 도움이 컸다. 그 영향이 아주 깊었기에 본회퍼는 그로부터 십수 년이 흐른 후 테겔 형무소의 감방에 앉아서 라세르와의 대화(아마도 미국의 어느 고속도로 곁에 있던 술집에서 나눴던 대화일 것이다)를 회상했다. 그것은 맑은 별과 같이 밝은 미래를 가진 청년들이 나눌 법한 대화였다. 그들은 앞으로 자기들이 무엇을 하기를 원하는지 말했다. 본회퍼는 라세르가 "나는 성자가 되고 싶어"라고 말했다고 회상했다. 그 대화를 떠올리면서 본회퍼는 이렇게 덧붙인다. "그때 나는 아주 깊은 인상을 받았네. 하지만 나는 그에게 동의하지 않았고 오히려 '나는 믿는 것을 배우고 싶어'라고 말했네." 이어서 그는 그때 자기가 말했던 믿음이 어떤 것인지 설명했다.

나는 나중에 우리가 믿음을 갖고 배우는 것은 오직 이 세상에서 온전하게 살아가야만 가능하다는 사실을 발견했고, 지금도 여전히 발견하고 있다네. 우리는 우리 자신을 대단한 존재로 만들고자 하는 모든 시도를 완전히 포기해야 한다네. 그것이 성자이든, 회심한 죄인이든, 교인[이른바 사제 스타일의!]이든, 의인이든, 불의한 사람이든, 병자든, 건강한 사람이든 상관없이 말이네.[49]

아마도 우리는 이 대목에서 본회퍼와 관련해 너무 많이 사용되지

49 본회퍼가 1944년 7월 21일 베트게에게 보낸 편지에서, *LPP*, 369-70.

만, 그가 온 존재로 그토록 거부했던 호칭인 '영웅'이라는 단어를 덧붙이고 싶을 것이다. 하지만 본회퍼가 1930년 여름 미국에서, 그리고 1944년 여름 테겔 형무소에서 갈구했던 '믿음으로 사는 삶'은 보통 우리가 우리 삶을 위해 설정하는 목표와 우리 삶을 평가하는 데 사용하는 기준을 피해 간다.

실제로 이때 본회퍼는 겟세마네에 계셨던 그리스도를 생각하고 있었다. 그는 이렇게 쓴다. "내가 말하고자 하는 것은 삶의 의무, 문제, 성공과 실패, 경험과 혼란 등을 온 몸으로 껴안고 사는 것이라네. 그렇게 해야 우리 자신을 완전히 하나님의 손에 맡기고, 우리 자신의 고난이 아닌 하나님의 고난을 이 세상에서 진지하게 감당할 수 있다네. 더 나아가서는 겟세마네에서 그리스도와 함께 깨어 있게 된다네."[50] 본회퍼는 혼란, 실패, 고난, 그리고 우리의 약함으로 인해 겪는 힘겨운 상황을 끌어안는 것을 배웠다.

그러나 본회퍼는 십자가에서 흘러나오는 그리스도인의 삶에 관한 신학이 영웅주의나 승리의 신학과는 다른 기준을 제공한다는 사실을 깨달았다. "우리가 이런 삶을 통해 하나님의 고난에 동참할 때, 어떻게 성공이 우리를 교만하게 만들고, 어떻게 실패가 우리를 방황하도록 만들겠는가?"

그래서 본회퍼는 감방에서 '석방'과 (그에게 훨씬 더 큰 관심사였던) '임시 재판'이라는 소망이 새로운 소식들과 함께 점점 사라져가고 있을 때 이렇게 확언할 수 있었다. "나는 과거와 현재에 감사하며 그것들로 만족한다네."[51] 이렇듯 힘든 상황이지만 감사의 말을 하며 실제로 그렇

---

50 Ibid., 370.
51 Ibid.

게 만족하며 살아가는 것은 오직 믿음이 무엇인지를 이해함으로써만 가능하다. 그리고 이 순간조차 우리는 우리의 믿음이 선물이라는 사실을 기억해야 한다.

그로부터 한 세대가 지난 지금, 우리가 디트리히 본회퍼의 용기와 영웅적 노력을 그토록 칭찬하는 것은 아이러니다. 사실 본회퍼는 하나의 모범이 되기에 충분하다. 그는 감방에서 책 한 권(여러 책들 중 하나)을 구상했으나 결국 다 쓰지 못하고 죽었다. 그 책의 결론부에서 그는 이렇게 단언한다. "교회는 인간의 모범[이것은 예수의 인간성에 그 근원을 두고 있으며, 바울의 가르침에서 아주 중요했다]의 의미를 가볍게 여겨서는 안 된다."[52] 오늘날 본회퍼가 하나의 모범이 되고 있다는 사실은 아마도 그를 무척 당혹스럽게 할 것이다.

하지만 그는 그것을 비난하지는 않을 것이다. 왜냐하면 그것과 영웅주의의 모범이 되는 것은 전혀 다른 문제이기 때문이다. 대신 그는 우리를 질책하며 하나님의 강함은 우리의 약함을 통해 드러난다고 말할 것이다. 우리가 (본회퍼가 고린도후서 12장 9절에 대한 런던 설교를 마무리하며 말하듯) 우리 자신이 아무것도 아니라고 말할 때, 마침내 우리는 그리스도 안에서 무언가가 되어가는 올바른 궤도 위에 서 있는 셈이다. 본회퍼의 모범은 이 안에 있다. 그리스도는 그분의 삶, 고통, 혼란, 기쁨 가운데서 찬송을 받으신다.

예수 그리스도는 자기가 "많은 고난을 받아야 한다"(눅 9:22)고 가르치셨다. 사실 그분은 부활하신 후 엠마오 도상의 두 제자에게 자신이 "이런 고난을 받아야 한다"(눅 24:26)는 것을 상기시키셨다. 그분의 고난은 거부와 자기 백성을 위해 목숨을 내려놓는 궁극적 희생인 십자

---

52 Bonhoeffer, "Outline for a Book," *LPP*, 383.

가 처형을 의미했다. 고난, 거부, 그리고 십자가상에서의 죽음 이후에 그분은, 엠마오로 가던 두 제자에게 말씀하셨던 것처럼 "자기의 영광에 들어가셨다"(눅 24:26).

예수 그리스도는 누가복음 9장 22절에서 고난에 대해 언급하며 분명한 음성으로 다음과 같이 요구하신다. "아무든지 나를 따라오려거든 자기를 부인하고 날마다 제 십자가를 지고 나를 따를 것이니라"(눅 9:23). 제자가 되려는 모든 이들은 고난과 거부, 약함과 압제라는 힘든 경험까지도 기꺼이 마주할 준비를 해야 한다. 아웃사이더 상태야말로 예수와 그 제자들의 징표다. 본회퍼의 고전적 작품인 『나를 따르라』의 배후에는 그가 런던에 있는 동안 숙고했던 이 구절이 있다. 다시 말하지만, 우리가 이미 보았듯이 우리는 그리스도인의 삶에 대한 본회퍼의 견해를 들여다볼 때마다 늘 그의 그리스도론과 마주하게 된다.

제자도: 그리스도와 공동체, 그리고 사랑 안에서 사는 삶

그러나 본회퍼는 자신의 현재 상황을 살핀 후 '그리스도 안에'라는 말과 관련해 무언가를, 즉 이 말의 부재(不在)를 알아차렸다. 사실 그는 훨씬 더 근본적인 부재, 곧 그리스도 자신의 부재를 알아차렸다. 그가 말했듯이 "예수가 시야에서 사라지고 있었다."[53] 이는 본회퍼가 자신이 속한 독일 루터교회 같은 개신교 교단들을 평가하면서 한 말이다. 사라진 예수는 십자가에 달려 돌아가시사 낮아지신 예수, 곧 자기가 "많은 고난을 당해야 한다"고 가르쳤던 예수였다. 매우 아이러니컬하게도, 루터의 발자취를 따르고 있다고 주장한 루터교회는 루터의 십

---

53 Ibid., 381.

자가 신학을 잊어가고 있었다.

본회퍼는 감옥에 갇히기 오래 전부터 이런 식으로 생각해 왔다. 히틀러가 권좌에 오르기 이전인 1932년, 베를린에서 한 설교에서 본회퍼는 그리스도의 이름을 부르는 것과 하나님의 이름을 부르는 것을 대조했다. '하나님의 이름으로'라고 말하는 것은 얼마나 안전한가! 하지만 그의 설교 본문이었던 골로새서 3장 1절에 실려 있는 "너희가 그리스도와 함께 다시 살리심을 받았다"라고 말하는 것은 전혀 다른 문제다.[54]

당시 교회가 예수를 주님으로 모시는 것은 고사하고 그분을 볼 수조차 없었던 반면, 본회퍼는 교회가 그 중심에 예수를 모셔야 하며 고난받는 예수를 위한 자리를 마련해 두어야 한다는 것을 분명하게 알고 있었다. 또한 본회퍼는 그가 결국 쓰지 못했던 어느 책의 초안에서 예수를 우리를 위한 모델로 제시한다. 예수 그리스도는 거부의 고통을 받고 십자가에 돌아가셨다. 예수 그리스도는 타인을 위해 몸소 이 땅에 오셨고 행동하셨고 사셨다. 예수 그리스도는 타인을 위한 사랑어린 희생의 삶을 사신 후 죽으셨다. 바로 이것이 그리스도인이 본받아야 할 삶의 기초이자 모델이다. 이것이 본회퍼의 영성 신학의 기초이자 모델이다.

본회퍼가 추구한 신학과 윤리학의 모든 것은 신인에 대한, 그리고 그리스도의 희생적 삶과 대속적 죽음, 승리에 찬 부활에 대한 확고하고 정통적인 견해를 수반하는 그의 그리스도론으로부터 흘러나온다. 사실 앞서 언급했듯이, 본회퍼 학자들은 최근 그의 모든 사상의 핵심

---

54 Dietrich Bonhoeffer, "Risen with Christ," in *The Collected Sermons of Dietrich Bonhoeffer*, ed. Isabel Best (Minneapolis: Fortress, 2012), 41-48.

을 '그리스도-교회론'(Christo-ecclesiology)이라고 부르고 있다. 한편 본회퍼 자신의 표현을 따라서, 우리의 삶은 그리스도와 공동체, 그리고 사랑 안에서 사는 것이라고 말할 수도 있을 것이다.

본회퍼가 말한 그리스도를 이해하고 끌어안는 일은 윤리, 즉 우리가 희생적이고 사랑 어린 방식으로 타인을 위해 살 것을 요구한다. 그는 우리가 다음 장에서 다룰 주제 중 일부와 관련해 이렇게 말한다. "교회는 오직 타인을 위해 존재할 때만 교회다."[55] 만약 우리가 교회로 시작했다면, 뒤로 물러나 그리스도께로 돌아가야 하고, 타인을 위한 사랑의 삶, 즉 타인을 위해 희생까지도 베풀 수 있는 삶을 향해 앞으로 나아가야 한다. 본회퍼에게 이것은 이론이자 실천이었다. 그리고 우리에게는 '그리스도-교회론적-윤리'(Christo-ecclesilogical-ethic)를 취하는 것보다 나은 길은 없다. 그리스도와 공동체, 그리고 사랑 안에서 사는 것보다 더 나은 길은 없다.

결론: 그리스도 그리고 제자도의 대가

본회퍼에게 익숙한 이들은 그리스도인의 삶에 관한 본회퍼의 사상의 기초를 논하는 이 장에서 그 주제에 관한 고전적 작품인 『나를 따르라』를 아주 간단하게만 언급했는지 의문을 품을 것이다. 『나를 따르라』(독일어 원제목은 간단하게 Nachfolge이다)는 1937년에 출판되었으나 본회퍼가 그 책을 구상한 것은 런던에 머물던 1933년과 1934년 사이였다.

그 후 독일로 돌아온 그는 1935년 한 해 동안 그 책을 쓰는 작업에 진지하게 몰두했고, 1936년에 마무리했다. 다시 말해, 그 책이 세상에 나올 준비를 하던 시간들은 이 장에서 주제가 되었던 1930년대 그의

---

55 Bonhoeffer, "Outline for a Book," *LPP*, 382.

사상의 형성기와 직접 상관이 있다는 것이다. 그리고 본회퍼는 그 책을 구상했던 1933년부터 책을 출판한 1937년까지 그 책 작업에 몰두하는 동안 삶 전체를 바쳐서 책의 내용대로 살았다. 그는 1930년대가 1940년대로 썰물처럼 밀려가는 동안 그 책의 내용대로 살다가 감옥에 갇혔고, 결국 형장의 이슬로 사라지고 말았다.

『나를 따르라』는 더 이상 분명할 수 없을 정도로 핵심을 짚어낸다. 본회퍼는 이렇게 쓴다. "제자도는 그리스도에 대한 헌신이다."[56] 그리스도는 부르시고 우리는 따른다. 이 사실은 너무나 분명하기에 누구라도 쉽게 알 수 있다. 하지만 그것을 행하는 것은 또 다른 문제다. 그 책의 6장에서 본회퍼는 우리를 산상수훈과 그리스도를 따르라는 간단한 명령에 내포된 어려움에 관한 문제들로 이끌어간다. 그것은 아주 엄중한 요구다. 따라서 우리는 그 책의 6장과 이후의 장들을 읽기에 앞서 '제자도와 십자가'라는 주제를 다루는 4장을 꼼꼼히 읽을 필요가 있다.

본회퍼는 『나를 따르라』에서 6장을 자신이 고난을 받고 거부되고 죽어야 하리라는 그리스도의 말씀으로 시작한다. 그는 누가복음 9장과 병행을 이루는 마가복음 8장 31-38절을 본문으로 사용한다. 그 구절로 본회퍼는 우리에게 그리스도의 명령을 상기시킨다. 즉 그리스도처럼 우리의 십자가를 지고 그분의 고난에 동참해야 한다는 것이다. 그는 이것이 무엇을 수반하는지 분명하게 알려 준다. "우리 모두가 첫 번째로 경험해야 하는 그리스도의 고난은 우리를 이 세상에 대한 집착으로부터 소환하는 부르심이다. 그것은 예수 그리스도와의 만남 안에서 이루어지는 옛 자아의 죽음이다."[57] 하지만 그 죽음은 우리의

---

56 *DBWE* 4:59.

삶, 곧 그리스도 안에서의 삶의 시작이다. 다음으로 고난당하신 그리스도를 따르는 일은 우리를 유혹과 죄, 사탄과 벌이는 매일의 싸움 속으로 이끌어간다. 그리고 그런 싸움은 우리에게 상처를 남긴다.

하지만 이어서 바울은 우리에게 위로의 말을 전한다. 그는 이렇게 확언한다. "그리스도인의 고난은 당혹스러운 것이 아니다. 오히려 그것은 은혜와 기쁨일 뿐이다."[58] 그리스도는 단지 고난을 당하셨을 뿐 아니라 십자가 위에서 고통을 감당하셨다. 그분은 그 고통을 짊어지심으로써 승리하셨다. 본회퍼는 다시 한 번 분명하게 말한다. "그분의 십자가는 고난에 대한 승리다."[59] 우리는 바로 그런 삶으로 부르심을 받고 있다. 우리는 '십자가 아래서'[60] 그리스도를 따른다.

우리는 그런 부르심, 곧 십자가를 짊어지는 부담에서 슬쩍 빠져나오고 싶을지도 모른다. 하지만 그런 유혹을 느낄 때마다 본회퍼는 우리에게 그리스도의 모범과 말씀을 가리킨다. 겟세마네 동산에서 그리스도는 아버지 앞에서 자신의 뜻을 내려놓고 우리에게 모범을 보이셨다.

그런 순종은 결국 그리스도께 평화와 성부와의 화해를 가져다주었다. 본회퍼는 그리스도의 말씀과 관련해 우리에게 마태복음 11장 30절을 상기시킨다. 그는 사람들이 "그들에게 지워진 짐을 털어내기를" 얼마나 바라는지에 대해, 그리고 심지어는 그들이 그렇게 할 수도 있다는 것에 대해 말한다.[61] 그들은 십자가 아래에서 빠져나갈 수 있다. 그러나 본회퍼가 그런 움직임에 관해 한 말에 귀를 기울여보라. "그렇

---

57 *DBWE* 4:87.
58 *DBWE* 4:89.
59 *DBWE* 4:90.
60 *DBWE* 4:90.
61 *DBWE* 4:91.

게 하는 것은 결코 그들을 짐에서 해방시켜 주지 않는다. 오히려 그들에게 더 무겁고 견디기 힘든 짐을 지운다. 그들은 '자아'라는 그들이 스스로 택한 멍에를 짊어진다."[62] 그러므로 우리는 다시 본회퍼가 그의 그리스도론 강의에서 했던 탁월한 주장에 귀를 기울여야 한다. "낮아지신 신인은 경건한 인간, 그리고 모든 인간에게 걸림돌이다. 더 말할 것도 없다."[63] 다시 말해 하나님은 우리를 우리의 경건으로부터 지켜 주신다.

우리가 스스로 택한 멍에와 경건한 노력, 그리고 이기심으로 가득 찬 욕구가 낳는 불안과 비교해 볼 때, 그리스도의 짐은 쉽고 가볍다. 그리스도의 짐은 참으로 환영할 만하다. 본회퍼는 이렇게 결론을 짓는다.

> 십자가를 지는 것은 불행과 절망을 가져오지 않는다. 오히려 우리의 영혼에 원기와 평안을 제공한다. 그것은 우리의 가장 큰 기쁨이다. 이제 우리는 더 이상 우리 자신이 만든 법과 짐이 아니라 우리를 아시고 우리와 함께 동일한 멍에를 지시는 분의 멍에를 짊어진다. 그분의 멍에 아래서 우리는 가까움과 교제를 확신한다. 제자들이 그들의 십자가를 질 때 발견하는 것은 다름 아닌 바로 그분이시다.[64]

본회퍼에게 그리스도인의 삶을 사는 것은 십자가, 곧 그리스도와 함께 제자가 되라는 그분의 부르심에서 시작된다. 우리는 그리스도

---

62 *DBWE* 4:91.
63 Bonhoeffer, "Lectures on Christology," *DBWE* 12:358.
64 *DBWE* 4:91.

안에서 산다. 우리는 십자가로부터 산다. 본회퍼가 우리가 공동체 안에서 살아감을 상기시키며 선호했던 표현을 따르면, "우리는 십자가 아래 있는 교회다."[65] 오, 이 얼마나 놀라운 역설인가! 바로 그곳이 우리의 궁극적 기쁨이 발견되는 곳이다.

---

65 Bonhoeffer, *Meditations on the Cross*, 8.

3. 공동체 안에서:
교회 안에서의 삶

_____

기독교는 예수 그리스도를 통한, 예수 그리스도 안에 있는 공동체를 의
미한다. 기독교 공동체는 그 이상도 이하도 아니다. … 우리는 오직 예수
그리스도를 통해 예수 그리스도 안에서만 서로에게 속해 있다.

_디트리히 본회퍼, 『신도의 공동생활』, 1938년

교회는 타인을 위해 존재할 때만 교회다.

_디트리히 본회퍼, 테겔 형무소에서, 1944년

테겔 형무소에 있는 동안 디트리히 본회퍼는 소설 을 한 편 썼다. 그
밖에도 연극, 단편소설, 시, 한 묶음의 편지와 강의안들, 그리고 다양
한 경우를 위한 설교를 썼다. 본회퍼가 친척들과 학생들, 그리고 친구
들의 결혼식이나 장례식을 위해 쓴 설교들은 감옥 밖으로 유출되어
그가 없는 상태에서 읽혔다. 에릭 메택시스(Eric Metaxas)가 본회퍼의 전
기 부제목에서 칭했듯이, 본회퍼는 "목사, 순교자, 예언자, 스파이"였
다. 그러나 무엇보다도 본회퍼는 작가였다. 그가 쓴 작품 대부분은 논
픽션이었고, 그중 몇 권은 이미 기독교 사상사 안에서 당당하게 고전
의 위치를 차지하고 있다. 하지만 본회퍼는 픽션을 쓰기도 했다. 총 16
권으로 이루어진 그의 작품 전집에서 픽션 부분은 아주 얇지만 그 안

에는 분명 소설이 들어 있다. 목회자이자 신학자, 순교자요, 때로는 스파이 노릇까지 했던 본회퍼가 소설을 썼던 것이다!

잡지 편집자인 셜리 애봇(Shirley Abbott)은 언젠가 이렇게 말했다. "모든 픽션은 자서전일 수 있다." 이 말은 본회퍼의 소설에도 예외가 아니다. 그 소설의 첫 장면은 우리에게 프라우 캐롤라인 브레이크(Frau Karoline Brake)라는 주인공을 소개하는 것이다. 브레이크 부인은 손에 양산을 들고 교회에서 집으로 돌아가고 있는 중이다. "또 하나의 형편없는 설교"[1]라고 부를 수밖에 없었던 설교를 듣고서 교회에서 나온 그녀는 가던 길을 멈추고 공원 벤치에 앉아 오래 전 손자와 함께 교회에서 집으로 돌아가다가 나눴던 대화 한 토막을 떠올린다.

소설은 그때 그녀의 손자가 교회와 형편없는 설교에 인내심을 발휘하지 못했음을 알려 준다. 사실 그녀의 가족도 모두 똑같이 느끼고 있었다. 그들이 사는 도시의 시장인 그녀의 남편과 아들, 딸, 손자 모두 교회에서 슬그머니 빠져나갔다. 이제 그녀는 일요일에 혼자가 되었다. 혼자 걸어서 교회에 갔다가, 혼자 교회에 앉아 있다가, 혼자 교회에서 집으로 돌아오는 것, 바로 이것이 브레이크 부인의 일요일 풍경이었다.

결국 그녀 역시 교회를 포기하게 될 것이다. 그러나 본회퍼는 그 소설의 주인공을 이렇게 묘사한다. "그녀는 쉽게 포기하는 사람이 아니었다."[2] 브레이크 부인은 그루터기같이 견고한 사람이었고, 사실을

---

1 Bonhoeffer, *Sunday*, 발표되지 않은 소설, *DBWE* 7:73. 본회퍼는 1939년에 있었던 두 번째 미국 방문 때 해리 에머슨 포스딕(Harry Emerson Fosdick)과 다른 설교자들로부터 들었던 설교들에 비슷한 평가를 내렸다. 그 설교들은 그가 1939년 6월과 이 소설에서처럼 7월에 들은 것들이었다. Bonhoeffer, "American Diary," *DBWE* 15:217-45를 보라. 특히 그는 포스딕의 설교를 "도저히 견디기 힘든"이라고 표현했다. *DBWE* 15:224. 우리는 이 책의 6장에서 그가 들었던 미국의 설교 문제를 다시 다루게 될 것이다.

있는 그대로 말하는 솔직한 사람이었다. 그녀가 보기에 교회가 잘못된 것은 설교에 그 이유가 있었다. 설교가 잘못된 것은 "하나님 말씀의 자리를 헛소리가 차지하고 있었기 때문이다."[3] 그녀는 교회가 책임과 소명을 저버렸음을 알았다. 하지만 싸워 보지도 않은 채 포기할 생각이 없었다.

브레이크 부인은 그렇게 공원 벤치에 앉아 전에 손자와 나눴던 대화를 회상하다가 그때 손자에게 해주고 싶었던 말을 다시 떠올린다. 그때 손자는 사실상 자기는 이제 교회를 떠났으며 더 이상은 그런 "형편없는 설교들"을 들을 수 없다고 말했다. 그때 그녀는 손을 내밀어 그 아이의 손을 잡고 이렇게 말해 주고 싶었다. "기독교를 불완전하게 대표하는 자들과 기독교를 혼동해서는 안 돼."[4] 하지만 그때 그녀는 그렇게 말하지 못했다.

의심할 바 없이 브레이크 부인은 본회퍼의 할머니인 율리에 타펠 본회퍼(Julie Tafel Bonhoeffer)를 가리킨다. 그녀의 손자는 본회퍼 자신이다(소설이 전개됨에 따라 그 손자는 청년 시절의 오만한 자부심을 넘어설 만큼 성장한다). 그리고 소설 속의 교회는 본회퍼가 그토록 자신의 일부로 여겼지만 결국에는 벗어났던 독일 교회를 가리킨다. 그 소설을 편집한 어느 독일 출판사의 편집자는 그것을 "가족사에 대한 숙고"[5]라고 불렀다. 그렇게 해서 모든 소설은 자서전이라는 말이 다시 한 번 입증된다.

하지만 본회퍼의 소설은 단순히 자전적일 뿐 아니라 신학적이기도 하다. 아마도 지금쯤 독자들은 그런 사실에 그다지 놀라지 않을 것

2 *DBWE* 7:75.
3 *DBWE* 7:74.
4 *DBWE* 7:74.
5 그 소설의 서문에서, *DBWE* 7:8.

이다. 교회에서 집으로 돌아가는 길에 나눈 설교에 관한 토론을 소설의 첫 장면으로 택할 수 있는 사람은 오직 신학자뿐일 것이다. 본회퍼는 브레이크 부인이 교회를 **참된 것에 대한 불충분한 대표자**로 일축하게 하는데, 아마도 그것은 그 자신이 지난 15년간 겪었던 교회 투쟁(*Kirchenkampf*) 때문이었을 것이다. 이 소설은 교회로 하여금 참된 교회가 되게 하고자 했던 본회퍼의 소명을 다양한 방식으로 풀어냈다. 본회퍼에게 이 소명은 말씀을 선포하고, 교회의 고백과 가르침에 충성을 바치는 것을 의미했다.

소설이 전개됨에 따라 본회퍼는 참된 교회의 기준에 한 가지 항목을 덧붙인다. 교회는 문화 속에서 자신의 힘을 주장하는 일에 휩싸이지 않고, 오히려 타인을 섬기는 일로 인해 동력을 공급받을 때만 참된 교회가 된다는 것이다. '사역'이라는 단어는 '섬김'을 의미하는 헬라어 '디아코니아'(*diakonia*)를 옮긴 것이다. 교회는 타인을 섬기는 존재여야 한다. 어떤 교회가 스스로 이 세 가지 기준, 즉 말씀을 선포하고, 자신의 고백에 충실하며, 섬기는 일에 집중하는 것을 충족시키고 있다면, 그 교회는 찾아갈 만한 교회다. 또 그런 교회는 들을 만한 가치가 있는 설교로 가득 찬 교회다.

이 소설을 쓸 때 본회퍼는 분명 어떤 의제를 염두에 두고 있었다. 하지만 그것은 우리가 그 소설의 문학적 장점을 간과해도 좋다는 뜻이 아니다. 본회퍼는에게는 좋은 신학자인 동시에 좋은 작가가 될 수 있는 진귀한 재능이 있었다.

소설에서 논문으로

앞서 소개한 소설은 본회퍼가 『일요일』(*Sunday*)이라고 불렀던 그의 마지막 작품 중 하나다. 이 소설은 그의 첫 번째 책인 『성도의 교제』와 동일한 주제와 관점을 갖고 있다.[6] 이 책의 주제는 교회의 본질이다. 본회퍼가 스물네 살이 되던 해인 1930년에 나온 그 첫 번째 책은 그의 박사학위 논문을 개정한 것이었다. 흥미롭게도, 그가 그 작품을 쓴 1927년부터 1944년까지, 그리고 그의 박사 논문과 세미나용 소논문들부터 그의 시와 한 권의 소설에 이르기까지, 본회퍼는 계속해서 교회라는 주제로 돌아갔다. 한 마디로 그 주제는 그의 첫사랑이었다.

대부분의 박사학위 과정 학생들처럼 본회퍼도 그의 지도교수 및 그가 참여하고 있는 프로그램의 교수진의 연구 분야와 관련된 논문을 쓸 수밖에 없었다. 이것은 젊은 디트리히(그는 열아홉 살 때 박사학위 과정을 시작했다)를 어떤 속박 속으로 밀어 넣었다. 그의 교수진은 신학과 신적 계시를 강조하는 자들과 사회학과 종종 '역사주의'(historicism)라고 불리는 것을 강조하는 자들로 나뉘었다. 그 차이는 날카롭고 명확했다. 모래 위에 선이 분명하게 그어져 있었던 것이다.

그 차이는 다음 질문을 통해 드러난다. 교회와 교회가 믿는 것은 위에 계신 하나님으로부터 온 것인가, 아니면 인간의 경험에서 나온 문화적으로 조건 지어지고 규정된 수평적 산물인가? 역사주의와 사회학적 모델은 후자와 짝을 이루는데, 이는 심지어 성경까지 수평적 차원 위에 올려놓는다. 역사주의자들은 성경과 신학에 관련된 모든 문제들이 필연적으로 문화의 영향에서 비롯된다고 주장한다. 그들은 종교와 기독교가 사회학에 지나지 않는다고 말한다. 이와 정반대되는 견해는 하나님의 계시인 성경을 위에서 내려준 것으로 여긴다. 하나님은 그분의 뜻을 분명히 문화 안에 그리고 시간과 공간 안에 있는 한 백성에게 계시하셨다. 하지만 그 계시의 주인은 하나님이시다. 그분

---

6 *DBWE* 1을 보라.

은 배우, 창시자, 주권적 감독이시다. 이런 견해에 따르면 기독교와 종교는 사회학이 아니라 신학이다. 기독교 신앙의 기원은 신적인 것이지 인간적인 것이 결코 아니다.

1920년대 베를린에서 학생 신분으로 공부하던 본회퍼는 자기가 자유주의와 보수주의의 싸움의 한가운데 갇혀 있음을 정확히 알게 되었다. 보수 진영은 소수파였다. 본회퍼가 좀 더 계산적이었더라면, 그 역시 사회학적/역사주의자의 입장을 취했을 것이다. 그의 어머니 파울라(Paula)는 그에게 교회사에 관한 주제를 택하라고 조언했다. 그 깊은 뜻은 루터에 관한 논문을 쓰고 그 싸움판에 휘말려들지 말라는 것이었다. 신학에 대해서는 나중에 쓸 기회가 얼마든지 있으리라는 생각에서였다. 그녀는 아들을 향한 깊은 염려에서 이렇게 썼다. "이 문제를 재고해 보거라."[7]

하지만 그의 소설의 등장 인물인 프라우 브레이크처럼 본회퍼의 마음속에는 작은 싸움이 벌어지고 있었다. 그는 교회에 관한 논문을 쓰기로 결정했을 뿐만 아니라, 교회에 대한 신학적 연구물을 만들어 내기까지 했다. 하지만 본회퍼는 바보가 아니었다. 그는 자신의 작품에 "성도의 교제: 교회의 사회학에 대한 신학적 연구"(*Sanctorum Communio: A Theological Study of the Sociology of the Church*)라는 아주 영리한 제목을 붙였다. 본회퍼는 세미나를 무사히 마쳤고, 시험을 통과했으며, 스물네 살 되던 해인 1927년 7월에 드디어 박사학위 논문을 제출했다. 싸움판에 뛰어들어가 살아남은 것이다.

교회란 무엇인가? 바로 이것이 젊은 신학도 본회퍼를 고민케 했으며 박사학위 논문의 주제가 되었던, 목회자와 신학자로서의 삶

---

7 파울라가 1925년 8월 31일 디트리히 본회퍼에게 보낸 편지에서, *DBWE* 9:148.

의 초기에 그를 따라 붙었던, 그로 하여금 1930년대의 교회 투쟁 (*Kirchenkampf*)과 그 이후의 전쟁 기간에 그를 싸움터로 내몰았던, 그리고 결국에는 그의 유일한 소설의 주제가 되었던 문제였다. 본회퍼의 사상 한가운데에는 이처럼 교회론이 있었다.

하지만 그의 교회론은 독립적인 주제가 결코 아니다. 그것은 언제나 그리스도와 그리스도론에서 흘러나오고 다시금 돌아간다. 또한 본회퍼는 단순히 교회론에 관한 학문적 작업에 만족하지 않았다. 왜냐하면 그의 교회론은 실천이나 행위와 무관하지 않았기 때문이다. 본회퍼의 교회론 앞뒤에는 필연적으로 그리스도가 있다. 그리고 본회퍼의 윤리학(그에게 그것은 '사랑'으로 요약될 수 있다)은 필연적으로 그의 교회론에서 흘러나오고 그것을 둘러싸고 있다.

그리스도론 ⇨ 교회론 ⇨ 윤리학/삶
(그리스도 안에서)　　(공동체 안에서)　　(사랑 안에서)

교회란 무엇인가?

본회퍼가 박사학위 논문에서 제기했던 문제, 곧 "교회란 무엇인가?"라는 문제에 대한 그 자신의 답을 살펴보는 것은 의미 있는 일이 될 것이다. 그는 그 답을 "인간이란 무엇인가?"라는 질문으로 시작한다. 공동체로서의 교회가 사람들로 이루어지기 때문이다. 이어서 그는 인간에 대한 기독교적 개념과 관련해 몇 가지 사항을 지적한다. 첫째, "인간의 유래는 오직 하나님과만 상관이 있다."[8] 하나님이 우리를

---

8 *DBWE* 1:49.

창조하셨기 때문이다. 둘째, 우리는 사회적 존재다. 사실 "각 개인은 본질상 절대적으로 다른 이들에게 속해 있다."[9] 본회퍼는 박사학위 논문 제2장에서 하나님과 함께하는 공동체와 사회적 공동체라는 개념이 인간됨을 규정한다고 주장한다.

그러나 "그 공동체를 깨뜨리는 파열이 발생했다."[10] 그는 이 파열에 대해 다음과 같이 설명한다. "세 번째 능력인 죄가 인간과 하나님 사이로, 그리고 인간들 사이로 비집고 들어왔다."[11] 죄는 하나님과 인간의 수직적 관계와 인간과 인간의 수평적 관계 모두를 갈라놓았다. 나중에 본회퍼는 논문에서 이렇게 말한다. "타락이 사랑을 이기심으로 바꾸어 놓았다."[12]

우리는 상황이라는 문제와 늘 마주한다. 거기서 우리는 세상과 관련해 무언가가 잘못되었다는 의식 속에서 비틀거린다. 바로 이 지점에서 다양한 철학과 종교 심지어는 국가까지 개입해 인간의 상황에 여러 가지 해결책을 제시한다. 본회퍼는 그의 조국 독일에서 그런 시도들을 보았다. 하지만 그중 어느 것도 충분하지 않았다.

모든 것을 제자리로 돌려놓기 위해서는 그리스도가 필요하다. 그리스도는 우리를 다시 만드신다. 우리는 그리스도 안에서 하나님과 그리고 서로와 다시 화해한다. 그리스도 안에서 우리는 참된 사람이 된다. 그리스도는 인간의 상황을 극복하신다. 십자가에 달리셨다가 부활하신 그리스도는 "우리를 위한 하나님의 성육신적 사랑, 즉 언약을 갱신하고, 하나님의 법을 세우며, 그로 인해 공동체를 창조하려는 하

---

9 *DBWE* 1:56.
10 *DBWE* 1:63.
11 *DBWE* 1:63.
12 *DBWE* 1:107.

나님의 의지로서의 사랑이 되신다."[13] 의미 있는 차이는 '대리적 대표자'(vicarious representative)[14]인 그리스도의 행위에서 나타난다. 이로써 하나님과 인간의 공동체가 회복된다. 그리고 "인간과 인간 사이의 공동체 역시 사랑 안에서 현실이 된다."[15]

본회퍼에 따르면, 그리스도는 교회의 존재를 가능하게 하셨을 뿐만 아니라, 현실 속에서 그 존재를 계속해서 "실현해 오셨다." 교회에 대한 신약 성경의 은유들은 이런 주장을 지지한다. 우리는 그리스도의 신부이고, 그리스도는 몸의 머리이며 건물의 초석이다. 이 모든 것은 교회가 '그리스도 안에서 그리스도를 통해' 존재한다는 사실을 가리킨다.[16]

그러므로 우리는 그리스도로부터 출발한다. 첫째, 공동체는 그 시작과 끝, 중심을 그리스도 안에서 그리스도를 통해 발견한다. 둘째, 말씀을 통해 역사하시는 성령이 우리를 이 공동체 안으로 이끄신다. 셋째, 성령을 통해 우리를 자신에게로 이끄시는 하나님은 우리에게 믿음을 주시는데, 이 믿음으로 말미암아 우리는 공동체 안으로 들어가게 된다. 본회퍼는 아우구스티누스의 통찰에 기대어 '성도의 교제' (sanctorum communio)를 "하나님의 성령에 감화되어 사랑과 은혜를 발산하는 사랑하는 사람들의 공동체"라고 여긴다.[17]

그리스도, 성령, 믿음, 그리고 사랑, 이 네 가지가 본회퍼의 교회에 대한 의식을 구성한다. 이것들이 교회를 철학자들이나 왕들, 현자들

---

13 *DBWE* 1:154.
14 *DBWE* 1:155.
15 *DBWE* 1:157.
16 *DBWE* 1:157.
17 *DBWE* 1:175.

혹은 공동체를 세우려는 그 어떤 다른 이들의 모든 헛된 시도로부터 구별되게 해준다. 그리스도를 부정하는 다른 패러다임들 속에서는 하나님과 인간의 공동체가 실종된다. 교회, 곧 성도의 교제야말로 유일하게 참된 공동체다.

예수는 사랑하지만, 교회는 아니다?

우리 시대에 '공동체'라는 단어는 중요한 역할을 하고 있다. 요즘 유행하고 있는 새로운 농담이 하나 있다. 과거 모든 주일학교가 던진 질문에 대한 답은 바로 "예수"였다. 그러나 오늘날 그 답은 언제나 "공동체"다!

본회퍼의 시대로부터 우리 시대로 옮겨 오는 과정에서 조직화된 교회를 (해산까지는 아니더라도) 가볍게 여긴 나머지 공동체라는 추상적인 개념으로 대신하려는 경향이 나타났다. 우리는 새로 출현한 교회 중 몇 곳에서 그런 정서를 발견할 수 있다. 댄 킴볼(Dan Kimball)이 쓴 『예수는 좋지만 교회는 아니다』(They Like Jesus but Not the Church)란 책의 제목이 그런 정서를 잘 드러낸다. 교회는 지나치게 제도화된 것으로, 근대적 가치관을 너무 많이 닮은 것 같아 답답해 보인다.

이런 식으로 생각하는 이들은 자기 의견에 타당성을 입증하기 위해 본회퍼에게 자주 기댄다. 그들은 본회퍼의 공동체 개념을 사용해 교회에 맞선다. 그렇게 해서 공동체가 교회를 대체한다. 하지만 이런 현상은 본회퍼의 사상을 제대로 읽지 않고, 그가 '비종교적 기독교'(religionless Christianity)라는 말로 의미하고자 했던 것을 잘못 이해해서 발생한 것이다. 우리는 본회퍼의 해석자들 사이에서 논란을 불러일으키고 있는 이 표현을 7장에서 살펴볼 것이다.

이런 현상에 대한 사회학적 관점은 매우 흥미롭다. 새로운 영적 공동체에 속한 이들은 하나같이 서로 닮아 있다. 이런 전형적인 모습을 띤 공동체들은 다세대적(multigenerational)이지 않다. 이들은 자기들이 받았던 복음주의적, 근본주의적 가르침에 대한 불만으로 하나가 된 20대 혹은 30대들로 이루어졌기 때문에 오히려 획일적인 모임이 되는 경향이 있다.

앞서 2장에서 언급했던 베델에서의 본회퍼의 경험을 떠올려보자. 우리는 본회퍼가 그곳 예배에서 경험한 회중의 다양성에 깊이 감동한 것을 보았다. 핑켄발트의 지하 신학교에서도 신학교의 예배가 이웃 마을에서 살아가는 가족들을 기꺼이 받아들여야 한다고 확신했다. 그는 오직 학생들만 참여하는 예배를 드리고 싶지 않았다. 물론 학생들은 핑켄발트 신학교에서 예배를 드렸다. 그러나 본회퍼는 젊은 학생들 곁에 노인들이 그리고 약한 자들 곁에 건강한 자들이 함께 앉아 찬송을 드리기를 바랐다.

획일적인 회중은 그렇게 할 수 없다. 그리고 그런 그들은 아주 큰 것을 잃어버린다. 몸에 대한 바울의 은유는 이 점을 충분히 납득시킨다. 온통 팔꿈치로만 이루어진 몸은 쓸모없는 것은 물론이고 기괴한 것이 되고 말 것이다. 획일적인 공동체(가령 동료들로 이루어진 집단) 역시 바울이 말하는 의미에서의 교회가 아니다. 참된 그리스도의 몸은 어떤 이들은 강하고, 또 어떤 이들은 약하여 모두가 서로 다른 다양한 구성원들로 이루어진 것을 뜻한다(고전 12:17-19을 보라).

본회퍼는 핑켄발트에서 공동체를 강조했으나(사실 우리는 핑켄발트에서 그가 공동체에 관한 그 책[『신도의 공동생활』 - 역자주]을 썼다고 말할 수 있다) 자기가 그토록 애를 써서 세우려 했던 공동체가 교회를 대신할 것으로는 결코 여기지 않았다. 그는 꽤 오랫동안 독일의 신학교와 대학교에서 이루어지는 전형적인 목회자 훈련 과정이 그들을 교회에서 봉사하도록 준비시키는 데 부족하다는 혐의를 품고 있었다. 핑켄발트에서 본회퍼의 학생이었다가 나중에 그의 감옥 통신원이 된 에버하르트 베트게는 본회퍼가 "대학교와 신학교들이 기도를 가르치고 배울 수 있다고 확신하면서도 정작 그들의 커리큘럼에 기도를 포함시키지 않고 있음"을 안타까워했다고 회상한다.[18] 보다 근본적으로 본회퍼는 신학교의 교육 과정에 신학생들의 영성에 대한 관심이 빠져 있는 상황을 바로잡으려 했다.

더 나아가 베트게는 자신이 받았던 수업이 "굉장히 놀라웠다"라고 말한다. 학생들은 "자기들이 그곳에 있는 것은 단순히 기술을 배우기 위해서가 아니라는 것을 깨달았다."[19] 그들은 단순히 가르침을 받는 자들이 아니었던 것이다. 본회퍼는 그들이 배워야 한다는 점을 분명히 했다. 실제로 학생들이 읽고 쓰는 능력이 부족하다는 사실을 알게 되었을 때, 본회퍼는 즉시 그들이 방과 후에 읽어야 할 책의 목록을 만들어 주었다.

목회를 위한 엄격한 교육과 준비를 강조했던 것에 더하여 본회퍼는 가르침을 받는 사람에 대해서도 강조했다. 그는 자신이 가르치는 학생들 내면의 영적 삶에 깊은 관심을 가졌다. 인간의 본성을 너무나도 잘 알고 있었던 그는 그런 일을 우연에 맡겨서는 안 된다고 여겼다. 그런 일은 의도적으로 프로그램화되어야 했다. 본회퍼는 학생들의 매일의 활동에 그런 프로그램을 집어넣었다. 그는 베를린의 다른 대학과 신학교들에서 자신이 잘못된 것으로 여겼던 것에 대한 대안으로 핑켄발트 신학교를 세웠다. 그는 핑켄발트를 사람들은 함께 기도하고

---

18 Eberhard Bethge, *Dietrich Bonhoeffer: A Biography*, enl. ed. (Minneapolis: Fortress, 2000), 464. 『디트리히 본회퍼, 신학자-그리스도인-동시대인』.

19 Ibid., 450.

찬송하며, 함께 고난당하고, 함께 먹고 일하며, 노는 공동체로 여겼다. 특별히 날씨가 좋은 날이면 본회퍼는 강의를 중단하고 학생들과 함께 숲으로 가 하이킹을 하거나 들로 나가 미국인들이 축구라고 부르는 공놀이를 하곤 했다.

본회퍼는 핑켄발트에서 실제로 이렇게 공동체를 강조했다. 하지만 그는 교회도 강조했다. 그는 설교, 성례, 전례문을 갖춘 교회 예배를 인도했다. 그가 핑켄발트에서 처음으로 부동산을 찾아나섰을 때, 우선적인 관심사는 주일 예배에 적합한 공간을 찾는 것이었다. 이 모든 것은 본회퍼가 공동체를 언급했을 때 일차적으로 의미했던 것이 교회였음을 보여 준다.

본회퍼가 공동체에 관해 쓴 책을 깊이 살펴본 이들이라면 (그는 늘 그런 살핌에 충분히 보답한다) 공동체에 관해 이처럼 함부로 말하지 못할 것이다. 또한 자기들이 현재로 눈을 돌려 공동체를 구하거나 발전시키고자 한다면 교회를 무시하지 않도록 조심해야 한다. 본회퍼에게 교회는 늘 공동체다. 그러나 그 반대 역시 엄연한 사실이다. 본회퍼가 칭찬하는 참된 공동체는 '거의 언제나' 교회다.

'거의'라는 단어에 주목하라. 본회퍼가 공동체에 관해 썼을 때 일차적으로 의미했던 것은 바로 교회였다. 오늘 우리는 공동체를 강조하는 모든 논의 속에서 교회를 망각하거나 무시하지 않도록 조심해야 한다. 하지만 본회퍼는 '거의 언제나' 교회에 대해 말한다. 그러므로 우리는 조심할 필요가 있으나 그가 공동체에 관해 말할 때 의미하는 것이 '배타적인'(exclusively) 교회가 아니라는 것 역시 알아야 한다. 본회퍼는 동료 집단으로서의 공동체를 강조했다. 가령 핑켄발트 신학교와 그보다 이른 시기에 만들었던 "목요 모임"(Thursday Circle) 같은 것들이다. 이런 것들은 교회처럼 참된 공동체들이다.

본회퍼는 1927년 베를린에서 "목요 모임"을 시작했다. 이 모임은 본회퍼가 개인적으로 선발한 10대 후반의 청소년들로 이루어져 있었다. 그들은 오후 5시 25분부터 7시까지 모였다(우리는 본회퍼의 꼼꼼함을 높이 평가해야만 한다). 참석자들은 토론 주제를 미리 받았다. 대화는 본회퍼가 이끌었으나 결코 강압적이지 않았다. 에릭 메택시스는 본회퍼가 목요 모임을 만든 이유를 "다음 세대의 젊은이들을 훈련하는 데 아주 중요하다고 느꼈기 때문"이라고 설명한다.[20] 목요 모임의 구성원 중 하나였던 궤츠 그로쉬(Goetz Grosch)는 훗날 핑켄발트 신학교에서 본회퍼의 제자가 되었다. 그러나 메택시스는 다음과 같은 슬픈 소식을 전한다. "비극적이게도 그로쉬를 비롯해 목요 모임 출신의 젊은이들 대부분이 전쟁 기간에 죽었다. 전장에서든 [그들 중 많은 이들이 유대인 가정 출신이었기에] 강제 수용소에서든."[21]

우리는 작은 규모의 공동체, 즉 우정의 공동체를 간과하지 말아야 한다. 아마도 본회퍼의 우정을 가장 잘 보여 주는 것은 그가 에버하르트 베트게와 나눴던 것이리라. 슬프게도 본회퍼와 베트게가 나눴던 우정은 너무나 진귀한 것이었다. 그것은 누구나 원하는 우정이었다. 둘 중 연장자였던 본회퍼는 처음에는 베트게의 멘토였다. 하지만 시간이 흘러 두 사람 사이의 유대가 깊어지면서, 본회퍼는 베트게와의 우정을 피난처로 여기게 되었다. 1944년, 본회퍼는 "친구"라고 이름 붙인 한 시에서 그들의 우정을 이렇게 회고했다. "이 시는 우리가 키워 가는 우정에 관해 이야기하면서 먼저 젊은 날, '놀랍고 먼 곳으로' 모험을 함께했던 놀이동무들을 회고한다.[22] 그러나 점점 나이가 들고

20 Eric Metaxas, *Bonhoeffer: Pastor, Martyr, Prophet, Spy* (Nashville: Thomas Nelson, 2010), 64. 『디트리히 본회퍼: 목사, 순교자, 예언자, 스파이』.
21 Ibid., 65.

삶이 안정되면, 우리의 영혼은 '자기를 이해해 주는 정신을 그리워한다.'[23] 그리고 하나님이 우리에게 그런 우정을 은혜로 허락하실 때, 우리는 그것을 소중히 여긴다. 우리에게 이런 우정이 필요하기 때문이다."

> 혼란과 위험을 겪은 후
> 정신이 그리로 돌아가
> 피난처와 위로와 힘을 얻는 요새,
> 친구에게 친구란 그런 것이다.[24]

이런 공동체는 우리의 영적 삶에서 중요한 역할을 한다. 하지만 본회퍼에게 공동체는 교회를 대체하거나 교회보다 우선권을 갖지 않는다. 공동체는 교회에 대한 빈약한 대체물일 뿐이다. 교회는 하나님이 신약 성경 시대에 자기 백성에게 복을 주시기 위해 약속하신 기관이다. 또한 우리가 그리스도인의 삶을 살아갈 때 가장 중요한 것은 지역 교회와 맺는 개인적인 관계다. 보편 교회의 일부분인 그런 공동체들은 지역 교회를 지원한다. 그것들이 교회를 대체할 경우, 우리는 아주 중요한 무언가를 놓치게 된다.

공동체의 유령: 과거

본회퍼는 교회가 동시대의 지평을 훨씬 넘어선다는 것을 인정할 만큼 폭넓은 교회관을 갖고 있었다. 우리가 속해 있는 교회는 또한 과

---

22 Bonhoeffer, "The Friend," August 28, 1944, *DBWE* 8:528.
23 Ibid., 529.
24 Ibid., 529.

거를 포함하고 있다. 1940년 즈음에 기록된 것으로 보이는 "신학과 회중"(Theology and the Congregation)이라는 강의 개요에서 본회퍼는 회중을 위한 신학 훈련의 가치에 대해 묻는다. 사실상 그는 이 질문으로 신학교 커리큘럼이나 목회자가 되려는 학생들이 신학교에서 배우는 과목들이 회중에게 무슨 의미가 있는지를 묻는다. 예컨대 회중에게 교회사는 무슨 의미가 있는가? 본회퍼는 이 질문에 일련의 명제들을 동원해 답한다. 회중은 성경과 성경의 가르침을 가져야만 한다. 하지만 그는 이렇게 주장한다. "우리는 우리와 성경 사이에 역사를 갖고 있는 '교회'가 존재한다는 사실을 간과해서는 안 된다."[25] 이어서 그는 이렇게 쓴다. "성경주의가 아니라!"[26]

여기에서 본회퍼는 우리가 과거를 갖고 있는 백성임을 상기시킨다. 오늘날 복음주의권 안에서, 특히 '성경주의'(Biblicism)가 지배하고 있는 곳에서 과거를 무시하는 현상이 두드러지게 나타나고 있다. 영성에 관한 이런 성경주의적인 태도는 경건하고 진지한 이들이 그것만으로도 잘해 나갈 수 있다고 생각하게 만든다. 그들에게는 성령도, 성경도 있다. 그러므로 그들은 삶과 경건을 위해 필요한 모든 것을 갖고 있는 셈이다(성경을 통해 말씀하시는 성령이 우리가 공동체 안에 속하도록 만들어졌음을 이미 계시하셨음에도 말이다). 성경주의는 성경을 권위 있는 것으로 여기는 것 이상을 의미한다.

큰 소리로 '오직 성경'(sola Scriptura)을 강력하게 외쳤던 루터도 우리에게 과거와 우리의 의미 있는 연계 차원에서 교회사를 강조한다. 루터는 그가 쓴 "공의회들과 교회에 관하여"(On the Councils and the

---

25 *DBWE* 16:495.
26 *DBWE* 16:495.

Church)라는 글에서 이전 세대의 교회가 권위의 근원이 되지 못한 이유는 오직 성경만이 교회의 권위라고 주장했기 때문이라고 말한다.[27] 그는 전통에 대한 로마 가톨릭 교회의 이해가 권위를 갖는다는 주장이 명백히 잘못된 것임을 알았다. 그럼에도 루터는 이전 세대의 교회를 크게 존중했다.

사실 어떤 면에서 우리는 그를 '머뭇거리는 종교개혁자'(reluctant Reformer)로 여겨도 좋을 정도다. 루터의 첫 번째 바람은 교회를 안에서부터 개혁하는 것이었다. 그는 교회가 그를 내쫓은 후에야 비로소 독일에서 새롭게 교회를 형성해 나가기 시작했다. 전통은 궁극적이거나 최종적인 권위가 될 수 없다. 그런 역할은 오직 하나님의 말씀에만 해당된다. 그러나 전통은 어느 정도 권위를 갖는다. 그리고 그것은 유용하고 교육적이다. 그런 점에서 루터는 전통을 무시하는 것은 위험하다고 주장했다.

특히 이것은 그리스도인의 삶을 사는 문제와 관련해 적실하다. 과거의 기독교 공동체는 우리가 성경과 그리스도의 제자가 되는 것의 의미를 이해하는 데 유용하고 유익하다. 그런 사실은 과거의 인물인 본회퍼로부터 얼마나 많은 것을 배울 수 있는지만 살펴보아도 분명해진다. 역사는 중요하다. 우리와 성경 사이에 간격은 없다. 거기에 교회가 있기 때문이다.

『신도의 공동생활』

앞에서 우리는 "교회란 무엇인가?"라는 질문에 대한 본회퍼의 대답

---

27 루터가 쓴 이 짧은 작품은 Timothy Lull and William L. Russel, eds. *Martin Luther's Basic Theological Writings*, 3rd ed. (Minneapolis: Fortress, 2012), 363-85에 실려 있다.

을 간략하게 살펴보았다. 이제 여기서는 교회에 대한 그의 생각을 좀 더 깊이 탐색해 보자. 본회퍼는 그의 책 『신도의 공동생활』에서 교회의 삶을 생생하고도 강력하게 묘사한다. 이 책은 본회퍼와 그가 이끌었던 소수의 신학생 집단이 핑켄발트에서 경험했던 일들에 대해 알려 준다. 1937년 9월 말, 게슈타포는 그 신학교를 폐쇄했다. 이듬해 여름, 그 신학교 출신 학생들 중 몇 명이 징스트(Zingst)에서 만났다. 애초에 이 모임에 속했던 사람들 중 많은 이들이 수감된 상태여서 참석할 수가 없었다. 그 모임이 있은 후 본회퍼는 이 책을 쓰기 시작했다. 그는 1938년 9월 한 달 내내 이 작업에 몰두했다.

본회퍼는 자신의 책 『신도의 공동생활』이 교회에 관한 새로운 방식, 곧 그리스도 중심적이고 타인에 대한 봉사를 낳는 방식의 사고를 불어넣기를 희망했다. 본회퍼는 자기 시대의 교회에 이 두 가지가 결여되어 있고, 그로 인해 아주 허약한 교회가 나타났다고 여겼다. 그가 그리스도를 강조하는 것을 보면서 우리는 앞 장에서 살펴보았던 그의 그리스도론의 출발점으로 돌아가게 된다. 본회퍼 전집 중 『신도의 공동생활』을 포함하고 있는 책을 편집했던 제프리 켈리(Geffrey Kelly)는 본회퍼의 박사학위 논문과 그의 초기 사상의 주제들이 이 책 전반을 관통하고 있는 것에 주목한다. "『신도의 공동생활』은 그리스도 중심주의에서 결코 벗어나지 않는다."[28] 계속해서 켈리는 이렇게 말한다.

훗날 본회퍼가 『신도의 공동생활』에서 기독교 공동체에 영감을 부여하는 예수 그리스도의 임재를 묘사한 방식을 이해하려면, 『성도의 교제』(Sanctorum Communio)를 관통하고 있는 예수 그리스도의 실재[기독교

---

28 Introduction, DBWE 5:8.

교회를 통해 나타난 예수의 대리적 행동은 성도의 가시적 교제를 독려하는 원리가 된다]에 주목해야만 한다.[29]

좀 더 분명히 말하자면, 그리스도는 공동체의 형성을 가능하게 하신다. 그리스도는 공동생활도 가능하게 하신다. 본회퍼 식으로 말하자면, "기독교는 예수 그리스도를 통한 예수 그리스도 안에서의 공동생활을 의미한다. 그 어떤 기독교 공동체도 이 이상도 이하도 아니다."[30] 이것은 그가 박사학위 논문에서 이미 말했던 내용이다. 그러나 이 책에서 그는 많은 것을 새롭게 말하고 있다. 핑켄발트에서의 경험을 통해 새로운 통찰을 많이 얻었기 때문이다. 그 경험은 그가 이미 참된 것으로 알고 있던 것에 관해 많은 것을 새롭게 가르쳐 주었다.

본회퍼가 그 경험을 통해 배운 것 중 하나는 교회 생활에 대한 우리의 관념적 생각과 상관이 있다. 우리는 기독교 공동체에 대해 이상적인 생각을 하기 쉽다. 마치 그것이 유토피아적 공동체인 것처럼 말이다. 본회퍼에 따르면, 그런 개념은 가능한 한 빨리 내버려야 한다. 유토피아적인 이야기는 이런 식으로 진행된다. "교회는 그리스도인들로 구성된다. 그들은 내주하시는 성령을 모시고 있고 그리스도 안에서 새로운 삶을 얻었다. 또한 그들은 새로운 마음을 받았고 은혜에 은혜를 덧입었다. 그러므로 교회에 속한 모든 이들은 다른 이들을 최대한 사랑한다. 하지만 우리는 그것이 우리의 실제 상황이 아님을 금방 깨닫는다. 그리고 환멸과 혼돈, 분노에 빠진다. 그럴 경우 사람들은 교회

---

29 Ibid.
30 Dietrich Bonhoeffer, *Life Together*, trans, Jon W. Doberstein (New York: Harper, 1954), 21. 『신도의 공동생활』. 나는 *DBWE* 세트 제5권에 실려 있는 것보다 이 번역본을 더 좋아하는데, 이 책이 더 쉽게 읽히기 때문이다. 이후로 이 책을 *LT*로 칭한다.

에서 이탈한다."

본회퍼는 이것을 '헛된 꿈'이라고 부른다. 그리고 이런 헛된 꿈 때문에 "기독교 공동체가 헤아리기 어려울 만큼 여러 번 깨어졌다."[31] 이어서 그는 우리를 놀랜다. 그는 "하나님의 은혜가 그런 헛된 꿈을 신속하게 깨뜨리는" 방식에 대해 쓰면서 이렇게 덧붙인다. "하나님은 순전한 은혜로 우리가 짧은 기간이나마 꿈 같은 세상에서 사는 것을 허락지 않으신다."[32]

하나님은 그분의 은혜로 우리의 평안과 조화에 대한 환상과 꿈을 깨뜨리신다. 교회는 히피들의 공동체나 재즈광들의 클럽이 아니다. 우리가 타인과 우리 자신에 대한 환멸을 빨리 마주하면 할수록 우리와 교회는 그만큼 더 유익하다. 이것은 우리가 감사하게 수용해야 할 현실주의다. 그것은, 일단 제대로 이해하기만 하면 교회 안에서 참되고 순수한 공동체를 유지하는 데 큰 역할을 하는 현실주의다.

우리는 우리 자신의 한계와 약함, 그리고 우리를 둘러싸고 있는 죄와 싸운다. 또한 우리는 다른 사람들(심지어 우리의 지도자들과 영웅들까지도 포함해서) 안에 있는 동일한 문제와 싸운다. 우리는 이상적인 공동체가 아니라 현실적인 공동체 안에서 살아간다. 교회는 헛된 꿈이 아니다. 그리고 우리는 헛된 꿈의 삶으로서 그리스도인의 삶을 경험하고자 하는 잘못된 열심을 과감하게 내던져야 한다. 교회와 마찬가지로 그리스도인의 삶 역시 실제 세계에서 사는 삶이다.

본회퍼는 우리가 이상적인 공동체가 아니라 현실적인 공동체 안에서 살 수 있게 해주는 두 가지 수단을 제공한다. 바로 용서와 감사다.

---

31 *LT* 26.
32 *LT*, 26-27.

우리는 모두 "예수 그리스도의 용서하시는 사랑 안에서" 살아간다.[33] 우리는 동일한 사랑을 그리스도 안에 있는 우리의 형제와 자매에게 확대해야 한다. 감사를 개발하는 것 역시 우리가 교회의 삶 속에서 만나는 온갖 어려움과 사소한 잘못, 그리고 예측을 벗어나는 일들을 이겨내도록 돕는다. 이제 우리는 교회가 왜 그리스도를 통해서 교회가 되는 것인지를 알 수 있다.

우리는 교회의 삶 속에서 용서를 과소평가하고 거의 실천하지조차 않는다. 더욱이 우리는 용서하지 못할 때 체면만 세우려 하고, 그 결과 자신의 행동을 정당화시킨다. 우리는 '싸움'과 '도망'이라는 고전적인 메커니즘으로 되돌아간다. 우리에게는 이 둘 모두를 행할 비상한 능력이 있다. 잘못을 뉘우침으로 용서를 구하는 일에는 겸손이 필요하다.

우리는 감사 역시 용서만큼이나 과소평가하고 실천하지 않는다. "감사합니다"라고 말하는 데도 역시 겸손이 필요하다. "감사합니다" 라고 말하는 것은 우리가 다른 이에게 의존하고 있다는 것과 우리에게 다른 이가 필요하다는 것을 의미한다. 다른 이의 감사를 정중하고 적절하게 받아들이기 위해서도 역시 겸손이 필요하다. 본회퍼는 용서(그것을 구하는 것과 받아들이는 것 모두)와 감사(그것을 표현하는 것과 수용하는 것 모두)를 참된 공동체를 위한 두 가지 수단으로 적절하게 강조했다.

더 나아가 용서와 감사는 모두 그 근거를 교회 공동체의 토대이자 울타리인 복음에 두고 있다. 교회는 예수 그리스도 안에 있기 때문에 본회퍼는 교회의 목표를 성육하신 그리스도의 목표와 동일한 것으로 여긴다. 예수님은 구원의 메시지를 몸으로 살아내면서 선포하셨다.

---

33 *LT*, 28.

그분은 하나님과의 화해를 선포하기 위해 오셨다. 그리고 이 일을 이루기 위해 십자가에서 죽으셨다. 그런 까닭에 본회퍼는 우리의 목표를 하나님과의 화해에 관한 메시지를 선포하는 것으로 여긴다. 기독교 공동체 안에서 우리는 "구원의 메시지를 전하는 자들"이다.[34]

듣기

우리 모두는 자신의 말을 하고 싶어한다. 하지만 우리에게는 말하기 외에도 교회 안에서 수행해야 할 다른 사역들이 있다. 본회퍼는 『신도의 공동생활』을 이루는 다섯 장 중 하나에 '사역'이라는 이름을 붙였다. 이 책은 본회퍼가 핑켄발트에서 했던 경험과 예비 사역자들을 가르쳤던 정황 속에서 나온 것이다. 따라서 우리는 이 책에서 본회퍼가 사역에 관해 설명할 것이라고 예상한다. 하지만 그의 시야에는 단순히 성직자들뿐만 아니라 평신도들까지 들어와 있다. 본회퍼가 보기에 하나님의 자녀는 누구나 사역자다. 모든 그리스도인들은 사역에로 부르심을 받고 있다. 본회퍼는 교회 안에서 이루어지는 일곱 가지 특별한 사역에 주목함으로써 사역의 문제를 다룬다.

본회퍼에게 사역은 힘이나 권위와 관련된 문제가 아니라 섬김이다. '사역'에 해당하는 헬라어 '디아코니아'(*diakonia*)는 본회퍼가 그토록 가치 있게 여기는 '섬김'을 의미한다. 그의 사역 목록을 살펴보면 그가 추구하는 사역의 진정한 의미를 알 수 있다.

그의 사역 목록에 포함된 행위들과 그 행위들이 배열된 순서 두 가지를 보고 있노라면 아주 흥미롭다. 사역의 기반이 되는 행위, 즉 모든 이들의 관심을 끌고 우리에게 명성을 제공해 주는 것들(그렇다, 우

---

34 *LT*, 23.

리 복음 전도자들은 그런 일들을 한다)은 오히려 마지막에 등장한다. 본회퍼는 '선포'(그것은 설교와 강단 사역보다 넓은 의미를 갖고 있지만 분명히 그것들을 포함하고 있다)와 '권위'(그것은 목회적 권위의 시행에서 나타난다)를 각각 여섯 번째와 일곱 번째에 두는데, 이것은 결코 흠모할 만한 자리가 아니다. 그가 첫 번째로 열거한 다섯 가지 항목에 주목해 보자.

- 혀를 제어하는 사역
- 온유의 사역
- 듣기의 사역
- 도움의 사역
- 서로 짐을 지는 사역

본회퍼는 침묵을 가장 귀한 덕에 해당하는 자기훈련으로 규정한다. 그는 '혀를 제어하는 사역'에 첫 번째 자리를 부여한다. 그는 이렇게 쓴다. "혀를 제어하는 훈련이 처음부터 이루어진 곳에서 사람들은 그 무엇에도 견줄 수 없는 귀한 것들을 발견할 것이다. 그들은 지속적으로 다른 이들을 살펴 남을 판단하고, 정죄하며, 그들보다 우위를 얻을 수 있는 특정 자리로 자기를 몰아넣는 어리석은 일을 그칠 수 있을 것이다."[35] 그의 발견은 더욱 풍성해진다. "하나님은 이 사람을 내가 원하는 방식으로 만들지 않으셨다. … 그러므로 어떤 이가 예전에는 불쾌하고 고통스러운 존재였다면 이제는 창조된 방식을 따라 자유롭게 살면서 우리에게 기쁨을 주는 이가 된다."[36]

---

35 *LT*, 92.
36 *LT*, 93.

본회퍼의 목록 중 두 번째는 '온유의 사역'이다. 본회퍼는 이것을 모든 사역, 곧 모든 섬김의 핵심으로 여긴다. "섬기는 법을 배우려는 이는 먼저 자신을 낮게 평가하는 것부터 배워야 한다."[37] 이를 위해 본회퍼는 교회론에서 했던 것처럼, 우리를 그리스도와 십자가 아래로 이끌어간다. 그는 계속해서 말한다. "오직 예수 그리스도 안에서 자신의 죄를 용서받아 살아가는 자만이 자신을 올바르게 낮출 수 있다. 그는 예수께서 자기를 용서하셨을 때 자기 자신의 지혜가 막다른 골목에 이르렀음을 알게 된다."[38] 온유 역시 우리에게 탐탁하지 않은 비천한 사람들과 연계할 것을 요구한다.

본회퍼에 따르면 우리는 본능적으로 그런 일에 저항한다. 우리의 본래 성향과 문화적 상황은 우리에게 사람들이 속한 사회적 계층을 살핀 후 그들을 존중하거나 무시하도록 만든다. 본회퍼는 우리가 모두 하나같이 죄인임을 상기시킨다. 그의 저작 중 다른 곳에서 본회퍼는 우리가 모두 동등하게 하나님의 형상대로 창조되었음을 강조한다. 온유는 우리를 '참된 형제적 섬김'으로 이끌어간다.

네 번째와 다섯 번째 사역들은 이 형제적 섬김이라는 주제를 계속해 나간다. 네 번째는 '도움의 사역'이다. 여기에는 "눈에 보이는 사소한 일들을 그저 돕는 것"이 수반된다.[39] 본회퍼는 우리에게 "하나님의 간섭을 받아" 우리 자신의 계획을 중단하고 우리의 도움을 구하는 이들을 도우라고 도전한다. 우리는 다른 이를 도울 뿐만 아니라, 서로의 짐도 지도록 부르심을 받고 있다(갈 6:2). 여기에서도 그리스도는 우리의 모델이 되신다. 그분은 '하나님께 대한 반역'이라는 우리의 죄를

---

37 *LT*, 94.
38 *LT*, 95.
39 *LT*, 99.

대신 짊어지셨다. 그러므로 우리 역시 서로의 짐을 져야 한다. 본회퍼
는 그것을 우리의 의무라고 여긴다. 실제로 그는 이렇게 말한다. "다
른 이의 짐을 지는 것이야말로 십자가의 교제다. 만약 어떤 이가 그것
을 경험하지 못한다면, 그가 속한 교제는 기독교적인 것이 아니다. 만
약 어떤 이가 그 짐을 지기 거부한다면, 그는 그리스도의 법을 부인하
는 것이다."[40]

우리는 세 번째 사역, 즉 '듣기의 사역'을 건너뛰었다. 글쓰기에서
핵심적인 법칙 중 하나는 진부한 표현을 역병처럼 여겨야 한다는 것
이다. 편집자들은 어떤 표현들을 금하는 것에 대해 아무런 설명도 해
주지 않는다. 그들에게 그것은 그저 바꾸기 어려운 관습일 뿐이다. 그
러나 편집자들이 그런 법칙을 세운 데는 나름의 이유가 있다. 진부한
표현들이 아무 깊이도 없는 평범한 지혜를 담고 있을 경우, 그런 것들
은 피해야 한다.

그러나 여기에 비록 분명히 진부한 표현이기는 하나 얼마간 깊이를
지니고 있는 금언 하나가 있다. 그것은, 하나님이 우리에게 두 개의
귀와 하나의 입을 주신 데는 그럴 만한 이유가 있다는 것이다. 우리에
게 듣기(주의 깊고 공감적인 듣기)는 너무 어렵다. 상대적으로 말하기는 아
주 쉽다. 이는 예수님의 형제인 야고보가 우리에게 "듣기는 속히 하고
말하기는 더디 하라"(약 1:19)고 권면했던 이유다. 본회퍼가 듣기의 사
역에 대해 한 말을 살펴보자.

그는 듣기 사역에 관한 논의를 다음과 같은 주장으로 시작한다. "우
리가 다른 이들과 사귈 때 해야 하는 첫 번째 섬김은 그들의 말을 듣
는 것이다."[41] 계속해서 본회퍼는 다음과 같이 확신에 차서 말한다.

---

40 *LT*, 101.

"많은 이들이 듣는 귀를 찾고 있다. 하지만 그들은 그리스도인들 가운데서 그런 귀를 찾지 못하는데, 그것은 그리스도인들이 들어야 할 때 말하기 때문이다."[42] 다른 이들의 말에 귀를 기울이지 않는 이들은 잃어버린 자들을 섬길 기회를 놓칠 뿐만 아니라 큰 위험에 빠지게 된다.

본회퍼는 이렇게 지적한다. "형제의 말에 귀를 기울이지 않는 이는 조만간 하나님께도 귀를 기울이지 않게 될 것이다. 그는 하나님 앞에서도 자기 말만 재잘거릴 것이다."[43] 그리고 본회퍼는 그런 말로도 충분치 않은 듯 아주 섬뜩한 말을 덧붙인다. "이것은 영적 삶의 죽음을 알리는 신호다. 그리고 결국 남는 것은 영적 재잘거림과 경건한 말로 겉치레를 한 목회자 풍의 겸손뿐이다."[44] 우리에게는 들어야 할 의무가 있다. 그러나 우리는 너무 자주 "초조해하면서 부주의하게 듣는다." 그 대신 "우리는 하나님의 말씀을 전하기 위해 먼저 하나님의 귀로 들어야만 한다."[45]

여기서 잠깐 멈춰서 이 듣기 사역에 대해 좀 더 깊이 생각해 보는 것이 좋을 듯하다. 이 사역은 말하는 것을 자제하고 마음을 산란하지 않게 하는 자기훈련 외에 다른 특별한 기술을 요구하지 않는다. 본회퍼가 지적하듯이, 오늘날 교회 안팎의 많은 이들이 누군가 자기의 말을 들어주기를 바라고 있다. 너무 바빠서 그들의 말을 들어주기 어렵다고 말하는 것은 우리가 자신을 그들보다 높이고 있음을 의미한다. 그것은 우리가 이웃을 사랑하는 데 실패했음을 의미한다.

41 *LT*, 97.
42 *LT*, 97-98.
43 *LT*, 98.
44 *LT*, 98.
45 *LT*, 99.

베트게는 본회퍼의 설교들을 다음과 같이 요약한다. "본회퍼의 설교는 그 지향성에 있어서 놀랍다. 그는 설교에서 문제를 분명히 밝히고 많은 것을 요구했다."[46] 이와 동일한 것이 사역에 대한 그의 논의에도 해당된다. 그는 교회의 삶과 관련된 문제들을 분명히 밝힌다. 그리고 그가 지적한 사역들 각각은 의무를 수반하는 여러 가지 요구를 한다.[47]

본회퍼는 이 다섯 가지 사역과 그것에 따르는 각각의 의무를 설명한 후 다시 기본 사역들로 돌아간다. 본회퍼는 이 다섯 가지 사역 없이는 그의 소설 첫 장면에서 언급된 설교와 같은 사역들은 헛소리나 다름없는 것이 된다고 주장한다. 『신도의 공동생활』에서 본회퍼는 자주 "빈 말"이라는 표현을 사용한다. "듣기 사역, 적극적인 도움, 그리고 서로의 짐을 지는 일이 충실하게 수행되는 곳에서 궁극적이고 가장 귀한 섬김, 곧 하나님 말씀의 사역 역시 수행될 수 있다."[48]

이 진술에 대해서는 좀 더 설명해야 한다. 첫째, 본회퍼는 선포 행위 이전에 참된 그리스도인의 삶의 필요성을 강조한다. 쉽게 말해, 우리는 우리가 하는 말을 실제 행동으로 보여 줘야 한다. 둘째, 본회퍼는 선포의 중요성을 강조한다. 우리는 말을 제대로 해야 한다.

하나님의 말씀에 대한 분명하고 지속적이며 두드러진 선포가 없는

---

46 Bethge, *Dietrich Bonhoeffer*, 444.

47 본회퍼의 설교들에 관한 더 많은 정보를 위해서는 *The Collected Sermons of Dietrich Bonhoeffer*, ed. Isabel Best (Minneapolis: Fortress, 2012)를 보라. 이것은 *DBWE*에서 뽑아 낸 설교들을 하나로 엮은 모음집이다. 이 책에서 Isabel Best는 목회자로서의 본회퍼와 그의 설교들의 중요성을 설명하는 서론 장을 제공한다. 각각의 설교들에는 그것들이 행해진 배경에 대한 간략한 설명이 포함되어 있다. 이 선집은 독자들이 본회퍼가 생전에 행한 설교들을 접할 수 있는 가장 훌륭한 수집물이다.

48 *LT*, 103.

교회는 교회가 아니며, 그런 공동체는 참으로 기독교적인 공동체가 아니다. 오늘날 복음주의의 한 흐름을 살펴보면, 섬김의 사역을 강조하는 과정에서 말씀의 선포를 소홀히 하는데, 그것은 이 세상에서 교회가 감당해야 할 고유한 사명을 망각한 아주 위험한 발상이다. 반대로, 복음주의의 또 다른 흐름들은 하나님의 말씀을 선포하는 일에는 충실하나 섬김의 사역을 소홀히 한다. 이런 경우 그들이 선포하는 복음은 참되고 적극적인 돌봄으로부터 나오는 신뢰성을 결여하고 있기에 닫히고 먼 귀 위로 떨어질 뿐이다. 그리고 이것 역시 위험한 발상이다. 본회퍼의 일곱 가지 사역 목록과 그 항목들에 대한 배열, 그리고 그 사역과 관련된 그의 조언은 이와 같은 두 가지의 잘못된 접근 방식을 수정하는 데 큰 영향을 줄 수 있다.

본회퍼에게 배우는 일을 계속해 나갈 때 우리는 점점 더 교회가 하나의 복합적인 유기체라는 사실을 알게 된다. 또 다른 은유를 사용해 말하자면, 교회는 여러 개의 피스톤을 지닌 엔진과도 같다. 그 엔진은 모든 피스톤이 움직일 때 아주 매력적으로 작동한다. 그렇지 않으면 덜컹거리고 오일을 토해 내 수리공의 도움을 받아야 할 상황에 이르게 된다.

앞서 말한 다면적 사역에 대한 논의와 그리스도인의 삶 사이의 관계는 다음의 결론에 이른다. "교회가 가는 대로 나도 간다. 고립된 그리스도인의 삶이란 존재하지 않는다." 이상에서 언급된 일곱 가지 사역 모두에는 한 가지 공통점이 있다. 그것은 각각의 사역이 다른 이들을 필요로 한다는 것이다. 우리는 교회 안에서의 공동생활과 유리된 그리스도인의 삶이나 성경적 영성에 대해 상상할 수 없다. 더 나아가, 건강한 교회를 낳는 것은 건강한 영성도 낳는 것이다.

사람들은 서로를 지치게 한다

『신도의 공동생활』을 쓴 바로 그 사람이 다음과 같이 말했다는 사실을 우리에게 큰 위로가 된다. "나는 사람들이 서로를 극도로 지치게 하고 있음을 발견합니다."[49] 이것은 우리의 공동생활에 부과되는 요구들에 대한 도전적인 논의 안에서 나타나는 날카로운 현실감각이다. 하지만 예수 그리스도는 때때로 군중과 제자들, 그리고 극도로 지치게 만드는 사람들로부터 물러나심으로써 하나의 모델을 제시하셨다.

본회퍼는 "홀로 있는 날"이라는 제목이 붙은 장에서 이 문제를 논한다. 고독과 침묵에 적합한 장소가 있다. 그러나 오늘날 우리가 살아가는 세계는 고독과 침묵에 적합한 장소가 아니다. 우리는 무엇보다도 산만함으로 잘 알려진 사람들이다. 프랑스의 철학자이자 수학자이며 현명한 그리스도인이었던 블레이즈 파스칼(Blaise Pascal)은 이렇게 말했다. "나는 종종 인간 불행의 유일한 원인은 그들이 자기 방에 조용히 머무는 법을 알지 못하기 때문이라고 말해 왔다."[50]

우리 시대는 귀에 이어폰을 끼고 살아가는 아이팟 문화의 시대다. 우리에게는 침묵에 대한 관용이나 인내심이 없다. 그러나 침묵은 우리를 위해 꼭 필요하다. 그리고 그것은 공동체를 위해서도 꼭 필요하다.

본회퍼가 말하는 침묵은 무심한 명상이 아니다. 오히려 "침묵은 개인이 하나님의 말씀 앞에서 고요하게 머무는 것을 의미한다."[51] 실제로 본회퍼는 '말씀을 넘어서려는' 신비적인 갈망을 일축한다. 우리는

---

49 본회퍼가 1943년 12월 1일 약혼녀인 마리아 폰 베데마이어에게 쓴 편지에서, *LPP*, 417.
50 Pascal, Pensées 139, "Addicted to Diversion and Afraid of Silence," http://thegospelcoalition.org/blogs/justyntaylor/2011/08/26/addicted-to-diversion-and-afraid-of-silence에서 재인용.
51 *LT*, 79.

하나님의 말씀 앞에서 침묵할 때조차 그 말씀을 높이고 받아들여야 한다. 그리고 그것에 참으로 귀를 기울여야 한다. 하나님의 말씀에 대한 이런 사적이고 조용한 명상에 더하여 우리는 홀로 "사적인 기도와 중보기도를 하면서" 날을 보내야 한다.[52] 이어지는 4장과 5장에서 우리는 이런 영적 훈련들(말씀 읽기, 기도, 그리고 중보기도)의 문제를 다시 살펴볼 것이다. 그러니 지금은 본회퍼의 말을 듣는 것으로 만족하자. "홀로 있을 수 없는 이는 공동체를 조심하라." 이어서 그는 말한다. "공동체 안에 있지 않은 자는 홀로 있음을 조심하라."[53]

결론: 주님, 우리가 무엇을 하기를 원하시나이까?

우리는 모두 '어떻게 살아야 하는가?' 하는 문제와 씨름한다. 그리스도인인 우리는 지금 우리가 하는 일이 영원한 결과를 낳는다는 것을 안다. 따라서 이 문제는 우리에게 아주 심각한 것이다. 그 문제는 때로 "나의 삶을 위한 하나님의 뜻은 무엇인가?"라는 형식을 띤다. 때로 "내가 과연 기독교 전임 사역을 해야 하는가?"에 대해 묻는다. 때로 평신도들은 그들이 하는 일의 의미와 씨름을 벌인다. 때로 고등학생과 대학생, 그리고 스무 살 즈음의 청년들(요즘은 스물일곱 살이 새로운 열여덟 살이다. 맞는가?)은 그들 앞에 놓인 수많은 선택 사항과 씨름을 벌인다. 때로 그런 문제들이 우리를 방해하기도 한다. 그것들은 우리를 앞으로 밀기보다 뒤로 잡아당긴다.

만약 본회퍼가 그런 문제로 고민 중인 사람을 만난다면, 이렇게 말할 것이다. "무언가를 하라. 누군가를 섬기라. 그것이 사역이며, 하나

---

52 *LT*, 81.
53 *LT*, 77.

님의 뜻이다." 확실히 무언가를 자세히 살피고, 전략을 세우며, 자기 분석적인 질문을 제기하는 것은 정당한 일이다. 그리고 우리는 사람들로부터 물러나 하나님의 말씀을 기다리는, 개인적인 묵상의 시간을 가져야 할 때가 있다. 하지만 때로 우리는 지나치게 생각한 나머지 자신에게 탐닉한다.

『신도의 공동생활』에서 본회퍼는 입곱 가지 사역을 열거한다. 우리는 모두 적어도 그중 하나는 할 수 있다. 우리 중 많은 이들은 그중 몇 가지를 할 수 있다. 그리고 교회에 속한 이들 중 탁월한 재능을 지닌 소수의 사람들은 그 모두를 할 수도 있다. 다시 말해, 우리는 모두 무언가를 할 수 있다. 우리는 모두 사역에로 부르심을 받고 있다.

하나님의 뜻에 관한 이런 질문은 때로 우리와 교회의 관계로까지 확대된다. 잘못을 찾아내기는 쉽다. 우리의 소비 문화는 우리 삶의 모든 것을 소비자의 입장에서 보도록 만들어 왔다. 심지어 우리는 우리와 교회의 관계조차 소비자의 입장, 즉 자기를 가장 잘 충족시켜 주는 상품을 쇼핑하는 사람들의 입장에서 생각한다.

본회퍼는 우리에게 교회가 사람들(그것도 죄인인 사람들)로 이루어져 있기에 아주 혼란스럽고, 불편하며, 만족을 주지 못하는 것이 될 수 있음을 상기시킨다. 교회를 소비자의 입장에서 생각하는 것은 우리에게서 참된 기독교 공동체를 빼앗아간다. 기본적으로 서로 다른 사람들로 구성된 공동체는 짐과 고통, 도전과 어려움들로 가득 차 있다. 그런 것 중 어느 것도 교회를 유리하게 홍보하는 데 도움이 되지 않는다. 그러나 당신은 당신과 함께 고통을 당하는 이들과 가장 깊이 연합된다.

참된 공동체는 하나님의 말씀이 자유롭게 통치하시도록 허락한다. 숙련된 목수의 손에 들린 대패처럼 하나님의 말씀은 우리를 가로지르고, 거친 부분을 잘라내서 유익하게 쓰이도록 조화시켜 나간다. 이것 역시 교회를 위한 유리한 홍보에 도움이 되지 않는다. 우리는 개인의 자유와 자신의 삶에 주권을 갖기를 좋아하기 때문이다. 그러나 우리는 공동체 안에서 하나님의 말씀과 다른 이들에게 순종하라는 명령을 받는다. 궁극적으로 우리는 만유의 주님이신 그분께 순종한다(롬 6:17-22, 그리고 바울이 의의 종으로서 축하하는 자유를 보라).

참된 기독교 공동체를 빼앗길 때 참된 그리스도인의 삶도 빼앗긴다. 이 문제에 대해 좀 더 적극적으로 말하자면, 우리는 참된 기독교 공동체(우리의 공동생활)를 경험할 때 비로소 참된 그리스도인의 삶(우리의 개인적 삶)을 경험하게 된다. 바로 이것이 그리스도인의 삶에 관한 본회퍼의 신학의 핵심에 교회론이 있는 이유다. 그리스도인의 삶은 공동체, 곧 "예수 그리스도 안에서 예수 그리스도를 통해" 존재하는 교회 공동체 안에서 사는 삶이다.

———이것은 아주 중요하다. 예수께서는 우리에게 너희가 하나님께 기도하고자 할 때 무엇보다도 먼저 하나님을 생각하라고 말씀하신다. 잠시 네 자신을 완전히 잊으라. 그리고 먼저 "당신의 이름," "당신의 나라," "당신의 뜻"이라고 말하는 법을 배우는 것이 얼마나 중요한지를 깨달으라. 먼저 "당신"이고, 그다음도 "당신"이다. 당신의 이름이지 내 이름이 아니다. 당신의 뜻이지 내 뜻이 아니다.

디트리히 본회퍼,
교리문답 학급에서 주기도문을 설명하면서,
베를린, 1930년

우리가 만약 기본적으로 감사하는 사람들이 아니라면, 이 모든 것을 어떻게 할 수 있겠습니까?

디트리히 본회퍼,
데살로니가전서 5:16-18에 관한 설교 중에서,
텔토우, 1930년

4. 말씀

하나님의 말씀을 받아들인 자들은 하나님을 찾기 시작할 것이다. 그들
은 다른 일을 할 수가 없다.

_디트리히 본회퍼, 시편 119편에 관한 묵상 중에서, 1939년

나는 읽고, 묵상하고, 쓰고, 북극곰처럼 몸을 벽에 문지르지는 않으나 감
방 안에서 이리저리 왔다갔다 하고 있다네. … 나는 계속해서 성경을 읽
고 있다네.

_디트리히 본회퍼, 테겔 형무소에서, 1943년

디트리히 본회퍼의 정신을 계승하고 있다고 주장하는 이들 사이에서
논쟁이 하나 벌어지고 있다. 이 논쟁은 찻잔 속의 태풍과도 같다. 한
편에는 본회퍼가 자기들에게 속해 있다고 확신하는 자유주의적인 신
앙을 가진 이들이 있다. 다른 한편에는 본회퍼의 유산 위에 자신들의
깃발을 꽂고 있는 신학적 보수주의자들이 있다. 어느 쪽이 옳은가? 직
설적으로 말해, 본회퍼는 복음주의자인가?

이 논쟁은 한동안 계속되어 왔으나 최근 에릭 메택시스가 쓴 인기
있는 전기 하나가 상황을 더욱 복잡하게 만들었다. 메택시스는 그의
책과 인터뷰를 통해 본회퍼의 보수성을 강력하게 주장했다. 다시 말

해, 본회퍼가 자유주의자처럼 보이지 않는다는 것이다. 하지만 국제 본회퍼 협회(International Bonhoeffer Society)라는 본회퍼 '길드'에 속하여 그의 작품들을 번역하고 이에 대해 학문적인 글을 쓰는 학자들은 그런 주장을 반박한다. 그들은 메택시스가 한 주장이야말로 자기만의 방식일 뿐이라고 주장한다. 심지어 어떤 학자는 메택시스가 쓴 전기에 "본회퍼, 납치되다"(Bonhoeffer: Hijacked)라는 새로운 이름을 붙여야 한다고까지 주장했다. 그러니까 메택시스는 처음부터 신학적으로 보수적이고 복음주의적인 본회퍼를 찾아내려 했고, 결국 자기의 목적에 맞게 그런 인물을 만들어 냈다는 것이다.

놀랍게도, 복음주의 우파 역시 메택시스의 견해와 함께 본회퍼까지 공격했다. 그들은 본회퍼의 '종교 없는 기독교'(religionless Christianity)라는 주제와 그의 에큐메니컬 입장(본회퍼는 간디까지도 존경했다), 그리고 (이것은 그들의 으뜸패인데) 그와 칼 바르트(Karl Barth)와의 관계 등을 거론했다. 그들은 이 모든 것이 본회퍼를 자기들과 한 울타리에 넣을 수 없게 만드는 충분한 증거라고 주장했다.

"종교 없는 기독교"라는 표현은 복음주의자들이 본회퍼를 평가할 때 계속해서 불화의 씨가 되어 왔다. 예컨대, 얼 케언즈(Earl Cairns)의 책『서양 기독교사』(Christianity through the Centuries, 보이스사)를 살펴보자. 케언즈는 분명하지만 부당하게, 본회퍼를 사신신학(死神神學) 안으로 밀어 넣었다.[1] 또한 케언즈는 이렇게 주장했다. "바르트와 불트만

---

1 "신은 죽었다"(God Is Dead)라고 주장하는 신학자들 – 토마스 J. J. 알타이저(Thomas J. J. Altizer) 같은 이들 – 은 초월적 신 혹은 초월 그 자체를 더 이상 지지할 수 없는 것으로 여겼다. 대신 그들은 내재적인 종교적 표현을 선호했다. 이런 사신 신학자들에게 기독교는 사회학이나 인류학에 지나지 않았다. 당시 그들의 명성은 아주 높아서 「타임」(Time)이 그 문제를 특집으로 다루기까지 했다. 1966년 4월 8일자 「타임」의 표제는 청승맞게 이렇게 묻고 있다. "신은 죽었는가?"

에게 영향을 받은 디트리히 본회퍼[1906-1945]는 지적으로 성인[come of age]이 된 인간에 대해 말했다."[2] 하지만 안타깝게도 케언즈는 본회퍼가 이런 성인 됨을 (사신 신학자들처럼) 칭찬하기보다는 비판했다는 사실을 알아차리지 못했다. 사실 '종교 없는 기독교'라는 본회퍼의 표현은, 바르트와 특히 불트만은 말할 것도 없이, 케언즈가 본회퍼에게 혐의를 씌우고 있는 자유주의에 대한 본회퍼의 신랄한 공격이었다. 본회퍼는 그가 받아야 할 이유가 없는 평가를 받아 왔고 지금도 여전히 그러고 있다.

그럼에도 논쟁은 여전히 계속되고 있다. 그러면 본회퍼가 자유주의자인지 보수주의자인지에 대한 논쟁의 의미는 무엇인가? 한 가지 대답으로는 충분하지 않을 것이다. 만약 우리가 대답하고자 한다면, 교회사 안에서 몇 사람이든 추려 내 그들이 어느 쪽에 속하는지 논할 수 있을 것이다. 하지만 루터는 의의 전가(imputation)와 관련해 아우구스티누스의 입장이 명확하지 않은 것 때문에 심각한 어려움을 겪었다. 또 어떤 이들은 의인(justification)에 대한 존 위클리프(John Wycliffe)의 입장이 명확하지 않은 것을 지적해 왔다.

그렇다면 우리는 중세 시대의 신학자들과 교인들을 어떻게 판단하고 있는가? 오늘날의 복음주의자들이 토마스 아퀴나스에 대해 얼마나 다양한 생각을 담고 있는지를 살펴보라. 그러므로 우리는 '누가 누구의 정신을 계승하고 있는가?' 하는 문제와 관련해 신중해야 한다. 우리는 그들 나름의 정황 속에 있었던 인물들을 부당하게 평가하지 말아야 한다.

---

2 Earl E. Cairns, *Christianity through Centuries: A History of the Christian Church*, 3rd ed. (Grand Rapids: Zondervan, 1996), 465. 『서양 기독교사』, 김기달 옮김(보이스사, 1998)

그러나 이 논쟁의 의미에 대한 또 다른 대답이 있을 수 있다. 그것은 그리 단순하지만은 않은 성격을 내포한다. 즉 여기에 생각해 봐야 할 많은 요소가 있다는 것이다. 만약 보수적인 신학자가 되는 것이 그리스도와 그분의 사역에 대한 정통적 견해를 갖는 것, 오직 그리스도만이 그분의 십자가에서의 대속 사역으로 우리에게 구속을 제공할 수 있는 신인(God-man)임을 믿는 것, 그리고 성경을 유일하게 권위 있는 하나님의 말씀으로 높여 보는 것을 의미한다면, 본회퍼가 속한 진영의 입장은 특별하다.

미국의 자유주의에 맞섰던 보수신학의 대표자인 그레샴 메이첸(Gresham Machen)은 그의 책 『기독교와 자유주의』(*Christianity and Liberalism*, 복 있는 사람)에서 아주 우아하고 강력하게 말했다. "당신은 자유롭게 그리스도와 그분의 사역, 심지어 성경까지도 높이 여기지 않을 수 있으나, 그런 믿음을 부인하면서 그것을 기독교라고 부를 수는 없다." 만약 당신이 그렇게 한다면, 그것은 마치 네모난 원을 만드는 것이나 다름없다. 즉 용어상 모순인 것이다.

본회퍼가 신학적으로 확실히 보수적이라는 사실은 아주 중요하다. 만약 그의 신학이 잘못된 것이라면, 그는 그리스도인의 삶을 사는 데 믿을 만한 안내자가 될 수 없다. 또한 그의 신학이 비뚤어진 것이라면, 영성에 대한 그의 신학은 우리의 모델이 되지 못한다. '정행'(orthopraxy)은 '정통 신앙'(orthodoxy)에서 나온다. 신앙과 분리된 '정행'은 빈약할 수밖에 없다.

우리는 2장에서 이미 본회퍼의 정통 그리스도론이 어떻게 그리스도인의 삶을 위한 견고한 기초를 쌓는지 살펴본 바 있다. 이 장에서 우리는 성경에 대한 그의 정통적 견해가 어떻게 그리스도인의 삶을 위한 확고한 토대를 만들어 내는지 살필 것이다. 그러나 그의 성경관은 우리를 영성에 대한 기본적인 탐색을 넘어서 본질의 문제로까지 이끌어간다. 그의 성경관은 우리를 이론(신학과 교리)으로부터 실천, 곧 실제로 성경을 읽는 것에 대한 영적 훈련으로까지 인도한다. 그리고 본회퍼의 성경 읽기는 우리를 그리스도의 제자로서 하나님께 순종하는 삶으로 이끌어간다.

그리스도인은 책의 사람들이다. 좋든 싫든 우리에게는 선생과 지도자, 넓게는 세미나와 같은 다양한 방법들이 있다. 그러나 우리는 결국 한 책, 성경으로 돌아가 그것의 가르침을 따라 살아야 한다. 그리스도인의 삶에 대한 모든 신학과 영성은 성경으로 돌아가야 하고 성경에서 나와야 한다. 그리스도인의 삶을 위한 혈액은 우리를 향하신 하나님의 말씀이다. 다른 모든 것(우리의 기술과 세미나, 지도자와 선생)은 사라지고 넘어지나 하나님의 말씀은 영원하다.

우리는 본회퍼를 신학적 자유주의자 중 하나로 간주해서는 안 된다. 오히려 그는 신학적 보수주의자로서 그리스도에 대한 정통적 견해를 가졌을 뿐 아니라 그 견해를 삶으로 분명하게 드러냈다. 또한 그것을 그의 사상과 삶의 핵심에 두었다. 이신칭의 교리를 고수했으며 성경을 존중했던 본회퍼는 성경을 하나님의 말씀으로 믿었고, 그 말씀에 순종했다.

또한 그는 하나님의 말씀과 그 말씀에 순종하며 사는 것을 마치 거기에 생사가 걸린 것처럼 진지하게 여겼다. 이 세 가지 교리(그리스도론, 이신칭의, 그리고 성경의 권위)는 보수적인 신학을 구성하는 핵심 요소다. 본회퍼는 그 시험을 아주 쉽게 통과했다.

심지어 우리는 본회퍼를 '복음주의자'라고 부를 수도 있다. 데이비드 베빙톤(David Bebbington)의 '사변형'(qudrilateral)은 널리 인정되고 있는 복음주의에 대한 정의를 제시한다. 베빙톤은 '성경주의'(biblicism, 성경을 하나님의 말씀으로 특별히 존중하는 입장)[3], '십자가 중심주의'(crucicentrism, 십자가에서의 그리스도의 대속적 죽음에 대한 강조), '회심주의'(conversionism, 중생과 죄악된 인간은 반드시 회심해야 한다는 믿음에 대한 강조), 그리고 '행동주의' (activism, 실제로 복음의 가르침을 따라 사는 삶)를 복음주의를 정의하는 표시로 여긴다.[4] 이 모든 요소들이 본회퍼에게서 발견된다. 특히 행동주의는 그의 삶을 통해 아주 분명하게 드러난다.

회심주의와 관련해 본회퍼는 이신칭의 교리와 회심을 위한 그리스도, 그리고 그분의 십자가 사역에 대한 선포의 필요성을 분명하게 고수한다. 테겔 형무소에서 쓴 "우리는 비그리스도인에 대한 선교로부터 무엇을 배우는가"라는 글의 초안에서 본회퍼는 이렇게 말한다. "선교는 '가련한 이방인'에 대한 동정에서 나오지 않는다. … 하지만 그들에게는 그리스도가 없다. 그러므로 그것은 일차적으로 동정심이 아닌 하나의 명령[anagke][5]에서 나온다. 왜냐하면 그리스도를 선포해야 하기 때문이다[고전 9:16]."

생애 말년에 이르러 본회퍼는 다음과 같은 사실을 알고 위안을 얻을 수 있었다. "십자가에 달리신 그리스도는 용서와 사랑으로 나의 죄를 덮어 주셨다."[6] 본회퍼의 '십자가 중심주의'는 그의 "그리스도론

---

3 여기에서 언급된 '성경주의'는 앞 장에서 본회퍼가 비난했던 것과 같지 않다. 베빙톤의 용어는 성경의 권위를 가리킨다. 본회퍼가 비난했던 것은 오직 성경에만 자리를 내어줄 뿐, 교사나 교단, 신앙고백이나 교회사, 그리고 전통 등에는 그 어떤 여지도 허락하지 않는 방식의 성경주의였다.

4 David Bebbington, *Evangelicalism in Modern Britain: A History from the 1730s to the 1980s*, rev. ed. (Oxford: Routledge, 1989). 『영국의 복음주의: 1730-1980』, 이은선 옮김(한들, 1998). 그 동안 교회사들은 베빙톤의 사변형을 두고 이런저런 논쟁들을 벌여 왔다. 그러나 그런 논쟁들은 복음주의를 위한 출발점 주변을 서성거리는 경향이 있다. 누가 복음주의자이고 누가 아니냐를 규정하기 위한 기준과 관련해서는, 그 문제를 관장할 그 어떤 책임 있는 교회 기구도 존재하지 않기에, 베빙톤의 사변형은 여전히 꽤 쓸모가 있다.

5 *DBWE* 16:498. 이 헬라어는 '의무'를 의미한다.

6 본회퍼가 1944년 8월 23일 베트게에게 보낸 편지에서, LPP, 393.

강의"(Lectures on Christology) 같은 작품에서 분명하게 드러나는데, 이 정신은 우리의 유일한 희망이 신인이신 그리스도의 대속적 죽음에 있음을 강하게 표명한다. 본회퍼가 성경을 높은 관점에서 바라본 것이다. 여기에는 다음과 같은 이유가 있다.

우리는 본회퍼의 신학적 확신을 온당한 것 이상으로 평가해야 한다. 그는 신학적 확신을 실천으로까지 이끌었다. 즉 우리는 본회퍼가 믿음을 따라 살았음을 유념해야 한다. 성경에 대한 그의 생각과 성경 읽기에 대한 그의 실천은 아주 분명하게 우리가 성경을 특별히 존중하는 '그 책의 사람들'임을 확언하게 해줄 것이다. 또한 우리의 온 존재를 바쳐 그 확신을 따라 살아가도록 도전을 줄 것이다.

성경으로의 회심

앞서 나는 본회퍼의 신학을 보수주의로 규정했다. 하지만 그가 자유주의의 울타리 안에서 성장한 것은 분명한 사실이다. 그를 지도했던 교수 중 한 사람은 영향력 있는 자유주의 역사학자이자 신학자였던 아돌프 폰 하르낙(Adolf von Harnack)이다. 그가 다녔던 학교들은 고등비평(higher criticism)을 당연한 것으로 여겼다. 고등비평에 따르면, 성경은 하나님의 계시라기보다는 하나님과 인간의 관계에 대한 인간적 성찰의 결과물이다. 게다가 본회퍼의 혈관에는 자유주의가 흐르고 있었다. 교회사와 신학을 가르쳤던 본회퍼의 외증조부 칼 아우구스트 폰 하세(Karl August von Hase)는 분명히 자유주의자였다.

그러나 본회퍼는 달랐다. 그는 자신이 신학 훈련을 받던 시절을 회

---

7 Eberhard Bethge, *Dietrich Bonhoeffer: A Biography*, enl. ed. (Minneapolis: Fortress, 2000), 205. 『디트리히 본회퍼, 신학자-그리스도인-동시대인』.

고하면서 자기가 성경을 발견한 사건을 마치 회심 이야기처럼 묘사했다. "그때 무언가가 일어났다. 나의 삶을 지금의 것으로 바꾸고 변형시킨 무언가가. 나는 처음으로 성경을 발견했다."[7] 그 후 본회퍼는 자신이 발견한 성경을 읽기 시작했다. 그의 성경 읽기(그에게 이것은 성경의 요구들을 진지하게 다룬다는 것을 의미했다)는 그를 지금의 삶으로 이끌었다. 본회퍼는 성경의 요구에 자신의 삶을 순종으로 드리려 했고, 결국 순교에 이르렀다.

우리는 먼저 본회퍼의 성경관을 살펴봐야 한다. 왜냐하면 그의 계시 이해는 그리스도론과 교회론(그리스도인의 삶을 위한 두 가지 기초적인 기둥)에 결정적으로 중요하기 때문이다. 이어서 우리는 그의 성경 읽기 습관에 대해 살펴볼 것이다. 본회퍼는 직업적인 성직자요, 목회자였다. 그런 그는 목회자와 성경, 그리고 신자들의 삶 속에서 설교가 하는 역할에 대해 하고 싶은 말이 아주 많았다. 마지막으로 우리는 하나님의 말씀을 읽고 묵상하는 그의 습관에 대해 살펴볼 것이다.

본회퍼의 성경관

조직신학 박사 과정 세미나에 참석 중이던 열아홉 살의 본회퍼는 이미 다음과 같이 쓸 수, 아니 고백할 수 있었다. "우리를 위한 계시는 오직 성경에서만 발견된다." 또한 그는 어떻게 해서 그런 것이냐고 묻는 이들에게 다음과 같은 준비된 답을 내놓았다. "성경이 곧 하나님이 말씀하시는 곳이고, 하나님이 몸소 계시되기를 기뻐하시는 곳이기 때문이다."[8]

그는 위에서 인용한 에세이의 앞 부분에서 아주 강력한 주장을 했

---

8 *DBWE* 9:289.

다. "기독교는 역사적이고 지각할 수 있을 만큼 실제적인 하나님의 계시에 대한 믿음과 더불어 일어서기도 하고 넘어지기도 한다."[9] 상황이 바뀌어 교수가 된 본회퍼는 학생들에게도 전과 동일하게 말했다. 그는 1931년과 1932년에 베를린에서 한 강의에서 "절대성은 종교적 경험이 아니라 하나님의 말씀에 근거를 두고 있다"고 주장했다.[10]

내가 이 책의 2장과 3장에서 (어떤 이들이 그의 신학을 '그리스도-그리스도론'이라고 부른다는 사실을 지적하면서) 본회퍼 신학의 핵심에 그리스도론과 교회론이 있다고 주장하기는 했으나, 실제로는 계시가 그 핵심을 형성한다고 말하는 것이 근거 없는 소리는 아닐 것이다. 본회퍼 자신이 그의 박사학위 논문인 "성도의 교제"(Sanctorum Communio)에서 그런 주장을 했다. 요한복음이 서문에서 분명히 밝히듯이(요 1:1-18), 성육하신 그리스도는 사실상 하나님의 계시다. 그러므로 교회 역시 세상에 존재하는 하나님의 계시다. 비록 우리가 그 정확한 이유를 알지 못해 당혹스럽다 할지라도, 하나님은 교회, 곧 자기 백성을 그리스도와 그분 안에 있는 구속과 화해의 메시지를 세상에 알리기 위한 수단으로 택하셨다.

그러나 교회와 계시의 관계는 그보다 훨씬 더 깊다. 본회퍼는 그의 첫 번째 학위 논문에서 (그 문장 전체를 이탤릭체를 사용해) 다음과 같이 쓰고 있다. "오직 계시의 개념만이 교회에 대한 기독교적 개념으로 이어질 수 있다."[11] 그는 사실상 그리스도를 핵심 계시로 여긴다. 본회퍼는 '교회'에 해당하는 헬라어 '에클레시아'(ekklesia) – 이것은 '불러냄을 받은 자'(the called out)라는 의미다 – 에 집중한다. 본회퍼는 우리로 하여

---

9 DBWE 9:285.
10 Bonhoeffer, "The History of Twentieth-Century Systematic Theology," DBWE 11:209.
11 DBWE 1:134.

금 교회를 불러냄이 계시와 교회의 신적 기원을 확증하는 것임을 주목하게 한다. 교회는 하나님의 부름을 받아 존재한다. 그러나 그 후에 본회퍼는 계시론과 관련해 분명하게 방향 전환을 한다. 그것은 그를 신학적 자유주의에서 멀게 하는 아주 확실한 방향 전환이 된다. 이 방향 전환은 성경을 하나님의 계시된 뜻과 길, 그리고 진리의 저장소로 보는 그의 견해에 따른 것이었다. 그에게 성경은 역사적으로 신뢰할 수 있는 권위 있는 계시다.

이 마지막 문장에 대해서는 약간의 설명이 필요하다. 19세기부터 20세기 중반까지 독일의 신학과 성서학 분야에는 적대적인 두 진영이 존재했다. 한쪽에는 자연주의자들과 역사주의자들이 있었다. 이들은 기독교와 성경의 신적 기원을 부인했다. 다른 한쪽에는 자유주의자들이 있었는데, 그들은 기독교와 성경의 신적 기원을 강조했다. 하지만 그들은 그 신적 기원을 지나치게 강조한 나머지 성경을 지나 (더 적절하게는 성경을 통해) 직접 말씀하시는 역동적인 하나님에게까지 달려가는 데까지 이르렀다. 자유주의는 하나님을 책에 제한시키지 않을 정도로 책에 구속되지 않았다.

바로 이 두 진영이 독일을 장악하고 있었다. 하지만 본회퍼의 성경관은 이 두 가지 잘못된 견해에서 비켜 간다. 그는 성경을 하나님의 권위 있는 말씀으로 여겼다. 그에게 성경은 우리가 하나님의 말씀에 이르기 위해 통과하거나 지나가야 하는 그 무엇이 아니었다.

본회퍼의 성경관에 대한 가장 분명한 표현은 그가 1933년에 작성한 『베델 신앙고백』(Bethel Confession)에서 발견된다. 사실 그 신앙고백에는 세 가지 버전이 존재한다. 1933년 봄과 여름 사이, 본회퍼와 헤르만 사세(Hermann Sasse)가 쓴 첫 번째 안은 최초의 안으로 간주된다. 다음으로 8월에 쓰인 까닭에 흔히 '8월 버전'(August Version)으로 불리는 두 번째 안은 빌헬름 비셔(Wilhelm Vischer)가 수정했는데, 이 안과 초안 사이에는 약간의 문체 변형과 문장을 가다듬은 것 외에는 별다른 차이가 나타나지 않는다.

세 번째 안은 '11월 버전'(November Version)으로 불리는데, 이것은 원안을 아주 많이 손질했다. 그 무렵, 런던에 체류해 있던 본회퍼는 원안이 심각하게 편집된 사실을 알고 좌절했다. 그는 세 번째 안의 편집자들이 원안을 "망가뜨렸다"고 생각했기에 그들이 가한 변화 역시 거부했다. 세 번째 안이 출판되어 본회퍼의 손에 들어왔을 때, 그는 그 위에 이렇게 썼다. "사공이 많으면 배가 산으로 간다. 익명의 저자 D. B."[12] 그렇게 자신의 이니셜을 덧붙임으로써 그는 세 번째 안에 대한 자신의 권리를 깨끗이 포기했다.

11월 버전을 편집한 위원회는 여러 견해들을 함축하고 있었으나 본회퍼가 속한 신학적 보수주의는 전혀 드러내지 않았다. 그 안에 있던 변형은 단순히 문체와만 관련된 것이 아니었다. 그것은 아주 심각했다. 오죽했으면 본회퍼가 자기가 시작했던 프로젝트를 깨끗이 포기했겠는가! 사세와 비셔 역시 본회퍼와 같은 입장을 취했다.

『베델 신앙고백』의 처음 두 안과 세 번째 안의 차이는 다른 어느 곳에서보다도 성경에 관한 교리를 다루는 첫 번째 항에서 분명하게 드러난다. 초안과 두 번째 안(8월 버전)에 실려 있는 두 문장과 세 번째 안(11월 버전)에 실려 있는 두 문장을 강조체로 표시된 차이에 유념하면서 비교해 살펴보라.

---

12 *DBWE* 12:513.

본회퍼의 초안

구약과 신약으로 이루어진 성경은 교회의 가르침을 위한 유일한 근원이
자 기준이다. 성령에 의해 참된 것으로 입증된 **성경은 나사렛 예수가 …
라는 사실에 대한 완전하게 타당한 증언을 이룬다.**

위원회가 작성한 세 번째 안(11월 버전)

구약과 신약으로 이루어진 성경은 교회의 가르침을 위한 유일한 근원이
자 기준이다. **전체적으로 타당한 성경은** 동일한 나사렛 예수가 … 임을
입증한다.[13]

성경이 "완전하게 타당한 증언"이라고 말하는 것과 "전체적으로 타
당한"이라고 말하는 것은 다른 문제다. 후자는 성경이 나름 일관성이
있다는, 다시 말해 조리가 있다는 뜻에 지나지 않는다. 분명히 일관성
은 훌륭한 특성이다. 하지만 정통적인 성경관에는 미치지 못하는 특
성이다. 성경이 '충분히 타당하다'고 선언하는 데는 어떤 객관성이 존
재한다. 본회퍼의 진술은 성경과 관련해 그것이 지니고 있는 자기 지
시적 일관성(self-referential coherence)보다 훨씬 더 깊은 의미를 내포한
다. 본회퍼의 진술은 성경이 참되다고 확언한다.
　성경에 대한 교리(사실은 모든 교리)와 관련해서 명확성과 직접성, 강력
함이 모호함보다 낫다. 데오도르 루즈벨트(Theodore Roosevelt)는 '애매

13　Bethel Confession, *DBWE* 12:375. 8월 버전은 '온전히 타당한'(valid in its entirety)이라
는 표현을 핵심 문구로 갖고 있다. 본회퍼 전집 영어판(*DBWE*)에는 초안과 8월 버전만 실려 있다.
11월 버전은 본회퍼 전집 독일어판에서 찾아볼 수 있다. 11월 버전의 영어 번역은 http://www.
lutheranwiki.org/The_Bethel_Confession:_November_Version에서 찾을 수 있다. Carsten
Nicolaisen, "Concerning the History of the Bethel Confession," in *DBWE* 12:509-13을 보라.

한 말'을 사용하는 언론인이나 정적들을 가차 없이 비난함으로써 정치적 성공을 거뒀다. 하나님 말씀의 권위 아래 있는 신학자들은 그와 같이 "부끄러워서 드러내지 못할 일들"을 버리고, 대신 "진리를 환히 드러내야" 할 것이다(고후 4:2, 새번역 - 역자주).

본회퍼가 『베델 신앙고백』 초안에서 성경에 대해 언급했던 온전한 진술을 살펴보자.

구약과 신약으로 이루어진 성경은 교회의 가르침을 위한 유일한 근원이자 기준이다. 성령에 의해 참된 것으로 입증된 성경은 본디오 빌라도가 내린 십자가형을 받은 나사렛 예수가 그리스도, 이스라엘의 메시아, 기름 부음을 받은 교회의 왕, 살아 계신 하나님의 아들이라는 **사실에 대한 완전하게 타당한 증언**을 이룬다. 오직 성경만이 이러한 지도 원리를 따라 교회의 가르침을 평가해야 하고, 이로써 교회의 가르침은 순전하게 된다. 오직 성경만이 반복될 수 없으며 독립적인 구원사로서 발생한 유일하신 하나님의 계시에 대해 증언한다. 우리는 이 역사를 오직 구약과 신약의 예언자적이고 사도적인 말씀을 통해서만 알 수 있다. 그리고 교회는 그 계시를 오직 그것에 대해 증언하고 있는 말씀을 해석함으로써만 선포할 수 있다. 성경이 증언하는 구원사의 사실(예컨대 이스라엘의 선택과 그 민족의 죄에 대한 정죄, 모세 율법의 계시, 성육신, 예수 그리스도의 가르침과 행동, 그분의 십자가상에서의 죽음과 부활, 교회의 설립 등)은 하나님의 독특한 계시 행위이며, 교회는 그것을 오늘 우리에게도 타당한 것으로 선포해야 한다.[14]

---

14 *DBWE* 12:375.

성경은 인간의 역사, 즉 실제 역사 속에서 이루어진 하나님의 행위에 대한 기록이다. 성경은 이런 행위를 '사실'(facts)로서, 즉 시간과 공간 속에서 발생했던 객관적인 사건으로 기록한다. 성경은 하나님의 계시에 대한 배타적 증언이기에, 오직 그것만이 교회에서 권위를 차지한다. 다른 무엇도 그것을 대체하지 못한다. 바로 이런 주장이 본회퍼를 역사주의자들과 자유주의자들로부터 분리시킨다.

이어지는 몇 가지 이런 진술은 거부 사항을 제시한다. 여기에서 본회퍼가 견지했던 **성경에 대한 높은 관점**(a high view of Scriptures)과 당시 교회에 만연했던 **성경에 대한 낮은 관점**(a lower view of Scriptures) 사이의 차이를 분명하게 볼 수 있다. 요컨대 본회퍼는 우리가 성경 본문, 곧 하나님의 살아 있고 활동적인 말씀에 순종해야 한다고 주장한다. 우리는 성경 본문을 우리의 선입견과 편애에 복속시키려 할 때 잘못을 범한다.

우리는 성경의 일치성을 깨뜨리는 거짓된 가르침을 거부한다. 그런 가르침은 방자한 이유로 하나님의 말씀을 인간의 말과 분리시킬 것을 주장한다. 성경 전체의 일치점은 십자가에 달리셨다가 부활하신, 그리고 그분이 원하시는 때와 장소에서 성경을 통해 말씀하시는 예수 그리스도

---

15 "성경에 실려 있는 하나님의 말씀"이라는 표현은 아마도 바르트의 영향 때문인 듯하다. 칼 바르트와 디트리히 본회퍼의 차이는 본회퍼가 바르트의 신학에 결여된 성경의 사실성에 여지를 둔다는 점이다. 성경의 사실성에 대한 바르트의 입장은 구속을 만유구원론에 흡사한 견해에 이르도록 이끌어간다. 언젠가 나의 신학자 친구 중 하나는 바르트의 구속관을 '시작 단계의 만유구원론'(incipient universalism)이라고 불렀다. 바르트의 친구들은 그런 비난을 좋아하지 않으나 그것은 유효하다. 또한 바르트는, 마가렛 대처(Margaret Thatcher)의 불멸의 표현을 빌자면, 역사적 아담에 대해 '비틀거렸다'(wobbly). 하지만 본회퍼는 그렇지 않았다. 계시에 대한 그의 확고한 견해와 성경이 하나님의 말씀이라는 그의 입장은 구속에 관해 견고한 견해를 갖도록 이끌었다. 본회퍼는 그것을 '사실'(fact)이라고 묘사한다. 바르트와 본회퍼의 핵심적 차이는 바로 여기에 있다.

이시다. 우리는 성경에 실려 있는 하나님의 말씀[15]을 판단하는 자가 아니다. 성경이 우리에게 주어진 까닭은 우리가 그것을 통해 우리 자신을 그리스도의 심판에 복속시키게 하기 위함이다. 오직 성령만이 성경으로부터 하나님의 말씀을 듣는다. 그러나 이 성령은 오직 성경의 말씀을 통해서만 우리에게 온다. 그러므로 성령은, 열심[Schwärmerei]을 제외하고는, 말씀과 결코 분리될 수 없다.

또한 우리는 성경을 일반적으로 타당한 진리의 예를 제공하는 어떤 역사적 문서 정도로 여기라는 거짓된 가르침을 거부한다. 우리가 하나님의 선민인 이스라엘의 선택으로부터 어떤 다른 사람 혹은 모든 사람의 선택에 관한 결론을 이끌어 내거나, 하나님이 이스라엘에 모세의 율법을 주신 것에서 하나님이 모든 나라에 율법을 주신다고 결론을 내리는 것은 하나님의 계시의 독특성과 역사성을 부정하는 것이다. 성경에 나타난 하나님의 구원 행위는 실례나 상징으로서가 아니라 하나님의 독특한 계시에 대한 교회의 선포로서 중요하다.[16]

이런 거부들은 본회퍼가 성경에 대해 높은 관점을 고수했음을 보여 준다. 그는 분명 그가 처한 자유주의적 배경에서 떠났다. 또한 교회와 삶에 있어서 최종 권위가 되는 하나님의 말씀 아래 자신을 두었다. 본회퍼는 이스라엘의 선택으로부터 하나님이 다른 나라들을 택함 받은 자로 선택하신다는 결론을 섣불리 내리는 것이 얼마나 잘못된 것인지를 말하면서 자신의 조국을 떠올린 것이다. 히틀러는 제3제국에 대한 하나님의 축복을 가로채기 위해 교회를 넘보았고, 결국 얻어 냈다. 교회가 어떻게 히틀러에게 신뢰를 보였는지를 보면 무섭기까지 하다.

---

16 *DBWE* 12:378-79.

더욱이 히틀러가 한 소행을 보면 말문이 막힌다. 이보다 더 위태로울 수는 없었다. 그런 의미에서 『베델 신앙고백』을 작성한 본회퍼는 교회를 섬기는 신학자였다.

본회퍼가 성경을 더욱 높은 관점에서 볼 수 있었던 이유는 그 시대에 만연했던 자유주의를 비판적으로 바라봤기 때문이다. 두 번째 뉴욕 방문 기간인 1939년 6월 22일에 쓴 일기에 따르면, 그는 오전에는 글을 쓰고 오후에는 책을 읽으며 시간을 보냈다. 그때 그는 라인홀드 니버의 『기독교 윤리학의 해석』(Interpretation of Christian Ethics, 삼성출판사)을 읽고 있었다. 본회퍼는 그다지 깊은 인상을 받지 못했는지 그 책에서 찾은 "잘못되고 피상적인 진술"에 수수께끼 같으나 신랄한 비판을 덧붙였다. 바로 "하나님의 말씀 대신 신화를"[17]이란 부분이다. 이어서 그는 니버가 지닌 결함의 핵심, 즉 "성경에 대한 너무 낮은 관점"(a too-low view of Scripture)을 향해 돌진한다. 니버는 성경을 "신화"라고 부름으로써 성경 안에서 영원한 진리를 대표하는 무언가를 찾아내기만 하면 나머지 내용은 신화에 불과하다고 여겼다. 니버는 성경을 체질했던 것이다. 하지만 본회퍼는 달리 생각했다. 그는 성경을 인간 위에서 있는 하나님의 말씀으로 보았다.

훗날 감옥에서 본회퍼는 '신화론적 견해'를 정면으로 다뤘다. 이번에는 루돌프 불트만(Rudolph Bultmann)이 관심 대상이었다. 불트만은 신약 성경이 신화적 세계관을 받아들였다고 주장했다. 신약 성경의 저자들이 그리스도에 대한 그들의 이해를 신화적 용어로 표현했다는 것이다. 그래서 불트만은 신화에 둘러싸여 있는 영원한 진리에 도달하고자 했다. 포장지인 성경 본문은 사라질 수 있다. 그러나 그 안에 싸

---

17 Bonhoeffer, "American Diary," 1917년 6월 22일, *DBWE* 15:229.

여 있는 영원한 진리는 그대로 있다. 그는 이런 생각을 신약 성경에 언급된 기적(심지어 그리스도의 부활이라는 기적)에도 적용했다.

본회퍼는 고백 교회에 속한 사역자들이 불트만의 견해에 사로잡히는 것을 원하지 않았다. 베트게에게 보낸 편지에서 본회퍼는 불트만의 견해를 되받아쳤다. "나의 입장은 '신화적' 개념을 포함해 모든 내용을 신뢰해야 한다는 것이네. 신약 성경은 보편적 진리의 신화적 외투가 아니네."[18] 이것은 본회퍼가 우리에게 『베델 신앙고백』에서 그리스도에 대해 썼던 내용을 상기시켜 준다. "예수 그리스도의 십자가는 무언가에 대한 상징이 결코 아니다. 오히려 그것은 하나님의 독특한 계시 행위다."[19]

정확히 한 달 후에도 본회퍼는 여전히 그의 동료 독일 신학자들과 학자들이 견지하고 있는 성경에 대한 낮은 관점에 대해 생각하고 있었다. 이번에는 전쟁 기간에 미국으로 추방된 폴 틸리히(Paul Tillich)에 대해 썼다. 본회퍼는 틸리히와 한 무리의 자유주의 신학자들에게 이렇게 직설적으로 말했다. "하나님의 말씀은 불신, 곧 아래로부터 반항하는 불신과는 거리가 아주 멀다네. 오히려 하나님의 말씀은 통치한다네."[20] 본회퍼에게 하나님의 말씀은 전 삶을 주관하는 통치였다.

성경 교리는 긴 사슬의 첫 번째 도미노라 할 수 있다. 만약 우리가 본회퍼의 입장에서 출발한다면, 즉 성경을 인간 위에 있으며 인간에게 복종을 요구하는 하나님의 말씀으로 여긴다면, 그때 도미노는 어느 한쪽 방향으로 넘어질 것이다. 그러나 만약 우리가 성경은 우리의

---

18 본회퍼가 1944년 6월 8일 베트게에게 보낸 편지에서, *LPP*, 329.
19 본회퍼가 작성한 『베델 신앙고백』 초안에서, *DBWE* 12:398.
20 본회퍼가 1944년 7월 8일 베트게에게 보낸 편지에서, *LPP*, 346.

선입견에 종속되어 있다는 입장에서 출발한다면, 도미노가 앞의 경우와는 완전히 반대 방향으로 넘어질 것이다. 그리고 우리는 신학이 가는 방향을 쫓아 제자도와 그리스도인의 삶도 이해하게 된다. 이처럼 본회퍼와 자유주의 사이에는 분명한 차이가 드러난다.

본회퍼에게 성경관은 단지 신학적 확언에 불과한 것이 아니었다. 계속해서 살펴보겠지만, 그는 자신이 지지하는 성경관을 토대로 살았다. 그는 자신이 성경에 대해 확언했던 바로 그 정도의 명확성과 직접성, 강력함을 지니고 성경의 가르침을 따라 살았다. 우리는 먼저 그가 학생들에게 가르치며 이론과 실천 모두에서 견지했던 그의 성경관에 대해 살펴볼 것이다.

목회자와 성경

본회퍼는 베를린 대학교와 뉴욕의 유니온 신학교에서 공부했다. 또한 독일과 유럽, 영국에 있는 여러 신학교들과 수도원까지 방문했다. 하지만 그는 늘 자기가 보는 것을 좋게 여기지 않았다. 특히 그는 자신의 조국 교회가 목회자 훈련 과정에서 목회자들의 내면의 문제를 도외시하는 경향에 곤혹스러움을 느꼈다. 그가 고백 교회를 위해 징스트와 핑켄발트에서 지하 신학교를 이끌며 보낸 시간은 그에게 이전과는 다른 길로 나아갈 기회를 제공했다.

본회퍼가 이끌었던 신학교와 다른 신학교들의 차이는 실제로 커리큘럼에 있지 않았다. 물론 그런 차이가 아예 없는 것은 아니었으나, 그 근원에는 '에토스'(ethos)라는 보다 중요한 실재가 있었다. 본회퍼는 목회자가 하나님의 부르심을 받는 것은 사람들에게 하나님의 말씀을 선포함으로써 그들이 그 말씀에 의한 유죄 판결을 받아들이고 그로 인해 그 말씀에 순종하고 복종하게 하기 위함이라고 확신했다. 그러나 목회자는 그런 설교를 하기 이전에 먼저 신의 삶 속에서 그 과정을 밟아야 한다. 징스트와 핑켄발트에서 감당한 모든 사역의 중심에는 성경이 있었다. 본회퍼는 핑켄발트 시절을 회고하며 "성경이 우리 사역의 핵심을 이루었다"라고 쓴 후 곧이어 이렇게 덧붙였다. "성경은 다시 한 번 우리의 신학 작업과 모든 기독교적 행위를 위한 출발점이자 중심이 되었다."[21]

그러나 '에토스'는 커리큘럼에까지 영향을 주었다. 미래의 목회자들이 설교법을 배우는 과정인 설교학 수업의 일부로서 본회퍼는 자신의 학생들에게 목회자와 성경에 관해 강의했다. 그의 학생이었던 베트게는 본회퍼가 어떻게 성경이 자신의 삶에서 강단으로 이동하는지를 가르쳐 주었다고 설명한다.

목회자는 무엇보다도 먼저 무릎 꿇고 기도하며 성경을 묵상해야 한다. 그런 다음에는 책상에 앉아 주석을 엄격히 연구하고, 강단에 올라가 곤경에 처한 이들 앞에 그 내용을 선포해야 한다.[22] 대부분의 설교학 수업은 설교에만 집중한다. 하지만 본회퍼는 그보다 앞서 어떤 작업이 필요하다는 것을 알았다.

본회퍼는 자신의 학생들에게 실제적인 조언도 아끼지 않았다. 베트게는 그 조언을 다음과 같이 요약한다.

설교문을 낮에 작성하라. 단번에 쓰지 말라. '그리스도 안에'라는 표현에는 그 어떤 조건도, 여지도 없다. 강단에 서면 처음 몇 분이 가장 중요하

21 Bonhoeffer, "A Greeting from the Finkenwalde Seminary," *The Way to Freedom: Letters, Lectures, and Notes, 1935-1939*, ed. Edwin H. Robertson (New York: Harper & Row, 1966), 35에서 재인용.
22 Bethge, *Dietrich Bonhoeffer*, 442.

다. 일반적인 이야기를 늘어 놓느라 시간을 허비하지 말고 곧장 문제의 핵심으로 들어가 회중과 대면하라. 참으로 성경을 아는 자는 그 누구라도 원고 없이 즉석 설교를 할 수 있다.[23]

또한 본회퍼는, 그의 설교 원고를 살피건대, 짧은 설교를 좋아했다. 본회퍼는 부연 설명에 시간을 허비하지 않고 곧장 본론에 돌입했다. 베트게는 본회퍼의 설교를 회상하며 이렇게 말했다. "그의 설교는 문제를 분명하게 밝혔고, 여러 가지 요구를 했다."[24] 바로 이것이 본회퍼가 미래의 목회자들인 학생들에게 성경과 그들 자신의 관계에 집중하라고 가르쳤던 이유였다. 그들은 강단에 올라가 회중에게 성경 말씀을 선포하기 전에 먼저 자신의 삶에서 그 말씀과 씨름해야 했다.

아마도 우리는 본회퍼가 이 미래의 목회자들에게 끼친 영향을 그들 중 한 사람의 말을 통해 가장 잘 파악할 수 있을 것이다. 여기에 베트게가 묵상과 목회직에 관해 한 말이 있다.

나는 하나님 말씀의 설교자이기에 먼저 성경이 나에게 매일 말씀하시도록 하지 않고는 성경을 풀이할 수 없다. 만약 내가 기도하면서 지속적으로 말씀을 묵상하지 않는다면, 내 직무를 감당하면서 그 말씀을 잘못 사용하게 될 것이다. 만약 그 말씀이 매일 내가 행하는 직무 속에서 자주 공허한 것이 된다면, 만약 내가 더 이상 그 말씀을 경험하지 못한다면, 이는 내가 말씀이 내 안에 역사하도록 말씀에 조용히 귀 기울이는 거룩한 시간을 오랫동안 소홀히 해왔다는 명백한 표지임에 틀림없다. 만약

---

23 Ibid., 443.
24 Ibid., 444.

내가 매일 나의 주님이 그날 나에게 말씀하시도록 말씀을 읽지 않는다면, 내 직무를 잘못 행하는 것이다.[25]

묵상이 먼저고, 설교는 그 다음이다.

설교 듣는 법: 본회퍼의 설교 습관

최근 나는 취미 삼아 장거리 달리기에 열중하고 있다. 언젠가 내 친구 중 한 명이 자기 역시 그렇게 하다가 곧바로 그만두었다는 말을 한 적이 있다. 달리기 신참들 대부분이 그렇듯이 나 역시 너무 먼 거리를 빨리 뛰다가 부상을 당했다. 나는 며칠 쉬었다 다시 달리기를 시작했다. 처음에는 상쾌한 느낌이었으나 다시 부상을 당했다. 이런 사이클이 두 차례 반복될 무렵, 문득 '혹시 내가 지금 하고 있는 일에 대해 잘 모르는 것이 아닌가?' 하는 생각이 들었다. 그래서 전문가를 만나 봐야겠다는 생각에 스포츠 의학을 전공한 물리치료사를 찾아갔다. 나의 문제를 진단한 그는 한 가지 계획을 세워 그 계획에 맞추어 달리라고 조언했다. "무슨 이야기를 하고 싶은 거죠?"라고 묻고 싶을 것이다. 우리에게는 때로 전문가가 필요하다는 것이다. 우리는 모든 문제에 대한 답을 갖고 있지 않다.

하나님은, 우리에게 목사직을 주셔서 우리 교회에 숙련되고 유능한 안내자들을 계획 가운데 세우셨다. 본회퍼는 『베델 신앙고백』에서 분명히 밝히듯이, 하나님의 말씀을 우리의 성화와 은혜 안에서의 성장을 위한 수단으로 보았다. 본회퍼는 마르틴 루터와 장 칼뱅 같은 종교

---

25 Bethge, "Introduction to Daily Meditation," Robertson, *The Way to Freedom*, 57에서 재인용.

개혁자들을 따라 실제로 성경을 은혜의 수단으로 여겼다. 더 나아가서는 이 은혜의 원천인 말씀이 두 가지 형태로 우리에게 다가온다고 이해했다. 그중 하나는 설교이고, 다른 하나는 기도하고 묵상하면서 성경을 읽는 것이다. 이처럼 우리는 목회자들의 말씀 선포와 우리가 읽는 말씀을 통해 하나님께 더 가까이 다가간다.

언젠가 본회퍼는 예비 목회자인 학생들에게 "하나님의 말씀을 변호할 것이 아니라 증언해야 한다"라고 말했다. "말씀을 신뢰하라. 그것은 용량의 한계치까지 짐을 싣고 있는 배와 같다."[26] 성경은 하나님의 말씀이기에 본회퍼는 그것을 온전히 신뢰했다. 그는 설교자로서 자신이 강단에서 수행해야 할 사역이 바로 하나님의 말씀을 선포하는 것임을 알고 있었다.

본회퍼는 런던에서 한 설교 중에서 회중에게 이렇게 말한다. "회중이 그들의 목사와 관련해 물어야 할 단 하나의 질문이 있습니다. '그가 강단과 매일의 삶 속에서 할 수 있을 때마다 회중들에게 하나님의 영원한 말씀, 곧 생명의 말씀을 전하고 있느냐, 아니면 빵 대신 돌을 던지고 있느냐?' 하는 것입니다."[27] 회중 가운데 어떤 이는 교회에 올 때 틀림없이 (비록 큰 소리는 아닐지라도) 이렇게 말할 것이다. "오늘 우리의 허기진 영혼을 채울 빵을 주소서!"[28] 본회퍼는 그런 빵을 제공할 때 어떤 변화가 일어나는지 설명한다. 그때 우리는 바로 하나님과 만난다. "바깥의 분주한 세상이 아무것도 보지 못하고, 알지 못하는 동안"[29] 우리는 하나님과 만난다. 그는 계속해서 말한다. "바깥에 있는 이들은

---

26 Bethge, *Dietrich Bonhoeffer*, 442에서 재인용.
27 *DBWE* 13:322.
28 *DBWE* 13:322.
29 *DBWE* 13:323

모두 최신 감각과 거대한 도시의 밤이 제공하는 흥분을 좇아 내달릴 뿐, 참된 감각 즉 그런 흥분보다 무한히 더 흥미진진한 무언가가 이곳에서 벌어지고 있다는 것은 알지 못한다. 이곳에서 영원과 시간이 만나고 불멸의 하나님이 죽을 인간들을 받아들이고 계신데도 말이다.”[30] 이것이 본회퍼가 그의 회중에게 자신의 설교를 들으라고 말했던 방식이다.

성경 읽는 법: 본회퍼의 성경 읽기 습관

설교를 하거나 듣는 것에 더하여, 말씀을 사적으로 읽는 문제가 있다. 이와 관련해서도 본회퍼는 할 말이 많았다. 우리는 그것을 ‘해석학’(hermeneutics), 즉 성경을 해석하는 기술과 학문이라고 부른다. 우리는 대개 해석학이라고 하면, 성경을 올바르게 해석하기 위한 방법과 단계들을 연구하는 것이라고 생각한다. 물론 본회퍼는 그런 것들에 관심이 있었다.

그는 성경 본문을 주해하는 방법을 배우는 데 굉장히 많은 시간을 쏟았다. 그리고 학생들에게도 그런 기술을 익히게 했다. 또 그는 성경에 대한 접근법, 즉 우리가 성경을 어떤 입장에서 바라보고 있는지에도 깊은 관심을 두었다. 본회퍼는 성경 읽는 방식이 올바른 해석을 위한 방법을 따르는 문제보다는 성경에 대한 우리의 접근법과 훨씬 더 관련되어 있다고 여겼다. 성경 읽기에 대한 그의 접근법은 아래와 같이 다섯 가지 방식으로 요약할 수 있다.

1. 직접적으로 읽는다 - 성경은 우리를 향한 하나님의 말씀이다.

---

30 *DBWE* 13:323.

2. 기도하는 자세로 묵상하며 읽는다.

3. 집단적으로 읽는다.

4. 수긍하며 읽는다.

5. 순종하며 읽는다.

위의 방식을 각각을 살펴보자.

직접적으로 읽기

성경은 하나님이 우리에게 직접 하시는 말씀이다. 이 말의 의미는 본회퍼의 책 『신도의 공동생활』의 한 구절을 통해 알 수 있다.

우리는 우리의 구원을 위해 일어난 사건의 일부가 된다. 우리는 우리 자신을 잊고 또한 잃으면서 홍해를 건너고, 광야를 지나며, 요단 강을 건너 약속의 땅으로 들어간다. 이스라엘과 함께 우리는 의심과 불신에 빠지지만 징벌과 회개를 통해 다시 하나님의 도우심과 신실하심을 경험하게 된다.[31]

우리는 성경 역사의 단순한 구경꾼이 아니다. 오히려 "우리는 우리 자신의 실존에서 떨어져 나와 이 세상에서 펼쳐질 하나님의 거룩한 역사의 한 가운데 놓이게 된다."[32] 그리고 우리가 우리 자신의 역사를 알게 되는 것은 오직 성경 안에서뿐이다.[33]

---

31 *LT,* 53.
32 *LT,* 53.
33 *LT,* 54.

우리는 모두 마치 과학자가 해부대 위에 놓인 표본에 접근하는 것 같이 대상에 대한 어떤 열정도 없이 초연한 태도로 성경에 접근한다. 하지만 본회퍼는 하나님의 말씀은 그런 대상이 아니며 우리 역시 과학자가 아니라고 단호히 말한다. 우리는 하나님께 속해 있고, 그분은 말씀으로 우리에게 직접 말씀하신다. 본회퍼가 베를린에서 가르쳤던 학생인 잉게 카딩 셈브리츠키(Inge Karding Sembritzki)는 이렇게 기억한다. "[본회퍼는] 우리가 성경을 마치 그것이 우리에게 주어진 것처럼, 즉 우리를 직접 향하고 있는 하나님의 말씀인 것처럼 읽어야 한다고 가르쳤다." 또 그녀는 이렇게 덧붙인다. "그는 처음부터 이것을 반복해서 가르쳤다. 모든 것이 바로 그것에서 나온다고."[34] 그녀가 말한 '모든 것'은 그리스도인으로서 교회와 세상에서 살아가는 삶과 신학을 의미하는데, 본회퍼는 이 모든 것이 성경을 우리에게 직접 주어진 하나님의 말씀으로 읽는 것에서 나온다고 여겼던 것이다.

기도하는 자세로 묵상하며 읽기

핑켄발트에서의 삶과 관련해 본회퍼는 이렇게 쓴다. "이곳에서 우리는 다시 한 번 성경을 기도하며 읽는 법을 배웠다." 이어서 그는 아침부터 저녁까지 이어지는 경건회를 통해 계속해서 듣는 성경 말씀의 필요성을 강조하며 그 방법을 상세하게 묘사한다.

함께 시편을 읽은 후 형제들이 돌아가며 차례로 구약 성경과 신약 성경

---

34 Inge Karding Sembritzki, Metaxas, *Bonhoeffer: Pastor, Martyr, Prophet, Spy* (Nashville: Thomas Nelson, 2010), 128-29에서 재인용. 『디트리히 본회퍼: 목회, 순교자, 예언자, 스파이』, 김순현 옮김(포이에마, 2011).

의 한 구절을 읽는다. 가끔 찬송가 구절을 읽거나 자유로운 기도를 드리기도 한다. 그리고 함께 주기도문을 암송한다. 매일 묵상 시간이 돌아오면 우리는 그 주간 내내 읽도록 정해진 아주 짧은 성경 본문을 숙고한다.[35]

핑켄발트 신학교에서는 이런 일이 강의보다 우선시되었다. 본회퍼는 매일 공적으로는 성경의 상당 부분을 읽고, 사적으로는 묵상의 시간을 갖는 것을 제도화시켰다. 신학교 공동체는 공적인 성경 읽기 시간에 함께 성경을 읽었는데, 그중 시편 한 편은 늘 포함되어 있었다. 본회퍼는 『신도의 공동생활』에서 우리에게 이처럼 '계속해서 읽는 방식'(lectio continua)이 필요한 이유가 성경이 하나의 '몸'(corpus), 곧 전체이기 때문이라고 설명했다.[36] 그러나 그는 매일 갖는 묵상 시간과 관련해서는 다른 접근법을 선호했다. 이 경우에 그는 한 주간 내내 묵상할 짧은 본문을 택했다. 이런 두 가지 접근법을 통해 학생들은 숲과 나무를 모두 보는 데 익숙해져 갔다.

묵상 시간에는 짧은 성경 본문들에 집중했다. 학생들은 그 시간에 설교문을 작성하거나 학과목 숙제를 해서는 안 되었다. 그들은 그 본문을 그들의 삶 속에 깊이 뿌리내리게 해야 했다. 그들은 일주일 내내 같은 본문을 읽고 또 읽으면서 묵상했다. 학생 중 많은 이들이 이 강압적인 묵상 훈련을 못마땅하게 여겼다. 특히 다른 신학교와 대학에서 전학 온 학생들이 그랬다. 그들에게 성경을 이렇게 묵상하는 훈련은 낯선 일이었다. 그래서 반발도 했지만 결국 굴복하고 말았다.

---

35 Bonhoeffer, "A Greeting from the Finkenwalde Seminary," Robertson, *The Way to Freedom*, 15에서 재인용.
36 *LT*, 53.

본회퍼는 몸소 그런 식의 성경 읽기에 모범을 보였다. 그는 책을 사랑했고 가장 소중한 소유물로 여겼다. 하지만 그가 가장 소중하게 여겼던 책은 그의 형 발터의 성경책이었다. 발터 본회퍼(Walter Bonhoffer)는 제1차 세계대전 중에 프랑스의 최전선에서 싸우다 부상당했다. 그는 야전 병원으로 후송된 지 닷새만인 1918년 4월 28일에 죽었다. 1921년 본회퍼가 견신례를 받았을 때, 그의 어머니 파울라가 그에게 발터의 성경책을 주었다. 디트리히는 그의 생애 내내 그 책을 간직했고, 매일 기도하고 묵상하면서 성경을 읽는 시간에 그 책을 사용했다.

집단적으로 읽기

본회퍼가 성경을 집단적으로 읽는 것을 옹호했음은 아주 분명해 보인다. 그러나 이것은 성경을 큰 목소리로 합독하거나 공동체 안에서 읽는 것보다 훨씬 더 많은 것을 의미한다. 우리가 이 책의 2장에서 보았듯이 본회퍼가 말했던 일곱 가지 사역에는 선포의 사역이 포함되어 있다. 당신은 본회퍼가 말씀 사역을 "수행할 수 있는 … 궁극적인 최고의 사역"이라고 주장했음을 떠올릴 것이다.[37] 그는 성경을 집단적으로 읽는 것에 대해 사실상 우리가 성경을 서로에게 선포하는 것이야말로 우리가 할 수 있는 가장 좋은 일이라는 것을 말하려 했던 것이다. 우리는 서로, 즉 한 사람이 다른 사람에게 말할 수 있다.

그러나 본회퍼에 따르면, 서로에게 말씀을 선포하는 이 사역이 "끝없는 위험에 둘러싸여 있다."[38] 여기서 우리는 하나님의 말씀을 다른 이들을 넘어뜨리고 제압하는 무기로 사용할 수 있다. 게다가 우리는

---

37 *LT*, 103.
38 *LT*, 104.

오로지 다른 이들을 조종할 목적으로 하나님의 말씀을 조종하기도 한다. 하지만 그것은 나쁜 의도로 성경을 읽는 것이다. 물론 우리는 선한 의도로 어려움에 빠질 수도 있다. 그럼에도 우리는 서로에게 하나님의 말씀을 선포할 의무가 있다. 우리에게 다가오는 유혹은 다름 아닌 자신이 선호하며 자신에게 의미 있는 것만을 말하려고 하는 것이다. 어쩌면 우리는 서로에게 말장난 이상의 말을 하지 못할 수도 있다.

하지만 우리는 "서로에게 하나님의 말씀과 뜻을 선포해야만 한다."[39] 우리가 그렇게 해야 하는 이유는 우리 자신이 다른 이의 도움이 없으면 '버림받은 고아'에 불과한 죄인이란 사실을 누구보다 잘 알기 때문이다. 그래서 본회퍼는 이렇게 우리를 격려한다. "우리는 서로 필요하기에 서로에게 말을 한다. 우리는 그리스도께서 우리에게 가라고 말씀하신 길로 가기 위해 서로를 권면한다. 우리는 우리 모두의 파멸의 원인이 되는 불순종을 피하기 위해 서로에게 경고한다."[40] 성경을 집단적으로 읽는 것은 우리가 하나님의 말씀을 통해 그 안에서 서로 묶여 있음을 의미한다.

수긍하며 읽기

때때로 우리는 성경에서 읽은 내용을 좋아하지 않을 수도 있고, 이해하지 못할 수도 있다. 더욱이 자신이 읽는 내용에 어떤 의미가 있는지 모를 수도 있다. 그러나 성경의 의미는 우리에게 달려 있는 것이 아니라 그것을 주신 하나님께 달려 있다. 본회퍼는 담대하게 말한다. "하나님의 말씀이 **통치한다**."[41] 우리의 역할은 섬기고 순종하는 것이

---

39 *LT*, 105.
40 *LT*, 106.
41 *DBWE* 16:495, 볼드체는 덧붙인 것임.

다. 말씀의 역할은 다스리는 것이다. 『베델 신앙고백』에 이런 말이 등장한다. "우리는 성경에 실려 있는 하나님의 말씀에 대한 심판자가 아니다. 오히려 성경이 우리에게 주어진 것은 우리가 그것을 통해 우리 자신을 그리스도의 심판에 복종시키게 하기 위함이다."[42]

신학적 자유주의는 우리 자신의 선호와 지시에 하나님의 말씀을 복속시킨다는 점에서 근본적으로 잘못되었다. 현대의 합리주의는 인식론(지식과 진리의 문제)에 있어서 인간의 정신을 궁극적 권위의 자리에 앉혀 놓았다. 만약 무언가가 우리의 이성과 일치한다면, 그것은 진리로 인정된다. 나중에 본회퍼는 그의 책 『윤리학』에서 이것을 "이성에 대한 숭배"(cult of the ratio)라고 부른다.[43]

이런 원리는 고등비평을 지지하는 기본적 토대를 이룬다. 이 입장에 따르면, 기적은 이성에 부합하지 않는다. 기적은 이성적인 설명이 불가능하기에 불합리하다. 따라서 기적을 역사적인 실제 사건으로 보고, 성경에 기록된 대로 받아들여야 할지 재고해야 한다. 아마도 그것은 과도한 상상력이 만들어 낸 허구일 것이다. 합리주의적 사고는 이런 식으로 계속된다. 여기에서 문제가 되는 것은 형세다. 하나님의 말씀이 우리 위에 있느냐 아니면 아래에 있느냐, 또한 우리가 그것에 순종하느냐 아니면 그것을 우리에게 복속시키느냐 하는 것이다.

그러나 신학적 보수주의자들이 조심해야 할 것은, 자기들이 성경을 하나님의 무오하고 권위 있는 말씀으로 확언한다는 이유로 성경 말씀에 순종해 왔다고 여기는 것이다. 우리는 신앙은 보수적으로 고백하면서도 삶은 자유주의적으로 살아갈 수 있다. 다시 말해, 성경에 대한

---

42 *DBWE* 12:376.
43 *DBWE* 6:115.

순종은 성경에 대한 정통 교리를 긍정하는 것 이상이다. 그런 교리에 대한 긍정은 중요하고 필요하다. 우리는 결코 그것을 무시해서는 안 된다. 하지만 성경에 대한 높은 관점을 긍정하는 것은 순종의 첫 단계에 불과하다. 우리는 성경을 읽을 때, 말씀이 우리 삶에 갖는 권위를 인정함으로써 온전히 순종하게 된다.

순종하며 읽기

마지막으로 우리는 성경을 순종하며 읽어야 한다. 본회퍼는 런던에서 한 설교에서 우리가 이런저런 '장식들'을 얼마나 좋아하는지 말한다. 우리는 꽃밭을 만들고, 벽에 그림을 건다. 화가들은 풍경을 아름답게 꾸민다. 그들은 자기들이 보는 것을 단순하게 복사하지 않는다. 우리는 자연계에 존재하는 아름다운 것을 바라본다. 그리고 그것에 무언가를 덧붙이고 장식하고자 하는 충동을 느낀다. 하지만 본회퍼는 말한다. "하나님의 말씀에는 장식이 필요하지 않습니다." 왜냐하면 "그것은 그 자체의 아름다움과 영광으로 옷을 입고 있기 때문입니다."[44]

그런데 그는 뒷걸음질을 치면서 하나님의 말씀을 사랑하는 자들이 그것을 꾸미기 위해 내놓을 수 있는 것이 하나 있다고 말한다. "지난 2천여 년 동안 하나님의 말씀을 사랑했던 자들은 그 말씀을 장식하기 위해 그들에게 있는 것 중 최상의 것을 내놓는 것을 주저하지 않았습니다. 만약 눈에 보이지 않는 그 최상의 것이 '순종하는 마음'이 아니라면, 도대체 그것이 무엇이겠습니까?"[45]

---

44 *DBWE* 13:355.
45 *DBWE* 13:355.

계속해서 본회퍼는 이렇게 빈정거린다. "우리는 교회를 하나님의 말씀을 순순히 받아들이고 믿는 장소가 아니라 우리의 온갖 감정들을 위한 놀이터로 만들어 버렸습니다. … 우리는 하나님이 우리에게 힘을 행사하시도록 허락하는 대신 우리가 하나님을 통제하고 있다고 여깁니다."[46] 이어서 그는 이렇게 말한다. "하나님은 우리가 살든지 죽든지 마음과 영혼, 몸을 다하여 우리 자신을 그분에게 드리기 원하십니다."[47]

오늘날 이런 순종은 거의 찾아보기 힘들다. 아마도 이것이 우리가 하나님의 말씀 읽기를 등한시하는 이유일 것이다. 우리는 성경이 우리에게 많은 것을 요구한다는 것을 너무나 잘 알고 있다. 성경은 우리의 안락하고 자기 중심적인 삶에 여러 가지 의무를 부과한다.

본회퍼는 이처럼 진리인 성경에 대한 믿음의 필연적 결과로 드러나는 말씀에 대한 완전한 순종에 대해 고민하며 설교에 집중하고 있었다. 그 무렵 그는 산상수훈에 대해 묵상하면서 『나를 따르라』의 첫 부분을 쓰기 시작했다. 그는 자신이 성경에 순종하며 그것을 수긍할 때까지는 사실상 성경을(그것의 그 어느 본문이라도) 읽은 것이 아님을 알았기에 신중하게 그런 흐름들과 맞서 싸웠다.

결론: 우리에게 남아 있는 것이 하나님의 말씀뿐일 때

언젠가 마르틴 루터가 말했다. "우리는 하나님의 말씀 외에 모든 것을 포기할 수 있다."[48] 그때 그는 교회에 대해 말하고 있었다. 하지만

---

46 *DBWE* 13:323-24.
47 *DBWE* 13:324.
48 Martin Luther, *Luther's Work*, vol 53, *Liturgy and Hymns*, ed. Ulrich S. Leupold (Philadelphia: Fortress, 1965), 14.

이 말은 그리스도인인 우리의 삶에도 동일하게 적용된다. 우리는 하나님의 말씀에서 복음과 위로, 도전을 발견한다. 또한 하나님의 말씀에서 성육하신 그리스도와 우리 삶에 대한 그분의 부르심을 발견한다.

본회퍼가 그의 가족과 친구들에게 보낸 옥중서간 중 많은 것들이 그가 어떻게 그 어려운 시간을 견디고 보냈는지 알려 준다. 그는 가족과 친구들이 자신으로 인해 근심하고 있음을 잘 알고 있었다. 그래서 가능한 한 그들에게 잘 지내고 있다는 확신을 주려 애썼다. 그러기 위해, 그는 대개 자신이 읽고 있는 책을 언급했다. 그는 친구들과 가족이 몰래 넣어 준 온갖 책들을 읽었다.

하지만 그가 거듭해서 읽었던 책은 성경이다. 그는 가족과 친구들에게 지금 자기가 성경의 어느 부분을 읽고 있는지 말하기를 좋아했다. 양친에게 보낸 편지에서 그는 이렇게 말했다. "저는 성경을 첫 장부터 읽어 나가고 있습니다. 그리고 방금 제가 특별히 좋아하는 욥기를 읽었습니다. 여러 해 동안 해왔듯이 매일 시편을 읽고 있는데, 제가 시편만큼 잘 이해하고 사랑하는 책은 달리 없습니다."[49] 그는 감옥에 있었다. 세상은 전쟁 중이었고, 히틀러가 권좌에 앉아 있었다. 본회퍼가 이 특별한 편지를 썼던 1943년에는 이 세 가지 사실 중 어느 것에도 끝이 보이지 않았다. 하지만 본회퍼에게는 성경이 있었다. 그에게는 욥기가 있었고 시편이 있었다.

본회퍼에게 이런 성경 읽기 습관은 그의 투옥으로 인해 생긴 갑작스러운 변화가 결코 아니었다. 그는 테겔 형무소에서 달리 할 일이 없어 성경을 읽었던 게 아니다. 우리는 이것을 그가 그의 매형 뤼디거

---

49 본회퍼가 1943년 5월 15일 양친에게 보낸 편지에서, *LPP*, 40.

슐라이허(Rüdiger Schleicher)에게 보낸 편지에서 찾아볼 수 있다. 사실 슐라이허는 신학적으로 자유주의자였다. 그래서 본회퍼는 자신의 입장이 매형의 입장과 어떻게 다른지를 설명하기 위해 편지를 썼던 것이다. 그 편지 말미에 그는 자신을 향한 하나님의 말씀인 성경에 순종하면서 일어난 변화에 대해 이렇게 묘사한다. "저는 아침 저녁으로, 낮에도 성경을 읽습니다. 그리고 한 주간 동안 묵상하기 위해 택한 성경 본문을 매일 읽고, 그 속에 푹 잠겨 그것이 말씀하는 것을 실제로 들으려 합니다. 저는 그렇게 하지 않고서는 더 이상 제대로 살아갈 수 없다는 것을 압니다."[50] 그리스도인다운 삶을 살아가기 위해 우리는 하나님의 말씀을 제외하고 모든 것을 포기할 수 있다.

교회와 관련해서도 마찬가지다. 본회퍼는 런던에서 한 설교에서 이렇게 말했다. "교회 안에서 우리는 인간적인 사소한 일과 잘못된 사상에 대해 너무나 많은 말을 합니다. 반면 하나님에 대해서는 너무 적게 이야기합니다. … 우리는 교회를 하나님의 말씀을 믿고 받아들이며 순종하는 곳이 아니라 우리의 온갖 감정의 놀이터로 만들고 있습니다."[51]

우리는 우리의 삶과 교회에서 하나님의 말씀을 묵상하며 읽고 기도하는 것, 그 말씀의 선포에 집중해서 귀를 기울이는 것, 그리고 우리의 삶에 대한 요구에 수긍하며 복종하는 것 외에는, 모든 것을 포기할 수 있다. 본회퍼는 자신이 성경 없이는 살 수 없다는 것을 몹시 잘 알았다.

---

50 Metaxas, *Bonhoeffer*, 132에서 재인용.
51 Dietrich Bonhoeffer, "Ambassadors for Christ," *The Collected Sermons of Dietrich Bonhoeffer*, ed. Isable Best (Minneapolis: Fortress, 2012), 91에서 재인용. 나는 리안 딜(Ryan Diehl) 덕분에 이 인용문에 관심을 갖게 되었다.

루터는 제화공이 구두를 만들 듯, 재단사가 옷을 만들 듯, 그리스도인은
기도를 해야 한다고 말했다. … 기도는 그리스도인의 삶의 핵심이다.

_디트리히 본회퍼, 1930년

형제여, 밤이 지나갈 때까지 나를 위해 기도해 주오!

_디트리히 본회퍼, 테겔 형무소에서, 1944년

장 칼뱅은 기도를 우리의 뒷마당에 묻힌 보물상자에 비유한 적이 있
다. 우리가 마음대로 할 수 있는 그런 보물상자가 있는데, 그것을 파
내는 수고를 하지 않는다고 상상해 보라. 바로 이것이 우리가 기도하
지 않을 때 발생하는 일이다.[1]

　본회퍼는 그의 목회 사역과 신학 활동 초기부터 기도의 필요성을
강조했다. 그가 초기에 한 설교들에 이 점이 잘 드러나 있다. 1930년
7월 12일, 데살로니가전서 5장 16-18절을 본문으로 한 설교를 보자.
하나님의 뜻은 그리스도 안에서 세 가지, 즉 기쁨과 기도, 감사로 이

---

1 John Calvin, *Truth for All Time: Brief Outline of the Christian Faith*, trans. Stuart Olyott
(Edinburgh: Banner of Truth, 1998), 88, 원래는 1537년에 쓰인 글.

루어진다. 본회퍼는 이 설교에서 기도를 "그리스도인의 삶의 핵심"으로 규정했다.[2] 1927년에 발표된 그의 첫 번째 학위 논문에서 그는 중보기도를 교회의 특질로 규정했다. 그는 이것을 입증하기 위해 러시아 신학자 알렉세이 코미아코프(Alexei Khomiakov)의 견해를 인용했다. "교회의 혈액은 서로를 위한 기도다."[3] 우리는 그의 일기에서 이런 주장을 매듭짓는 개인적인 성찰도 발견할 수 있다. 1929년 초, 그는 이렇게 회상했다. "회중의 기도는 나를 전율케 했다."[4] 이 현저한 기억에 그는 다음과 같이 말했다. "사람들이 기도하는 곳에 교회가 있다."[5]

본회퍼는 아주 초기부터 기도의 필요성을 강조했다. 그리고 생애 말년에는 기도가 그를 지탱해 주었다. 1943년 11월 29일, 즉 그 해의 대강절 첫 번째 주일 다음 날에 본회퍼는 친구 베트게에게 이렇게 썼다.

> 자네에게 개인적으로 말해야 할 것이 있네. 무서운 공습, 특히 투하된 폭탄으로 인해 병실 유리창이 부서지고, 약장과 선반에서 유리병과 의약품들이 떨어졌던, 그래서 내가 그 공격에서 살아남으리라는 소망을 거의 갖지 못한 채 어둠 속에서 마룻바닥에 엎드려 있었던 지난 번 공습이 나를 아주 새롭게 기도와 성경으로 돌아가도록 이끌었다는 것이네.[6]

우리는 기도를 하나의 사치품 정도로 여긴다. 이것은 비극이 아닐 수 없다. 아무도 드러내 놓고 말하지는 않으나, 사실 우리는 기도를

---

2 *DBWE* 10:577.
3 *DBWE* 1:186에서 재인용.
4 *DBWE* 10:58.
5 *DBWE* 10:58.
6 *LPP*, 149.

좋고 훌륭한 것으로 여기면서도 실제로는 그것 없이도 그럭저럭 살아갈 수 있다고 생각한다. 본회퍼는 처음부터 기도에 대한 그런 잘못된 생각이 우리를 위험한 길로 내몬다는 것을 알았다. 기도는 사치품이 아니라 필수품이다. 기도는 그리스도인의 삶과 교회 안에서 우리의 공동생활을 위해 꼭 필요하다.

본회퍼는 기도를 아주 중요하게 생각했기에 그의 삶과 저술을 통해 그 주제에 대해 많은 말을 했다. 그가 고백 교회를 섬기기 위해 핑켄발트에 신학교를 설립했을 때, 그는 가장 우선적으로 자신의 학생들에게 기도하는 법을 가르쳤다. 사실 그에게 목회 사역의 가장 중요한 두 가지 핵심 요소는 기도하는 법과 성경 읽는 법을 배우고 아는 것이었다.

본회퍼는 기도와 목회 사역에 대한 것뿐만 아니라 개인적으로 드리는 기도와 아울러 공동체가 함께 드리는 기도에 대해서도 하고 싶은 말이 많았다. 그는 기도에 관해 많은 설교를 했고, 『나를 따르라』에서는 주기도문과 그리스도인의 삶에 대해서도 썼다. 또한 여러 편지들을 통해 기도의 필요성에 대해 썼다. 마지막으로, 그는 기도의 필요성에 관한 이 모든 말들을 했을 뿐만 아니라 실제로 기도했다. 그는 진정으로 기도의 시간을 많이 가졌다. 때로는 기도와 씨름했고, 기도에 무능한 자신 때문에 고민했다. 심지어 그는 기도의 효력에 의심을 품기도 했다. 하지만 그런 시련과 의심의 안개 속에서 그는 기도로 돌아가는 길을 발견했다.

우리는 폭탄이 터져 창문들이 날아가고, 병과 그릇들이 떨어져 부서진 절박한 상황에서 테겔 형무소 마룻바닥에 엎드려 있는 그를 발견한다. 또한 우리는 기도하는 그를 본다. 그가 그렇게 기도하는 것은 루터에게서 배웠듯이, 구두 수선공이 구두를 만들고 재단사가 옷을 만들 듯 그리스도인은 기도를 드려야 하기 때문이다.

'신성모독적 무지'에 대한 반박: 기도와 목회 사역

본회퍼는 징스트와 핑켄발트에 모여 시작한 고백 교회의 신학교가 점점 성장하면서 그 책임을 맡게 되었다. 그런데 얼마 지나지 않아 그에게 이런저런 비난이 쏟아졌다. 사실 그 비난은 소용돌이를 칠 정도였다. 점점 퍼져 간 비난이 본회퍼의 귀에까지 들려왔을 때, 그때는 이미 발아해서 잡초처럼 자라고 있었다. 그는 수습책을 마련해야 했다.

징스트와 핑켄발트의 학생들 사이에서도 나왔던 그 비난의 핵심은 본회퍼가 신학교를 개인적인 묵상과 기도를 강요하는 엄격한 수도원으로 바꿔 놓고 있다는 것이었다. 그가 그런 훈련에 지나치게 몰두하다 보니, 그를 비판하는 자들이 그와 그의 신학교를 율법주의에 빠졌다고 비난한 것이다. 첫 번째 비난과 관련해, 본회퍼는 엄격한 사역자 교육, 곧 목회자 양성을 위해 주석과 신학(심지어 철학)을 본격적으로 교육하는 훈련으로 대체할 생각이 전혀 없었다.

하지만 당시에 본회퍼는 무언가 큰 문제가 있다고 여겼다. 그의 학생들은 기도하는 법을 알지 못했다. 기도가 없다면 목회 사역은, 설령 그들이 아무리 빠르고 우아하게 주석 작업을 수행할지라도, 아주 얕은 것이 될 것이다. 율법주의에 대한 비난과 관련해, 본회퍼는 기도는 의무이고 의무에는 훈련이 필요하다고 단언했을 뿐이다. 그 젊은 신학생들은 **훈련 중**이었다. 훈련이 없다면 그들은 헬라어의 동사 변형에 대해서도 배우지 못할 것이다. 그러기에 그는 학생들에게 기도하도록 강요했던 것이다.

본회퍼는 칼 바르트에게 보낸 편지에서 그런 비난에 맞서 자신을 옹호하면서 자신의 방식을 추천했다. 바르트는 본회퍼의 교육 방향에 대해 들었고, 과연 그것이 얼마나 효율적일지 의문을 느끼고 있던 차였다. 본회퍼의 편지는 그의 그런 의문을 풀어 주었다. 우선 본회퍼는 자신이 베를린에서 신학생으로서 보낸 시간을 회고했다. 그는 그곳에서 아무도 자기에게 기도하는 방법을 가르쳐 주지 않았던 것을 떠올렸다. 또한 고백 교회 안에서조차 목회자들에게 기도하는 법을 가르칠 필요를 크게 실감하지 못하고 있다고 지적했다.[7]

그는 어떤 이들이 자기가 학생들에게 기도를 가르치고 요구한다는 이유로 자기를 율법주의자로 여기는 것을 못마땅해 했다. 율법주의에 대한 비난에 맞서 그는 이렇게 주장했다. "그리스도인이 기도가 무엇인지를 배우느라 시간을 쏟는 것이 어떻게 율법주의가 되는 걸까요?"[8] 이어서 본회퍼는 자기를 비판한 한 사람을 언급했다. 고백 교회의 지도자였던 그는 본회퍼에게 이렇게 말했다. "지금 우리는 묵상에 시간을 쏟을 만한 여력이 없소. 성직 수임 후보자들은 설교하는 것과 교리 문답을 가르치는 것을 배워야 한단 말이오." 본회퍼는 바르트에게 자기 생각을 이렇게 말했다. "이런 말은 오늘날 젊은 신학도들을 완전히 이해하지 못한 상태에서 설교를 하고 가르치는 것이 어떻게 가능한지에 대한 신성모독적인 무지를 보여 줄 뿐입니다."[9]

사역의 공적이고 기본적인 측면인 설교와 교육은 오직 사역의 보다 사적이고 개인적인 측면인 기도와 성경 읽기, 묵상을 통해서만 나온

---

7 본회퍼가 1936년 9월 19일 칼 바르트에게 보낸 편지에서, Eberhard Bethge, *Dietrich Bonhoeffer: A Biography*, en1, ed. (Minneapolis: Fortress, 2000), 464에서 재인용. 『디트리히 본회퍼, 신학자-그리스도인-동시대인』.

8 Ibid., 465.

9 Ibid., 464-65.

다. 본회퍼 연구가인 제프리 켈리(Geffrey Kelly)는 이 문제를 회상하면서 신학교의 목적에 대한 본회퍼의 생각이 어떠했는지를 밝힌다. "신학교의 교육은 단순히 설교하는 법과 교리문답을 가르치는 법에 대한 일련의 연장된 수업이 되어서는 안 된다. 오히려 성직 수임 후보자들은 하나님의 말씀의 담지자, 곧 좋은 설교자와 교사가 되기 위한 절대적인 전제조건으로서 그들 스스로 기도와 묵상에 몰두해야 한다."[10]

목회자들은 다른 모든 사람들과 마찬가지로 스스로를 위해 그리고 다른 이들을 위해 기도해야 한다. 언젠가 본회퍼는 죄인들이 교제를 나누는 영적 장으로서의 교회를 언급한 적이 있다. 바로 이것이 주기도문에서 용서가 그토록 중요한 항목이 되는 이유다. 우리는 죄인이기에 우리 자신을 위해 기도해야 한다. 우리의 지도자들과 목회자들도 예외가 아니다. 우리는 종종 그들을 비상한 영적 능력을 지닌 초인적인 영웅들로 여긴다.

하지만 그들은 그런 능력을 갖고 있지 않다. 만일 그들이 스스로 그런 존재가 될 수 있다고 여기기 시작한다면, 그날은 달력에 동그라미를 쳐야 할 것이다. 틀림없이 그날부터 나쁜 결과가 나올 것이기 때문이다. 무엇보다 목회자들은 자신을 위해 기도해야 한다. 하지만 본회퍼는 목회자들에게 다른 이들을 위해 기도하는 무거운 짐도 지운다.

중보기도는 본회퍼의 사고와 신학에서 중요한 역할을 한다. 이것은 놀랄 일이 아니다. 우리가 공동체 안에서 그리스도와의 연합을 통해 서로 얼마나 밀접하게 결합되어 있는지에 대한 그의 의식을 감안한다면, 우리는 마땅히 서로를 위해 기도해야 한다. 이 문제에 대한 본회퍼의 생각과 지향에 대해서는 이 장 후반부에서 좀 더 상세히 살필 것

---

10 Geffrey B. Kelly, "Editor's Introduction," *DBWE* 10:147.

이다. 그러나 쌍방향 도로와 같은 역할을 하는 목회자와 회중 사이의 특별한 중보기도가 있다. 본회퍼는 이렇게 경고한다. "목회자의 사역을 위해 기도하지 않는 회중은 더 이상 회중이 아니다."[11] 한편 "매일 자신의 회중을 위해 기도하지 않는 목회자 역시 더 이상 목회자가 아니다."[12]

빌 하이벨스(Bill Hybels)는 이것을 자신의 책에 붙인 『너무 바빠서 기도합니다』(*Too Busy Not to Pray*, IVP)라는 제목을 통해 표현했다. 물론 우리는 이 제목에서 "Not"을 빼려 한다(그러면 "기도하기에 너무 바쁘다"가 된다 - 역자주). 맹랑하게도 우리는 기도하기에는 너무 바쁘다고 여긴다. 그리고 어리석게도 기도하지 않은 채 일 속으로 뛰어든다. 기도를 무시하는 것은 그리스도와 하나님 나라의 일을 위해 바쁜 이들에게는 그저 단순한 유혹 이상이다. 바로 이 역학이 본회퍼가 자신의 신학교에서 공부하는 미래의 목회자들에게 기도하는 법을 그토록 강조해서 가르치고 요구했던 이유다. 기도 없는 목회 사역은 있을 수 없다. 기도 없는 그리스도인의 삶 역시 있을 수 없다.

잘못된 기도

목회자들만 기도하는 법을 배워야 하는 것은 아니다. 우리는 모두 기도를 통해 하나님을 찾는 방법을 배워야 한다. 그렇게 해야 하는 이유는 우리가 자주 잘못 기도하기 때문이다. 캐나다에서 신학교 교수 겸 목회자로 살고 있는 나의 삼촌 척 니콜스(Chuck Nichols)는 나에게 자신이 대학 시절에 겪었던 어느 특별한 교수에 대한 이야기를 들려주었다. 그 교수는 정확성으로 이름이 높았다. 신학적 정확성, 문법적 정확성, 그 외에 사소한 모든 것들에 있어서 정확했다. 그는 늘 자신이 사람들(대개는 학생들이지만, 채플 시 방문한 설교자들이나 거리에서 만난 사람들,

그리고 주변의 거의 모든 사람들까지)의 잘못을 교정해 주어야 한다고 여겼다. 바로 이것이 그의 명성이었다.

이 교수는 수업을 시작하기 전에 학생들에게 돌아가면서 대표기도를 하게 했다. 학생들은 기도하기를 두려워했다. 기도를 끝내자마자 교수가 그 기도의 잘못에 대해 길고 지루한 설명을 늘어 놓았기 때문이다. 그가 삼촌에게 기도를 시켰을 때, 삼촌은 그 지시를 간단하게 거부했다. 아니다, 그렇게 간단한 것은 아니었다. 학생이 교수의 지시를 거부하는 것은 아주 큰 모험이다. 하지만 삼촌은 자신이 왜 교수의 지시를 거부했는지 그 이유를 댈 수 있었다. "저는 기도를 교수님이 아니라 하나님께 드리거든요."

우리는 잘못 드리는 기도라 하면 '신학적으로' 잘못된 기도에 대해 생각한다. 사실 바로 이것이 그 교수의 관심사였다. 하지만 본회퍼가 이를 염두에 두었던 것은 아니다. 우리는 기도를 드릴 때 신학적으로 부정확할 수도 있고, 심지어는 틀릴 수도 있다. 그래서 본회퍼가 주기도문을 단순히 기도를 위한 모델이 아니라 우리가 드려야 할 바로 그 기도로서 추천했던 것이다. 우리는 주기도문을 우리의 정신적이며 영적인 틀로 이해하고 적용함으로써 신학적으로 바르게 기도할 수 있다.

그러나 본회퍼가 가장 관심을 두었던 것은 신학적으로 잘못된 기도가 아니었다. 그가 크게 우려했던 잘못된 기도는 마땅히 '당신'(You)이 주어가 되어야 할 때 '나'(I)가 주어가 되는 기도였다. 이 경우에 '당신'은 하나님이다. 바리새인들은 공공장소에서 한껏 자신을 과시하는 공

---

11 *DBWE* 13:325.
12 *DBWE* 13:325.

작(孔雀)처럼 기도를 드렸다. 그것은 잘못된 기도였다. 본회퍼는 그런 기도가 항상 공적 장소에서만 일어나는 것은 아니라고 덧붙인다. 만일 우리가 자신이 가진 고민과 관심사에 치우쳐 오직 자신만을 위해 기도한다면, 이는 잘못 기도하고 있는 것이다. 본회퍼는 이렇게 말한다. "나는 내게서 듣고, 내 말에 귀를 기울인다."[13]

본회퍼는 우리가 절대로 자신의 필요를 위해 기도해서는 안 된다고 말하는 것이 아니다. 그의 관심은 바로 청원(請願)의 순서다. 그는 우리 청원의 배후에 있는 목적에 관심을 둔다. 본회퍼에게 기도는 단순히 청원 목록을 제출하는 것 이상의 의미가 있다. 그는 우리를 멈춰 세운 후 기도가 근본적으로 무엇을 의미하고 성취하는가 하는 문제에 숙고하도록 이끈다. 기도는 우리의 갈망을 하나님의 결정에 맞추고, 우리의 청원까지도 그분의 우선순위에 두는 것이다. 즉 우리의 의제가 아니라 그분의 나라가 중심이 되는 것을 의미한다. 간단히 말해, 기도는 "우리의 삶을 하나님께 맞추는 것"이다.[14]

이런 의미에서 기도는 구원과 다르지 않다. 루터의 글을 인용하면서 본회퍼는 기도가 구원과 유사하다고 말한다. 구원과 기도에 있어서 우리는 우리 자신만을 들여다본 나머지 자기에게 휘둘리는 것을 그쳐야 한다. 그 결과는 자기 성취와 자기 향상을 목표로 삼는 것뿐이다. 기도는 하나님에서 시작해 하나님에서 끝난다. 올바른 기도는 우리의 관심을 자기로부터 하나님께로 넘기도록 훈련시킨다.

본회퍼가 추구하는 신학의 핵심에 위치한 그리스도론이 기도에 관해서도 두드러지게 나타난다. 본회퍼는 "쉬지 말고 기도하라"(살전 5:17)

---

13 *DBWE* 4:154.
14 *DBWE* 10:573.

는 바울의 명령을 언급하면서 들을 귀 있는 모든 자들에게 이렇게 권한다. "당신의 삶 전부가 기도가 되게 하라. 삶 속에서 전적으로 하나님을 향해 달려가라. 기도는 그리스도 안에 있는 하나님의 말씀에 대한 응답임을 기억하라."[15] 이어서 그는 이렇게 덧붙인다. "기도의 토대는 그리스도 안에 있다."[16] 그리스도는 기도를 위한 토대이자 기초다. 그리스도는 우리가 기도할 수 있게 하신다. 또한 그분은 우리에게 기도를 가르치기까지 하신다.

기도하는 법

본회퍼는 모범적인 루터교인답게 기도할 때 주기도문을 사용했다. 루터는 교회 안에서 다음 세대를 길러내는 것을 자신의 주된 과업으로 여겼다. 그는 교리문답서 작성에 착수했는데, 이 작업을 교리와 윤리, 그리고 그리스도인의 삶을 위한 완전한 커리큘럼인 사도신경과 십계명, 주기도문을 중심으로 체계화시켰다. 루터교 성직자들은 맡겨진 젊은이들에게 이 본문을 가르쳤고, 그들은 이 가르침을 토대로 견신례를 준비했다. 그리고 이것은 본회퍼가 한 일이기도 했다. 그는 바르셀로나와 베를린, 그리고 런던에서 아이들의 손을 부드럽게 잡고 이끌면서 주기도문을 가르쳤다. 그리고 지금도 여전히 그가 남긴 저술들을 통해 우리가 기도의 실천을 이해하고 중시하도록 이끌고 있다.

베를린에서 교수 생활을 시작할 무렵, 본회퍼는 약간 다루기 힘든 소년들에게 루터의 교리문답을 가르쳐 견신례에 임하게 했던 적이 있

---

15 *DBWE* 10:577.
16 *DBWE* 10:577.

다. 이 과외 활동은 베를린의 프렌츠라우어 베르크 구에 있는 시온교회(본회퍼가 받았던 교육과는 다른 노선을 취하고 있는 교회였다)에서 있던 일이다. 이 특별한 견신례 후보자 집단은 그 동안 그들을 지도하던 선생들을 번번이 나가떨어지게 했다. 교회 안의 어떤 어른도 그들을 지도하는 일을 맡으려 하지 않았다. 그래서 이 교회 목사는 베를린 대학교 게시판에 이 아이들을 지도할 사람을 구한다는 글을 게시할 수밖에 없었다. 혹시나 교회 사역과 관련해 경험을 쌓기 원하는 학생이 지원해 주기를 바라면서. 그런데 그 대학의 교수였던 본회퍼가 그 일을 맡겠다고 나섰다! 본회퍼는 그 소년들에게 전혀 위축되지 않고 곧장 일에 착수했다.

오랜 세월이 흐른 후, 그때 함께한 소년 중 한 명이 국제 본회퍼 협회(International Bonhoeffer Society)가 후원하는 디트리히 본회퍼에 관한 학술회의를 알리는 광고를 보게 되었다. 그는 이제껏 한 번도 떠난 적이 없던 도시인 베를린에서 기차에 올랐다. 수십 년이 흐르는 동안, 그는 베를린이 폐허가 되었다가 다시 건설되고, 또 그곳에 동서를 가르는 장벽이 세워졌다 다시 무너지는 것을 목격했다. 그 긴 세월에도 그는 대학에 몸담았던 한 젊은 신학 교수가 자기와 친구들에게 마술과도 같은 시간을 선사한 기억을 잊지 못했다.

마침내 한 번도 베를린 밖으로 여행을 해본 적이 없던 그는 기차를 타고 85킬로미터나 이동해 그 학술회의에 참석했다. 학술회의에 도착한 그는 학술 논문을 읽고 토론하기 위해 그곳에 모인 학자들에게 자신이 53년 전 시온 교회에서 본회퍼의 지도를 받았던 견신례 후보자 중 한 사람이라고 말했다. 그는 사람들에게 본회퍼가 자기에게 얼마나 의미 있는 분인지를 알리고자 했다. 본회퍼가 그에게 보여 준 행동과 가르침에 그 정도로 크게 감사했던 것이다.

이 가르침의 핵심에는 기도가 있었다. 본회퍼는 주기도문을 '당신의 청원'(You petitions)과 '우리의 청원'(our petitions)으로 나눴다. '당신의 청원'은 하나님과 관련되어 있다.

[당신의] 이름이 거룩히 여김을 받으시오며

[당신의] 나라가 임하시오며

[당신의] 뜻이 하늘에서 이루어진 것같이 땅에서도 이루어지이다(마 6:9-10).

그리고 '우리의 청원'은 우리와 관련되어 있다.

오늘 우리에게 일용할 양식을 주시옵고

우리가 우리에게 죄 지은 자를 사하여 준 것같이 우리 죄를 사하여 주시옵고

우리를 시험에 들게 하지 마시옵고 다만 악에서 구하시옵소서(마 6:11-13).

본회퍼는 주기도문 첫 번째에 언급된 세 가지 청원, 곧 '당신의 청원'과 관련해 이렇게 말한다. "이것은 아주 중요하다. 예수께서는 우리가 하나님께 기도를 드리고자 한다면 무엇보다도 먼저 하나님에 대해 생각해야 한다고 말씀하신다."[17] 이어서 그는 이렇게 덧붙인다. "잠시 네 자신을 완전히 잊으라. 그리고 우리가 먼저 '당신의 이름', '당신의 나라', '당신의 뜻'이라고 말하는 것을 배우는 것이 얼마나 중

---

17 *DBWE* 10:560.

요한지 깨달으라. 먼저 '당신'이고, 그 다음도 '당신'이다."[18] 앞서 언급했듯이, 기도는 먼저 하나님에 관한 것이어야 하고, 그 다음이 우리에 관한 것이어야 한다. 이와 달리 생각하고 기도하는 것은 잘못이다.

그러나 일단 우리가 기도의 처음과 끝, 그리고 중심에 하나님을 확고하게 모시고 나면, 우리 자신의 갈망과 필요, 또한 청원을 그분께 가져갈 수 있다. 본회퍼는 '우리의 청원'이 어떻게 우리의 몸과 영혼 모두와 상관이 있는지에 주목한다. 그는 다음과 같이 주장한다. "예수께서는 우리에게 매일의 양식을 위해 기도한 후에 우리의 죄에 대한 용서를 구하라고 가르치시면서, 양식이 우리의 몸을 위해 필요한 것만큼이나 이런 용서가 우리의 영혼을 위해 특별히 필요하다는 것을 의미하셨던 것이다."[19] 양식이 없으면 우리는 죽게 된다. 또한 용서가 없으면 우리의 죽은 영혼은 죽은 상태로 남아 있게 된다. 용서가 없이는 그 어떤 영적 삶도 불가능하다.

본회퍼는 이 청원을 설명하면서 용서를 어떤 성질인 동시에 행동으로 간주한다. 우리는 그리스도의 사역을 통해 용서받고 하나님의 징계에서 면제된다. 본회퍼는 우리 위에 놓여 있는 "하나님의 진노와 징계라는 무서운 두 가지 단어"에 대해 말한다.[20] 죄인 된 우리는 하나님께 엄청난 빚을 졌다. 하지만 우리는 그리스도 안에서 용서를 받고, 그 빚은 없어졌다. 하나님과 우리의 관계는 영광스럽게도 빚의 관계에서 아들 됨의 관계로 변화되었다. 용서는 하나의 성질이다.

그러나 용서는 행동 중의 행동이기도 하다. 용서받은 사람은 용서를 필요로 한다. 그러기에 우리는 하나님께 용서를 구한다. 본회퍼는

---

18 *DBWE* 10:560.
19 *DBWE* 10:561.
20 *DBWE* 10:564.

이 문제를 이렇게 설명한다. "하나님이 우리에게 원하시는 것은 우리가 우리의 죄를 그분 앞으로 가져가는 것뿐이다. 그러면 그분은 우리를 용서해 주신다."[21] 하나님은 "순전한 사랑으로" 용서하신다.[22] 하지만 그것은 우리에게 어떤 의무, 곧 다른 이에 대한 용서를 요구한다. 본회퍼는 이 둘의 관계를 이렇게 설명한다. "만약 어떤 이가 하나님에게서 진노와 징벌 대신 사랑을 경험한다면, 그는 한 가지 큰 소망을 갖게 될 것이다.

그 소망은 무엇일까? 바로 하나님께 받은 사랑을 나누는 것이다."[23] 우리는 타인을 용서함으로써 그 사랑을 나눈다. 바로 이것이 본회퍼가 베를린의 가장 거친 지역에서 몹시 다루기 힘든 한 무리의 소년들에게 가르쳤던 내용이다. 또한 그는 그들을 잘 준비시켰다. 그들이 견신례와 첫 번째 성찬을 받을 주일이 되었을 때, 그들은 모두 새옷으로 갈아입었다. 본회퍼가 사비를 들여 사준 새옷으로!

여러 해가 지난 후, 본회퍼는 그의 고전 『나를 따르라』에서 주기도문에 관해 썼다. 거기에서 그는 주기도문은 단순히 기도를 위한 하나의 모델이 아니라고 말한다. "오히려 그것으로 간절히 기도해야 하는 것이다."[24] 주기도문은 우리가 기도를 드릴 때, 우리를 완전한 명쾌함과 확실함 속으로 이끌어간다. 본회퍼는 이 기도가 어떻게 시작되는지를 상기시킨다. "[하늘에 계신] 우리 아버지." 이것은 "아버지의 마음에 호소하는 아이의 구함"이다.[25] 또한 이것은 우리에게 다음과 같

---

21 *DBWE* 10:568.
22 *DBWE* 10:568.
23 *DBWE* 10:569.
24 DBWE 4:155.
25 *DBWE* 4:153.

은 사실을 상기시킨다. "예수 안에서 우리는 아버지의 친절하심을 알게 된다. 그리고 하나님 아들의 이름으로 하나님을 우리 아버지라고 부를 수 있다."[26]

본회퍼는 『나를 따르라』에서 그가 지도했던 견신례 반에서처럼 다른 이들을 용서하는 것의 필요성을 강조한다. 우리는 그리스도인으로서 "다른 죄인들과의 교제 속에서 살아간다."[27] 오직 용서만이 다른 죄인들과 더불어 사는 삶을 가능케 한다.

본회퍼는 주기도문에 대한 설명 외에도 기도에 대해 할 말이 많았다. 그는 기도를 혼자, 그리고 함께 수행해야 할 중요한 훈련으로 여겼다. 이 두 기도와 관련해 그는 건전한 가르침과 견고한 실례를 모두 제시했다.

혼자서 드리는 기도

본회퍼는 혼자서 드리는 기도에 관해 논의를 시작하면서 '성경을 묵상하며 드리는 기도'(praying Scripture)에 대한 훈련부터 다룬다. 이것은 우리가 잘못된 기도에 관한 이전의 논의에 귀를 기울이게 한다. 우리는 성경을 묵상하며 기도할 때, 우리 자신을 그 말씀에 맞추어 조정하고 변화시키며 개조한다. 우리는 본래 자기 자신만을 향한 채로 하나님의 방향과 어긋나 있다. 하나님의 말씀은 우리의 잘못된 방향에 대한 가장 무거운 교정 수단이다.

성경을 묵상하며 드리는 기도는 사실상 성경 앞에서 고요하게 침묵하는 것을 의미한다. 본회퍼는 『신도의 공동생활』에서 자신의 시대를

---

26 *DBWE* 4:155.
27 *DBWE* 4:158.

"지껄이는 소리가 만연한 이 시대"라고 부른다.[28] 우리는 말하기를 좋아한다. 하지만 우리는 들어야 한다. 다른 이들뿐만 아니라 성경을 통해 말씀하시는 하나님께 귀를 기울여야 한다. 본회퍼는 이렇게 말한다. "하나님의 말씀 앞에서의 침묵은 우리를 올바른 들음으로 인도한다. 또한 적합한 때에 하나님의 말씀을 적절하게 말하도록 이끈다."[29]

본회퍼에게 침묵은 묵상을 의미한다. 그는 묵상에 대해 약간은 엄격한 이해를 보여 준다. 그는 묵상이 "영적 실험을 위한 것이 아니라고" 강조한다.[30] 묵상은 마음 한 곳 어떤 허구적인 상상의 장소에서 방황하는 불교식 명상이 아니다. 본회퍼는 아주 단호하게 묵상을 그것을 위한 "든든한 터"인 하나님의 말씀과 연결시킨다.[31] 만약 우리가 성경으로 흠뻑 젖지 않은 채로 기도한다면, "그 공허함의 희생자"가 될 위험이 크다.[32]

본회퍼는 우리가 매일의 삶 속에서 성경을 묵상하며 드려야 하는 기도 방식에 대해 설명한다. "우리는 매일의 삶을 위해, 죄로부터 보호받기 위해, 날마다 거룩해지기 위해, 우리가 감당하는 일에서 신실하고 강건해지기 위해 성경 말씀을 따라 기도드린다."[33] 이어서 본회퍼는 크게 힘이 되는 말을 다음과 같이 덧붙인다. "하나님의 말씀은 예수 그리스도 안에서 성취되었다. 따라서 우리가 그 말씀을 따라 드리는 모든 기도는 예수 그리스도 안에서 확실한 경청과 응답을 얻는다."[34]

---

28 *LT*, 79.
29 *LT*, 79.
30 *LT*, 81.
31 *LT*, 81.
32 *LT*, 84.
33 *LT*, 85.

본회퍼는 성경을 묵상하며 드리는 기도와 관련해 무엇보다도 시편에 끌린다. 그에게 시편은 "오직 기도만을 포함하고 있다는 점에서 성경의 다른 모든 책들과 구별되는 책"이다.[35] 이 표현은 1940년에 출간된 그의 책 『성서의 기도서』(*Prayerbook of the Bible: An Introduction to the Psalms*, 대한기독교서회)의 서론에 등장한다. 여기에서 우리는 다시 본회퍼 그리스도론을 발견한다. 본서의 제2장이 본회퍼의 신학의 핵심에 그리스도론이 있음을 보여 주었듯이, 이 책 역시 기도에 대한 본회퍼의 생각 중에 그리스도론이 있음을 알려 준다.

우리는 시편을 읽을 때, 때때로 그것이 우리와 무슨 상관이 있는지 묻는다. 하지만 본회퍼는 이를 잘못된 질문이라고 여긴다. "우리는 시편의 기도가 우리와 무슨 상관이 있는지를 물어서는 안 된다. 오히려 이 기도가 예수 그리스도와 무슨 상관이 있는지를 물어야 한다."[36] 시편은 그리스도를 가리키고, 예표된 그리스도 안에서 기도의 근원을 발견한다. 우리는 그리스도와의 연합을 통해 시편 안으로 들어간다. 그때 시편의 기도는 우리의 것이 된다.

'시편'이라는 위대한 기도학교는 우리에게 창조, 우리에 대한 하나님의 선하심, 하나님의 구원사, 메시아의 오심, 교회와 하나님의 백성, 삶과 사역(본회퍼가 삶의 의미로, 또한 삶에서의 성취와 행복의 문제로 이해했던), 고난, 죄책, 적과 압제자들, 죽음, 부활, 그리고 다가오는 삶 등과 관련한 기도를 제공한다. 다시 말해, 시편은 우리의 삶과 신앙에 관련된 모든 것을 언급한다. 즉 시편은 우리가 보다 나은 기도를 드리도록 돕는다.[37]

---

34 *LT*, 85.
35 *DBWE* 5:156.
36 *DBWE* 5:157.

처음으로 그리스도께 나아갈 때, 우리는 대개 우리의 죄를 피상적으로 의식할 뿐이다. 우리는 죄가 증오할 만한 것임을 안다. 그것이 우주적이고 영원한 것임도 안다. 한편 우리는 우리 죄의 대가에 대해서도 안다. 하지만 우리 죄의 깊이를 제대로 깨닫기 위해서는 무엇보다도 그리스도 안에 머물며 성장하는 것이 필요하다.

우리는 그리스도 안에서 우리의 필요와 곤궁의 깊이를 제대로 간파한다. 그래서 기도할 수밖에 없다. 우리는 우리 자신과 우리 영혼의 가장 절실한 필요를 위해 기도한다. 언젠가 C. S. 루이스(Lewis)는 참된 용서에 대해 이렇게 말한 적이 있다. "[참된 용서는] 죄의 모든 두려움과 더러움, 그리고 비열함과 악의를 보되, 그럼에도 그것을 행한 인간과 온전하게 화해함을 의미한다. 오직 그것만이 용서이며, 우리가 구하기만 하면 언제라도 하나님으로부터 얻을 수 있는 것이다."[38]

다시 베를린에서 본회퍼가 "쉬지 말고 기도하라"(살전 5:17)는 바울의 명령과 관련해 했던 설교로 되돌아간다면, 거기에서 우리의 기독교적 정체성의 핵심을 이루는 세 가지 요소인 기쁨과 기도, 감사를 발견하게 될 것이다. 본회퍼는 이 설교에 "복음 아래서 누리는 그리스도인의 삶"이라는 제목을 붙였다. 오늘날 복음 중심적 삶과 관련해 많은 말들이 회자되고 있다. 하지만 본회퍼는 데살로니가전서 5장 16-18절을 복음 중심적 삶, 즉 복음 아래서 누리는 삶의 핵심으로 여긴다. 우리는 '그리스도 안에서' 기뻐한다. 우리는 '그리스도 안에서' 쉬지 않고 기도한다. 그리고 '그리스도 안에서' 감사하며 살아간다.

---

37 *DBWE* 5:177.

38 C. S. Lewis, "On Forgiveness," in *The Weight of Glory and Other Addresses* (New York: HarperCollins, 1980), 181. 『영광의 무게』, 홍종락 옮김(홍성사, 2008).

본회퍼는 기도와 관련해 당시 기도가 그리스도인의 삶의 주변부로 밀려났음을 한탄한다. 그는 결국 우리의 냉담한 마음이 원인이 되어 나타난 기도에 대한 무시와 관련해 자기 분석적인 질문을 제기한다. 그는 이렇게 묻는다. "우리 가운데 얼마나 많은 이들이 기도의 결핍과 기도로부터의 소외로 인해 고통을 겪고 있는가?"[39] '기도의 결핍'이라는 가슴 아픈 묘사는 많은 이들에게 너무나 분명한 사실이다.

만약 우리가 기도의 결핍 속에서 살아가고 있다면, 분명 우리는 영적으로 잘 살고 있는 것이 아니다. 본회퍼는 그 이유를 이렇게 설명한다.

기도는 우리 삶의 방향을 하나님과 그리스도를 통해 계시된 그분의 말씀으로 돌리는 것이다. 하나님께 굴복하고, 우리의 삶을 완전히 그분께 맡기며, 우리 자신을 그분의 팔 안으로 내던지는 것, 그래서 그분과 함께 성장하는 것, 이 얼마나 놀라운 일인가? 기도를 통해 우리 자신의 삶에서 그분의 삶을 느끼라. 이처럼 기도는 우리에게 가까이 오신 하나님께 더욱 가까이 다가가 그분 곁에 머물기를 바라는 것을 의미한다.[40]

본회퍼가 이런 설교를 한 것은 그의 나이 스물다섯 살 때였다. 그때 이미 그는 남은 생애 동안에 그와 함께 있을 무언가를 알고 있었다. 테겔 형무소에 수감되었을 때, 그는 (우리가 충분히 상상할 수 있는 바) 어둡고 힘든 날들을 겪었다. 어느 날 그는 자신이 얼마나 침울한지, 그 심경을 글로 썼다. 그는 종이 위에 불만족과 긴장, 조바심과 질병, 그리고 철저하게 홀로 있음 같은 일련의 말들을 써내려 갔다. 심지어 그는

---

39 *DBWE* 10:577.

"자살, 죄책감 때문이 아니라 기본적으로 내가 이미 죽었기에" 같은 말까지도 썼다.[41]

그런데 그 글 맨 밑에는 이런 말이 적혀 있었다. "기도로 극복함."[42] 하나님이 우리에게 가까이 오셨기에, 우리는 그분에게 더욱 가까이 다가가 그분 곁에 머물기를 바란다. 그리고 하나님 곁에 머무는 것이 우리에게 어려움을 극복하게 도와준다. 본회퍼는 시편 기자들과 마찬가지로 심원한 곤경을 기도로 극복했다.

함께 기도하기: 중보기도

그 동안 본회퍼에 대해 배우고 알게 된 모든 것을 고려한다면, 분명히 그가 다른 이들을 위해 기도하는 것을 강조하리라고 예상할 수 있을 것이다. 본회퍼는 『신도의 공동생활』에서 이렇게 말한다. "그리스도인들의 교제는 서로를 위한 중보기도를 통해 활력을 얻어 존재한다. 그것이 없으면 교제는 무너진다. 나는 내가 중보하며 기도하는 형제를 더 이상 미워할 수 없다. 설령 그가 나를 아무리 괴롭게 할지라도."[43] 나는 복음주의의 진부한 말들 속에 본회퍼의 기독교적 리얼리즘이 있는 것에 감사한다. 그는 기독교 공동체 안에 존재하는 좌절과 갈등을 벚꽃으로 덮어 가리지 않는다.

"설령 그가 나를 아무리 괴롭게 할지라도." 이 말은 본회퍼가 사람들 사이의 갈등과 관련해 얼마나 정직한지를 보여 준다. 심지어 그는 우리를 괴롭히는 누군가 때문에 좋지 않은 방식으로 기도하는 것이

---

40 *DBWE* 10:577.
41 Bonhoeffer, "Notes," May 8, 1943, *LPP*, 35.
42 Ibid.
43 *LT*, 86.

얼마나 큰 싸움(kampf)인지를 인정한다. 그런 싸움에 대한 본회퍼 자신의 경험은 노골적인 비방과 악담에서 다른 이들과의 긴밀한 접촉 속에서 표면화되는 사소한 괴롭힘에 이르기까지, 모든 범위를 포괄하고 있었다.

다시 말해, 본회퍼는 문자 그대로 그를 실제로 해치려 했던 적들과의 싸움에서 핑켄발트에서 가르쳤던 젊은 신학생들과의 싸움에 이르기까지 온갖 싸움을 경험했다. 그렇다면 이 모든 싸움에 그는 어떻게 대응했을까? 바로 그들을 위해 기도하는 것이었다!

여기에서 본회퍼는 기도를 조작의 도구, 즉 우리 뇌를 속이기 위한 기술로 사용하지 않는다. 우리는 중보기도 과정에서 먼저는 우리를 향한 그리스도의 사랑을 깨닫게 된다. 그리고 더 나아가서는 다른 이들 심지어 엇나가고 있는 형제와 자매들에 대한 그리스도의 사랑의 깊이를 배우게 된다. 그리스도 안에 있는 우리의 형제와 자매들을 위한 중보기도는 그들이 "그리스도께서 위하여 죽으셨던" 자들임을 상기시켜 준다.[44]

계속해서 본회퍼는 이렇게 말한다. "중보기도는 우리의 형제를 하나님 앞으로 인도한 후, 그를 예수 그리스도의 십자가 아래 서 있는, 은혜가 필요한 가련한 죄인으로 보는 것에 다름 아니다. 그때 우리와 그 형제 사이에 있던 벽은 사라지고, 우리는 결핍과 필요 가운데 있는 그 형제를 보게 된다."[45] 본회퍼는 우리가 하나님과 우리의 형제들에게 중보의 빚을 지고 있다고 덧붙인다. 중보기도는 우리의 의무다. "자신의 이웃을 위한 기도의 섬김을 무시하는 자는 그리스도인의 마

---

44 *LT*, 86.
45 *LT*, 86.

땅한 섬김을 무시하는 것이다."[46]

또한 서로를 위해 기도하는 것은 자연스럽게 서로를 위한 섬김으로 이어진다. 싱어송라이터인 브루스 스프링스틴(Bruce Springsteen)은 기껏해야 로마 가톨릭 신자일 뿐이고 전문적인 신학자도 아니었지만 신학적으로 날카로운 의미를 지닌 말들을 많이 남겼다. 그의 노래 중 한 곡에서 그는 뉴저지 출신의 음성으로 이렇게 읊조린다. "이 손으로 주님께 기도합니다." 아마도 본회퍼는 이 노랫말을 인정했을 것이다.

본회퍼는『신도의 공동생활』에서 '말없이' 드리는 '서로를 위한 중보기도'에 대해 말한다. 우리는 서로를 위한 기도의 자연스러운 확장으로 서로를 섬기고 '견딘다.' 기도는 우리의 마음과 입술에서 나온다. 또한 그것은 우리의 손으로까지 확장된다. 우리가 본회퍼에게 기대하듯, 그는 곧 우리의 손으로 드리는 적극적인 기도를 옹호한다. 이것은 '기도'라는 영적 훈련과 우리가 손으로 행하는 '섬김', 이 두 행위 사이의 경계선에 대한 유쾌한 훼손이다. 두 가지 모두 '중보'다.

본회퍼가 핑켄발트에서 젊은 신학생들에게 기도하는 법을 가르친 것은 옳았다. 그가 자신이 이끄는 신학교에서 기도를 강조했던 것은 옳았다. 그가 목회 사역이 올라갈 수 있는 높이가 기도가 뿌리를 내린 깊이에 달려 있다고 본 것은 옳았다. 또한 그가 당시의 긴급한 상황에 비추어 교회의 시급한 과제가 기도라고 여겼던 것 역시 옳았다. 본회퍼의 기도는 섬김과 행위로 이어졌다. 그리고 그의 섬김과 행위는 그의 기도의 결과였다.

한편 본회퍼는 다음과 같은 놀라운 진술을 했다. "우리 시대가 기도를 위한 여지를 갖고 있지 않다는 것은 너무나 분명하다."[47] 이 진술

---

46 *LT*, 86-87.

은 아주 정확한 동시에 아주 잘못되었다는 점에서 놀랍다. 당시의 시대가 기대마저 버린 채 기도를 무시해 왔다는 그의 주장은 옳다. 하지만 본회퍼가 처한 시대만이 그런 비난을 받을 유일한 대상은 아니다.

우리가 기도를 무시하는 이유는 다양하다. 하지만 그중 어떤 것도 정당하지 않다. 하나님은 기도를 우리의 구명밧줄이 되도록 계획하셨다. 기도는 우리가 삼위일체 하나님과 교제하기 위한 수단이다. 또한 우리의 구주요, 창조주이신 주님이 기도를 통해 우리의 삶 속에서 자신의 뜻을 이루어 감으로 열매를 맺으신다.

결론: 시계보다 나은

1730년 6월, 한 무리의 체로키 인디언(Cherokee Indian) 추장들이 영국 왕 조지 2세(George II)를 만나기 위해 대서양을 건넜다. 그들은 켄싱턴 궁으로 인도되었다. 그들은 그곳에서 조약에 서명하고, 프랑스에 맞서 자신들의 억울함과 슬픔을 표현하고, 왕에게 지원과 도움을 탄원할 예정이었다. 그들은 왕이 알현(謁見)을 허락할 때까지 숙소로 돌아가기를 몇 번이나 되풀이하며 여러 날을 왕궁 로비에서 기다렸다. 마침내 그들은 왕에게 탄원할 기회를 허락받았다. 영국 왕실의 관례에 따라 왕은 자신이 청원자들의 탄원을 접수했음을 표명하기 위해 그들에게 선물을 주었다. 조지 2세는 체로키 인디언들에게 시계를 하나씩 선물했다.

그 시계는 아주 훌륭한 선물이었다. 영국의 귀족들 중 누구라도 그런 선물을 받는다면 말할 수 없을 만큼 영광스러워, 분명히 그것을 과시하고 싶을 것이다. 하지만 체로키 인디언들은 이 시계가 무엇에 쓰

---

47 *DBWE* 10:576.

는 물건인지 알지 못했다. 따라서 그들에게 그 시계는 아무 소용이 없었다. 그들이 다시 대서양을 건너 식민지 치하에 있는 고국의 집으로 돌아갔을 때, 그 시계들을 가져갔는지는 분명하지 않다. 역사는 그 시계들보다는 조지 2세가 그 인디언들과 맺었던 조약이 어떻게 되었는지를 보다 분명하게 기록하고 있다.

기도가 전능하신 하나님, 곧 온 우주를 통치하시는 왕께 대해 갖는 관계는 이와는 정반대다. 우리는 배에 오를 필요도, 수천 마일을 여행할 필요도, 웅장한 현관홀에서 여러 날을 기다릴 필요도 없다. 그리고 우리가 우리의 왕을 만나 뵐 때, 그분은 우리에게 시계를 주시지 않는다. 은혜롭게도 그분은 우리에게 우리가 필요한 바로 그것을 주신다. 그리고 우리는 그분의 약속이 확실하다는 것을 안다. 그분은 결코 자신이 맺은 조약을 깨뜨리시지 않는다.

본회퍼는 우리에게 기도의 여행이 대서양을 건너는 여행보다 훨씬 더 값지다는 것을 상기시켜 준다. 하나님 앞으로 나아가는 우리의 기도 여행에는 하나님의 아들이신 예수 그리스도의 보혈이라는 비용이 요구된다. 그리스도의 희생이 우리가 성부 하나님의 궁정으로 들어가는 것을 허락한다. 그리스도의 희생이 우리가 왕의 선물, 즉 그분의 나라에 참여하는 선물, 하나님의 뜻이 이루어지는 것을 보는 선물, 죄의 용서라는 선물, 유혹으로부터의 보호라는 선물, 악으로부터의 구원이라는 선물, 그리고 심지어 매일의 양식이라는 선물을 받는 호의를 입게 한다. 또한 그리스도의 희생은 하나님의 모든 약속이 이루어질 것을 보증해 준다. 도대체 우리는 왜 이처럼 위대한 선물을 무시하는 사람, 교회, 시대가 되려 하는가?

나는 우리가 산상수훈을 실제로 진지하게 여기기 시작할 때 비로소 참된 내적 명료함과 정직함을 얻게 되리라고 믿는다.

_디트리히 본회퍼, 1945년

젊은 신학도는 신학을 수행하는 것이야말로 주를 고백함에 있어 흔들림 없이 그리스도의 참된 교회를 섬기는 길임을 알아야 한다. 또한 항상 그런 책임감을 갖고 살아야 한다.

_디트리히 본회퍼, 1933년

몇 가지 이유로 신학은 종종 영성과 싸운다. 우리는 이런 긴장을 다음의 말에서 확인한다. "나는 **하나님에 대해** 알고 싶지 않다. 나는 **하나님을** 알고 싶다." 그런데 당신이 당신의 아내나 남편에게 이런 식으로 말하는 것을 떠올려보라. "나는 당신에 대해 알고 싶지 않다. 다만 당신을 알고 싶을 뿐이다"라고. 아마도 이런 말은 당신에게 별 도움이 되지 않을 것이다. 하나님에 대해 그렇게 말하는 것 역시 이치에 맞지 않는다.

　영성과 신학 사이에 존재하는 이런 긴장은 치명적인 결과로 이어진다. **교회**(그것이 개교회든, 더 넓은 의미의 기독교 운동이든, 아니면 기독교 단체든)가 신학에 대한 관심 없이 일을 해나갈 때, 그 교회는 빌린 시간을 사는 셈이다. 이는 그리스도인들 각자에게도 해당된다. 당신은 신중한 신학적 성찰이 무시된 곳에서 필연적으로 건전한 가르침과 참된 복음으로부터 유리된 삶을 살아갈 수밖에 없다.

'하나님에 관해서 아는 것'보다 '하나님을 아는 것'이 더 낫다는 의견에 대해 생각해 보라. 당신은 한편으로는 어떤 내재적 갈망을 인식하게 될 것이다. 하나님은 우리가 백과사전에서 찾아내는 어떤 연구 대상이 아니다. 우리는 하나님을 어떤 관계, 즉 자신의 구속된 백성에 대한 그분의 언약적 신실하심이라는 상황 속에서 안다.

하나님은 우리에게 자신의 품성과 특성 가운데 자신을 계시하신다. 그분은 우리를 초대해 자신을 알려 주신다. 사실 하나님에 관한 앎 없이 하나님을 아는 것은 불가능하다. 또한 우리가 하나님과 우리 관계의 기초이자 내용인 그분의 자기 계시에서 멀어져 우리 자신의 선입견과 개인적인 느낌만으로 하나님이 어떤 분이시고 어떻게 행동하시는지를 정의하는 것은 위험하다. 위험은 "나는 하나님에 대해 알고 싶지 않다"라는 말 속에 숨어 있다. 우리는 하나님에 대해 앎으로써 하나님을 안다. 적어도 그렇게 말하는 것이 훨씬 더 좋은 방법이다.

오늘날 우리는 미국의 복음주의라는 상황 속에서 이처럼 영성과 신학을 맞세우는 잘못된 흐름을 받아들이고 있다. 아마 이것은 복음주의자들의 혈관 속에 흐르고 있는 '경건주의'(Pietism)의 영향 때문일 것이다. 우리는 '경건주의'를 '경건'과 혼돈하지 말아야 한다. 경건은 기도하고, 성경을 읽고 묵상하며, 금식하고, 자선을 행하는 영적 행위다. 경건은 감사와 사랑으로 하나님 앞에서 다른 사람들을 위해 행하는 모든 경건한 행위를 의미한다. 경건은 거룩한 삶을 살고자 애쓰는 것이다. 우리는 모두 경건을 실천해야 하고, 경건하게 살고자 노력해야 한다. 하나님의 은혜와 그리스도와의 연합, 그리고 성령의 구비하심과 능력 주심을 통해 그렇게 해야 한다. 경건은 좋은 것이다. 그러나 경건주의는 그것과는 전혀 다르다.

경건주의는 기독교를 개인적인 성결의 행위로 환원시킨다. 또한 그것은 감정주의로 흐르는 경향이 있다. 경건주의는 하나님을 향한 개인적 추구를 강조한다. 그것은 신학적 성찰에 관심을 두지 않는다. 대개 우리는 경건주의 안에서 정통에 관한 이야기를 듣는데, 그런 경우 논의가 되는 것은 늘 '죽은 정통'뿐이다. 경건주의를 레일 밖으로 밀어내는 것은 그것이 갖고 있는 환원주의다. 거룩한 삶을 강조하는 것과 성경과 정통 신학을 배제한 채 거룩한 삶을 살도록 강조하는 것은 전혀 다른 문제다. 경건주의는 올바른 삶과 올바른 신학 모두를 지녀야 할 필요를 거부하기 때문에 잘못을 범한다.

독일의 루터교 신자였던 필립 야콥 스페너(Phillip Jakob Spener)와 아우구스트 헤르만 프랑케(August Hermann Francke)가 경건주의를 창시했다. 스페너가 1675년에 쓴 책인 『마음의 갈망』(Pia desideria)은 경건주의의 시작을 알리는 동시에 그 형성에 기여했다. 경건주의는 독일에서 영국으로 흘러들어가 존 웨슬리와 초기 감리교에 큰 영향을 주었다. 초기 감리교는 1790년대부터 1820년대 사이에 경건주의를 미국으로 가져갔다. 18세기 내내 고국에서 박해를 당했던 독일과 스위스의 수많은 이민자들이 경건주의를 미국으로 실어 날랐다.

이런 서로 다른 흐름 모두가 미국의 기독교 안에서 융합되면서 경건주의를 위한 확고한 참호를 만들어 냈다. 19세기에 이르러서는 마침내 경건주의가 그 이전 미국의 종교적 삶을 주도했던 청교도주의를 대체해 버리고 말았다.

우리는 경건주의의 문제가 그것이 거룩을 추구하거나 다른 이들에 대한 섬김이나 박애를 강조하기 때문이 아니라는 것을 이해해야 한다. 경건주의는 신학적 고백과 신중한 성찰, 그리고 분석적 논쟁을 배제하기 때문에 문제가 된다. 또한 자기에게 초점을 맞춘 나머지 하나님의 은혜에는 관심이 없기 때문에 문제가 된다. 경건주의는 우리의 삶에서 이루어지는 삼위일체 하나님의 역사를 충분히 강조하지 않는다. 오히려 자신의 힘으로 고안한 장치로 스스로 거룩해지는 것을 강조한다. 경건주의는 비록 은혜를 언급하기는 하나 사실은 우리 자신의 노력으로 영성과 거룩에 이르는 길에 관심을 둔다.

그 동안 나는 여러 모양과 규모의 경건주의를 청년 집회와 캠프에서 목격했다. 그곳에서 기독교는 "참으로 하나님에 대해 열정적이 되는 것"으로 환원되었다. 나는 이런 모습을 부흥집회에서 목격했는데, 그곳에서 사람들의 관심은 감정과 감정적인 표현에 집중되었다. 나는 너무 깊이 생각하는 것은 사실상 기독교의 적이라고 믿는 이들이 경건주의에 대해 이렇게 저렇게 말하는 소리를 들었다. 하지만 나는 어떤 이들이 '기독교'라는 기차를 언덕 위로 끌어올리면서 "나는 할 수 있다, 할 수 있다, 할 수 있다"라고 되뇌는 곳에서 경건주의를 보았다. 통계 수치와 여론조사 자료가 이를 잘 입증해 주는데, 미국의 복음주의를 잠시 훑어만 보아도 너무 쉽게 변형된 경건주의를 찾아낼 수 있다.

경건주의가 미국의 복음주의자들게 미친 영향력은 그리 긍정적이지 않다. 경건주의는 영적 삶의 문제와 신학의 문제 사이에 나타난 이런 유감스러운 긴장에 큰 책임이 있다. 그러나 신학자들은 어떤가? 그들도 이런 긴장에 책임이 있을까? 아마도 그럴 것이다. 우리는 이 문제를 간단하게 살펴볼 것이다. 하지만 본회퍼는 분명히 큰 소리로 말한다. 신학자들은 무엇보다 교회를 섬겨야 한다. 신학자들은 학교도,

서로도 섬겨서는 안 된다. 신학자들이 교회를 섬기는 그들의 일차적 의무를 무시할 경우, 교회와 교인들의 삶과는 상관없는 신학을 만들어 내고 말 것이다. 그렇게 함으로써 교인들이 신학에서 도망치거나 그리로 달려가지 못하게 할 것이다.

이런 움직임은 두 가지 점에서 위험하다. 첫째, 학교와 동료 전문 신학자들에게만 국한된 신학은 하나님에 대해 아는 것에서 멈춰 하나님을 아는 데 이르는 과제를 풀지 못할 위험이 있다. 둘째, 이런 신학은 평신도에게 낯선 체계, 심지어는 낯선 어휘를 만들어 낸다.

여기에는 약간의 추가적인 설명이 필요하다. 그 동안 신학자들은 그들의 학문적 작업을 통해 교회를 잘 섬겨 왔다. 낯설어 보일 수도 있는 그들의 언어조차 도움이 된다. 예컨대, '삼위일체'(Trinity)라는 말을 생각해 보자. 교부 터툴리안(Tertullian)이 우리에게 준 선물과도 같은 이 신학 용어는 하나님의 본성과 존재에 관한 성경의 광범위하고 복잡한 가르침을 표현하기 위한 아주 좋은 방법을 제시한다. 교부들이 성경 본문이 던진 도전과 더불어 씨름하면서 전개한 위격과 실체의 본성에 대한 다소 복잡한 신학적 논쟁은 그때 이후 교회의 삶과 실천에 유익했고, 꼭 필요하기까지 했다.

그러나 신학자들의 작업이 난해해지면서 내용이 추상적으로 바뀌면, 평신도의 이해를 넘어서는 상황이 생긴다. 그 결과 평신도들은 반대편의 안전한 방향인 '경험'과 모호한 '영성'의 품으로 내달려 안기게 된다. 평신도들에게는 경건주의의 장식들이 신학자들이 제공하는 혼란보다 훨씬 더 유혹적으로 보인다. 독자들은 신학자들의 작업이 유익하고 필요하다는 것을 이해해야 한다. 그러나 어느 지점에서 신학자들은 선을 넘어설 수도 있다. 그로 인해 사람들을 건강하고 유익한 신학적 성찰에서 돌아서게 하는 결과를 초래할 수 있다. 경건주의는 영성과 신학의 이런 비극적 긴장 상태를 조성한 원인이다. 그러나 신학자들 역시 비난의 대상이 될 수 있다. 안타깝지만 그들이 비난받아야 할 이유는 충분하다.

본회퍼는 당대의 경건주의와 맞서 싸웠다. 또한 경건주의의 맞은편에 있는 합리주의(Rationalism)와도 맞서 싸웠다. 경건주의가 감정과 관계 있다면, 합리주의는 지성과 관계 있다. 경건과 경건주의가 다르듯, 합리적이 되는 것 혹은 합리성을 사용하는 것과 합리주의 역시 다르다. 합리적이 되는 것은 좋은 일이다. 하나님은 우리를 지성적인 존재로 창조하셨다. 그분은 우리에게 우리가 계발해 나가야 할 지성을 주셨다. 하나님은 우리가 우리의 지성을 사용해 그분의 세계와 말씀을 설명하기를 바라신다. 그러나 이것은 합리주의가 아니다. 합리주의는 감정과 영적인 것을 경멸한다. 합리주의가 신학에 적용되면, 신학은 그저 논쟁을 위한 명제들로 환원된다. 합리주의에 따르면, 신학자는 곧 과학자다. 그 이상도 이하도 아니다.

서로 대립된 견해인 경건주의와 합리주의는 서로를 점점 더 극단적인 상황으로 몰아간다. 그로 인해 추(錘)는 더욱더 크게 흔들린다. 본회퍼가 베를린 대학교에서 젊은 신학 교수로 강의를 시작했을 때, 그는 자신의 강의실이 합리주의 방식으로 교육받은 학생들로 가득 차 있음을 알게 되었다. 하지만 교회, 특히 보수적인 교회를 살펴보았을 때, 그는 이런 교회의 회중석이 경건주의자들로 가득 차 있음을 보았다. 이것이 본회퍼가 처한 상황이었다. 신학자이자 교인으로서 그는 자신에게 잘 어울리는 일을 시작했다.

본회퍼는 서로 갈라져 있는 이 양상을 한데 모으려 했다. 영성과 신학의 분열과 합리주의와 경건주의 사이에 있는 극렬한 논쟁 속에서 본회퍼는 양쪽 극단 모두에 경고를 던졌고, 마침내 중도를 모색했다.

그는 두 가지 기본적인 확신으로 그렇게 했다. 첫 번째 확신은, 앞서 이미 말했던 것인데, 신학은 교회를 섬기기 위해 존재한다는 것이다. 두 번째 확신은, 신학은 반드시 삶으로 살아내야 한다는 것이다. 신학은 늘 우리에게 어떤 의무를 지운다. 그리스도인은 삶의 영역에서 믿음의 고백(그것은 신학의 영역이다)을 실천해야 한다. 신앙을 고백하는 것은 그것에 의해, 그것으로부터, 그것을 통해, 그리고 그것을 위해 사는 것을 의미한다. 신학과 그리스도인의 삶은 이처럼 함께 간다. 우리가 신학과 영성 혹은 그리스도인의 삶의 문제들을 서로 맞서게 할 경우, 전체만이 아닌 개별 그리스도인들은 교회에서 고통을 당하게 된다. 그것들이 함께할 때 우리는 번성한다.

고백으로서의 신학: 교회의 삶에서 신학이 차지하는 위치

지금쯤 당신은 이 장의 제목에 속았다고 생각할 수도 있을 것이다. 당신은 '고백'(Confession)이라는 제목 때문에 이 장이 우리의 죄를 고백하는 문제에 관한 것이라고 생각했을지도 모른다. 물론 본회퍼에게 그런 고백은 중요했다. 우리는 '고백'과 관련해 마르틴 루터에게까지 거슬러 올라갈 수 있는데, 루터는 다시 성경으로까지 거슬러 올라갔다(약 5:16). 루터는 로마 가톨릭 교회와 절연한 상태에서조차 우리가 서로, 그리고 사제들에게 자신의 죄를 고백해야 한다고 주장했다. 루터는 그의 『대요리 문답』(1529년)에서 그런 고백을 위한 가르침을 제시한다. 본회퍼는 그의 선례를 따른다.

핑켄발트에서 신학교를 이끌던 시기에 본회퍼는 학생들에게 하나님께 죄를 고백하는 것에 대해 분명히 가르쳤다. 그리고 그들에게 정기적으로 서로 죄를 고백하는 시간도 갖게 했다. 학생들은 한동안 이 훈련에 저항했다. 하지만 그들의 저항에도 불구하고 본회퍼는 그 일을 계속해 나갔다.

그에게 신자들이 서로 죄를 고백하는 것은 기독교적 공동체 삶의 중요한 일부였다. 그는 죄의 고백이 없으면 참된 교제는 불가능하다고 확신했다. 핑켄발트 시절 이후에도 본회퍼는 그의 책『신도의 공동생활』에서 계속해서 서로 죄를 고백하는 것을 옹호했다. 비록 이런 고백이 그리스도인의 삶에서 중요한 역할을 감당하기는 하지만 이 장의 주제는 아니다. 우리가 여기에서 살피려 하는 고백은 신학, 즉 하나님과 하나님에 대한 신앙을 고백하는 것이다.

본회퍼에게 이런 신앙고백은 어떤 목표를 갖고 있다. 신앙고백은 우리 삶을 형성한다. 신학자들은 성찰과 씨름, 논쟁을 반복하면서, 고백과 기도, 섬김을 통해 살아간다. 그리고 이들은 하나님의 은혜를 겸손히 의지하고 하나님의 말씀에 복종하면서 이 모든 일을 수행한다. 이 모든 것은 하나의 공생관계 속에 있다. 이것이 본회퍼가 그의 신학교 학생들과 교회, 그리고 자신을 위해 원했던 것이다. 우리는 신앙고백 없는 그리스도인의 삶이나 교회를 가질 수 없다.[1]

신앙고백(혹은 신앙에 대한 진술)은 교회의 삶에서 아주 오랜 역사를 갖고 있다. 어떤 이들은 신앙고백을 성경에서도 발견할 수 있다고 주장한다. 구약의 신명기 6장 4절은 비록 짧기는 하나 신앙고백의 기미가 강하다. 한편 신약의 디모데전서 3장 16절은 초대 교회에서 회자되고 바울이 제자에게 보낸 편지에 통합시켰던 찬송으로, 이 또한 신앙고백 성격이 강하다. "크도다 경건의 비밀이여"라는 말로 시작하는 이 구절에서 바울은 그리스도 초기의 삶을 리듬감 있게 요약한다.

---

[1] 신앙고백의 필요성에 대한 설득력 있는 주장을 위해서는, Carl R. Trueman, *The Creedal Imperative* (Wheaton, IL: Crossway, 2012)를 보라.

신약 성경을 넘어서 초대 교회로 무대를 옮겨 보면, 거기에서 교회를 위해 중요한 역할을 감당했던 신조와 신앙고백을 발견하게 된다. 1세기가 끝나기도 전에 감독들은 다양한 목적으로 신조들을 작성했다. 이 신조들은 새로운 회심자들을 이끌고, 공예배에서 암송하며, 기존의 신자들을 가르치기 위해 교회에 절실히 필요했다.

감독들이 작성한 초기 신조들은 여러 세기 동안 종합되고 발전하다가 결국『사도신경』으로 귀결되었다.『사도신경』은 그 신조가 사도들의 가르침, 즉 신약 성경에 대한 요약을 대표하기에 붙여진 이름이다. 다시 말해, 그것은 기독교 교리에 대한 요약적 진술이었다.

우리는 또한 초대 교회에서 에큐메니컬 공의회를 통해 나온 두 개의 위대한 신조들을 보게 된다.『니케아 신조』(325년)와『칼케돈 신조』(451년)는 모두 그리스도의 품성과 사역에 대해 성경적으로 가르치며, 그 가르침이 교회의 삶에 대해 갖는 의미에 대해서도 정확히 진술한다. 이런 신조들은 정통과 이단 사이에 선을 긋는 경계 표지의 역할을 한다.

우리는 초대 교회 역사 속에서 신조들이 교회의 예배로부터 어떻게 성장하는지를 배운다. 당시에 신자들은 그리스도를 예배하고 그분의 성육신과 십자가 처형, 그리고 부활을 기념하기 위해 모였다. 따라서 그들로서는 그리스도가 정확하게 누구인지 알아야 했다. 바로 그 문제, 즉 '그리스도의 정체성'이라는 문제가 갖고 있던 긴급성이 교회로 하여금 신조들을 만들게 했다.

종교개혁 시대로 접어들면서 신조 형성의 또 다른 사이클이 나타나는데, 이것 역시 교회 삶의 긴급한 위험으로부터 나온 것이었다. 개혁교회의 다양한 지류를 이루는 지도자들은 성경 가르침에 대한 그들의 이해를 복음의 본질과 참된 교회의 정체성 같은 문제들에 비추어 기록하기 시작했다. 종교 개혁가들은 자신들의 믿음을 기록하여 교인들이 성경에 충실하고, 믿음 안에서 성장하며, 하나님을 예배하길 원했다.

그런 목적으로 루터는 『어린이를 위한 요리 문답』과 『대요리 문답』(둘 다 1529년)을 썼고, 다른 이들의 도움을 받아 『아우구스브르크 신앙고백』(1530년)과 『슈말칼트 조항』(1537년) 같은 신앙고백도 썼다. 루터가 죽은 후에는 『일치서』(1577년)가 나왔다. 이런 문서들이 루터교의 신학적 중추를 형성했다. 다양한 개혁주의와 장로교 교파들, 그리고 아나뱁티스트와 침례교 운동들이 모두 16세기와 17세기에 자기들의 독창적인 신조를 작성하는 일에 몰두했다.[2]

하지만 20세기에 이르러 다양한 주류 교단들이 종교개혁 시대부터 내려온 신학적 신앙고백들의 뿌리로부터 이탈하기 시작했다. 예컨대, 주류이자 신학적으로 자유주의를 추구했던 장로 교인들은 『웨스트민스터 표준문서』(『웨스트민스터 소요리 문답』과 『대요리 문답』, 『웨스트민스터 신앙고백』, 그리고 『공예배를 위한 지침서』 등의 기초가 되는 문서)의 역할을 축소시켰다.

이로 인해 1920년대에 그레샴 메이첸(Gresham Machen)을 비롯한 몇몇 사람들이 그런 움직임을 비판하며 미국 장로교회(PCA)를 필두로 새로운 교단을 형성하기에 이르렀다. 연합 그리스도교회(UCC) 같은 교단들은 개혁교회에 속해 있음에도 『하이델베르크 요리 문답』(1563년)과 『도르트 신조』(1618-1619년) 같은 종교개혁 시대의 다른 신앙고백에 대한 충성을 저버리기 시작했다. 점증하는 근대주의의 감수성을 동반한 에큐메니컬적 흐름은 이런 주류 교단들로 하여금 교회의 삶

---

2 신앙고백의 역사에 대한 온전한 논의를 위해서는, Jaroslav Pelikan, *Credo: Historical and Theological Guide to Creeds and Confessions of Faith in the Christian Tradition* (New Haven, CT: Yale University Press, 2003)을 보라.

속에서 그들의 신학적 신앙고백의 역할을 축소하게 만들었다.

주류 교회 안에서 신앙고백의 역할이 이처럼 줄어든 것은 복음주의적이고 신학적으로 보수적인 신자들에게 하나의 경고가 된다. 신학의 역할이 줄어들 때(때로 사정이 그렇게 되는 것은 신학자들 때문이기도 하다) 교회는 빌린 돈으로 살아가는 셈이 된다. 일단 그 돈이 소모되고 나면, 교회는 채무 위기에 시달릴 수밖에 없다. 신학으로부터의 표류는 여러 모양과 규모로 나타난다. 그것은 때로는 교묘하게, 때로는 노골적으로, 때로는 비의도적으로, 때로는 의도적으로 이루어진다. 그러나 이유와 양태가 어떠하든, 이런 표류는 언제나 치명적이다.

이처럼 신앙고백의 표류는 성경의 표류와 맥을 같이했다. 20세기에 들어와 주류 교회들에서는 교회의 삶에서 성경이 하는 역할 역시 줄어들었기 때문이다. 신학의 여하가 성경의 지위 여하를 결정하며, 결과적으로는 교회의 삶과 선교의 여하도 결정한다. 그런 표류는 20세기 전체를 통해 미국과 유럽의 교단들 안에서 일어난 갈등을 통해 잘 드러난다.

그리고 루터교회는 그런 선례를 따랐다. 핑켄발트에서 신학교를 시작했을 때, 본회퍼는 독일의 국가 교회를 오염시키고 있는 세 가지 결핍을 시정하고자 했다. 그는 고백 교회에서라도 그런 결핍을 피하려 했다. 첫 번째 결핍은 기도와 기도에 관한 가르침의 부족이었다. 두 번째 결핍은 성경을 읽고 묵상하며 해석하는 일의 부족이었다. 그리고 세 번째 결핍은 루터교회의 신학적 신앙고백에 대한 연구와 가르침, 헌신의 부족이었다.

앞 장에서 우리는 본회퍼가 신학교 커리큘럼과 핑켄발트 신학생들의 개인적이고 공동체적인 삶 속에서 기도와 성경을 어떻게 강조했는지 살펴보았다. 기도와 성경 읽기는 사역자들의 영적 삶과 그들이 섬기는 교회의 삶에 없어서는 안 될 핵심 요소다. 사실 기도와 성경 없이는 그 어떤 교회도 참될 수 없다. 그런 의미에서 독일의 국가 교회가 길을 잃어버린 것은 놀랄 일이 아니다. 독일 교회의 사역자들은 건강한 교회를 위한 세 가지 핵심 요소인 기도와 성경, 신학을 결여하고 있었다.

본회퍼는 신앙고백, 곧 신학에 대한 연구와 헌신과 관련해서도 동일한 평가를 했다. 1930년대 초반과 중반, 독일 루터교회(제국 교회)는 성경은 물론이고 신학도 중시하지 않았다. 그러나 본회퍼는 엄격한 신학적 성찰과 헌신이 없는 교회는 자신의 영혼을 파는 셈이라는 것을 잘 알고 있었다. 국가 교회가 과거의 신조들을 경시했음에도, 본회퍼는 핑켄발트의 성직 수임 후보자들에게 신앙고백적 표준을 철저히 숙지할 것을 요구했다. 본회퍼에게는 신앙고백을 통해 표현된 신학이 아주 중요했다.

그곳에 신학이 있게 할 것이다

에버하르트 베트게는 핑켄발트 시절을 회상하면서 "본회퍼는 슈말칼트 조항을 살펴보며 시간을 보내는 것을 즐겼다"라고 말한다.[3] 베트게는 이렇게 덧붙인다. "그는 『협화 신조』(1577)를 좋아했다."[4] 또 그는 이렇게 전한다.

본회퍼가 갖고 있던 신앙고백 문서들 중 『협화 신조』의 모든 페이지들에는 밑줄 쳐진 문구와 감탄사, 그리고 의문 부호들로 가득 차 있었다. 나중에 핑켄발트에서 강의하는 동안 그렇게 밑줄과 감탄사, 의문 부호들로 표기된 문장들은 그의 강의의 중요한 주제가 되었다.[5]

우리는 그가 표기했던 의문 부호들에 대해 감사해야 한다. 교회사 교수이자 자신이 속한 교단에서 알짜 교인으로 섬기고 있던 윌리엄 바커(William Barker)는 사역을 원하는 성직 수임 후보자들을 심사할 때 그의 경험을 되풀이했다고 한다. 미국 장로교회(PCA)에서 교리적 표준은 『웨스트민스터 신앙고백』과 『대·소요리 문답』, 그리고 『공예배를 위한 지침』 등이다. 후보자들이 안수를 받으려면 그런 표준에 동의하는지 여부를 밝혀야 한다.

그런데 바커 교수는 그런 표준들에 아무런 의심 없이 확신에 차서 서명을 하는 후보자들보다는 얼마간 주저하면서 그것들에 토론하려는 자세를 지닌 후보자들을 선호했다. 바커 교수는 전자에 속한 이들이 그 교리적 표준들을 읽어 보기나 했는지 의구심이 생겼다. 그는 본회퍼의 의문 부호들을 즐겼다. 그것들은 본회퍼가 루터교회의 교리적 표준들과 얼마나 씨름했는지를 보여 준다. 또한 그 오래된 표준들이 어떻게 오늘날 교회를 이끌고 지도하고 있는지를 진지하게 연구했다는 증거가 된다. 자기 교단의 교리적 표준에 무관심한 이들은 그것들을 무시하거나 아니면 암묵적으로 동의할 뿐이다. 그러나 교리적 표준을 진지하게 여기는 이들은 그것들에 밑줄을 쳐 표시를 하고, 질문을 던진다.

본회퍼는 자신이 속한 교단의 신학적 고백들과 씨름했고, 자신의 학생들도 이 같은 일을 해야 한다고 확신했다. 바르트에게 보낸 편지

---

3 Eberhard Bethge, *Dietrich Bonhoeffer: A Biography*, enl. ed. (Minneapolis: Fortress, 2000), 447. 『디트리히 본회퍼, 신학자-그리스도인-동시대인』.
4 Ibid., 449. 루터교의 권위 있는 교리적 신앙고백인 『협화 신조』(*The Formula of Concord*, 1557년)는 아우구스부르크 신앙고백을 포함하고 있다. www.bookofconcord.org를 보라.
5 Bethge, *Dietrich Bonhoeffer*, 449.

에서 본회퍼는 자신이 교회 투쟁(Kirchenkampf)에서 겪었던 좌절감에 대해 이렇게 표현했다. "우리 교회의 체제는 이단에 대한 개념조차 갖고 있지 않습니다."[6] 그는 같은 시기에 그리스도론을 강의하면서 학생들에게 동일한 내용을 보다 강력하게 말했다. "우리에게 이단이라는 개념은 더 이상 존재하지 않는다. … '이단'이라는 단어는 우리의 사전에서 사라졌다.

하지만 그 개념은 아직도 필요하며, 고백 교회를 위한 타협할 수 없는 요소다. 잘못된 교리에 맞서는 교리를 세워야 한다."[7] 이어서 그는 이단에 대한 이런 논의가 사랑의 결핍이 아니라 사랑에서 나오는 것이라고 덧붙여 말했다. 진리를 말하지 않는 것, 그리고 이단을 이단이라고 부르지 않는 것은 사랑하는 것이 아니다. 오히려 "만약 내가 그들에게 진리를 말한다면, 그것은 사랑하기 때문에 그러는 것이다."[8]

1933년, 본회퍼는 그의 교회에 심각한 신학적 문제들이 있음을 깨달았다. 하지만 그는 자신이 신학적 논쟁에 개입할 수 없다는 것을 알고 있었다. 그 이유는 그에게 있지 않았다. 그의 교회가 신학을 포기했기 때문이었다. 당시 교회의 지도자들은 '이단'이라는 개념조차 갖고 있지 않았다. 본회퍼는 '신학'과 '이단'이라는 두 가지 개념 모두를 바르게 이해해야 하고, 또한 분명하게 드러내야 한다고 확신했다.

실제로 본회퍼는 베를린에서 가르치면서 그렇게 주장했다. 그곳에서 자리를 얻기 전에 그는 미국에 있는 유니온 신학교에서 한 해를 보냈다. 1929년에서 1930년도는 미국 기독교에서 중요한 시기였다.

---

6 본회퍼가 1933년 9월 9일 칼 바르트에게 보낸 편지에서, *DBWE* 12:165.
7 Bonhoeffer, "Lectures on Christology," *DBWE* 12:332.
8 Ibid.

1929년, 그레샴 메이첸(Gresham Machen)은 프린스턴 신학교 교수직을 사임하고 나와서 웨스트민스터 신학교를 설립했다. 웨스트민스터 신학교는 그 해 9월 25일에 문을 열었다. 그 무렵, 근본주의자들과 자유주의자들 사이에는 갈등이 심각했다. 자유주의 진영의 기함(旗艦)은 유니온 신학교였고, 그 배의 선상에서 키를 쥐고 있던 이는 설교학을 가르치던 해리 에머슨 포스딕(Harry Emerson Fosdick)이었다. 본회퍼는 그곳, 유니온 신학교에서 이 모든 일을 지켜보고 들었다.

본회퍼는 독일에 있는 교회 연합 사무소로 보낼 그해의 보고서를 준비했다. 그는 이 보고서를 적당히 형식적으로 쓰지 않았다. 그는 이렇게 썼다. "유니온 신학교의 신학 정신은 미국 기독교의 세속화 과정을 가속화하고 있습니다."[9] 계속해서 그는 이렇게 썼다.

> 수많은 학생들이 공개강좌 때 루터의 『노예 의지론』에서 죄와 용서에 관한 구절이 인용되자 대놓고 웃음을 터뜨렸습니다. 이 신학교는 여러 가지 장점에도 불구하고, 분명히 본질적인 기독교 신학이 무엇을 의미하는지 망각한 것입니다.[10]

나중에 그는 이렇게 덧붙였다. "많은 학생들 앞에서 진행된 한 토론에서 유니온 신학교의 지도자급 교수인 한 사람이 학생들의 갈채를 받으며 내게 털어 놓았습니다. 자신에게 이신칭의는 중요하지 않을 뿐만 아니라 관심도 없는 문제라고 말입니다."[11]

---

9 Bonhoeffer, "Report on His Year of Study Prepared for the Church Federation Office," 1931, *DBWE* 10:309.
10 Ibid., 309-10.

뉴욕 체류 기간에 본회퍼는 자동차로 멕시코와 동부 해안 지역, 멀리 플로리다의 키웨스트까지 여행을 했다. 또한 그는 쿠바에서 성탄절 휴일을 보냈다. 그곳에 있는 동안 본회퍼는 자신의 교육감인 맥스 디즈텔(Max Diestel)에게 유니온 신학교에서 본 '가장 안타까운 부분'에 대해 편지를 썼다. 그는 분명하게 말했다. "이 학교에는 신학이 없습니다."[12] 만약 본회퍼가 유니온 신학교에서 무언가 배운 것이 있다면, 아마도 이것일 것이다. "이후로 어디에서 가르치든 틀림없이 그곳에 신학이 있게 하리라."

교회를 섬기는 신학

그러나 본회퍼는 어떤 특별한 신학에 관심이 있었다. 본회퍼가 마음에 두었던 신학은 교회를 위한 신학, 즉 단순히 **교회를 향해 말하는 신학**이 아니라 **교회를 섬기는 신학**이었다. 본회퍼가 유니온 신학교에서 신학의 부재를, 그리고 유니온 신학교와 비슷한 신학교 졸업생들이 강단을 차지하고 있는 교회에서 설교의 부재를 발견한 것은 우연의 일치가 아니었다. 만약 그가 유니온 신학교를 향해 "이곳에는 신학이 없다"라고 말할 수 있었다면, 그가 방문한 교회를 향해서도 "이곳에는 설교가 없다"라고 말할 수 있을 것이다. 본회퍼는 1939년 6월 8일자 일기에서 포스딕이 담임하고 있던 리버사이드 교회에 대해 이렇게 쓸 수밖에 없었다. "견디기 어렵다."[13]

---

11 Ibid., 311.
12 본회퍼가 1930년 12월 19일 맥스 디즈텔(Max Diestel)에게 보낸 편지에서, *DBWE* 10:265. 나중에 그는 그곳에서의 수업을 마친 후 디즈텔에게 또 다른 편지를 보내 이렇게 말한다. "이 신학교에서 내가 받은 수업은 … 나에게 많은 영감을 주지는 않았습니다." 1931년 4월 25일자 편지에서, *DBWE* 10:296.

그다음 주일에 그는 자신의 교단에 속한, 센트럴 파크 부근에 있는 한 루터교회를 방문했다. 그는 그날 자신이 들은 설교에 어떤 복음도, 성경 본문에 대한 주석도 없었을 뿐만 아니라, 모든 내용이 얼마나 단조로웠는지를 설명하면서 이렇게 말했다. "너무나 한심하다."[14] 그다음 주일에는 어느 감리교회를 방문했는데, 그 교회에서 들은 설교에는 "본문이 없었고, 기독교적 선포의 가장 희미한 메아리조차 없었다."[15] 그다음 주에는 결국 배에 올라 고향으로 향했다. 배에서 그는 어느 미국인 목사가 인도하는 예배에 참석했는데, 그 예배에 대해 본회퍼는 이렇게 기록하고 있다. "설교는 지나치게 감정적이었고 공허한 말들로 가득 차 있다."[16] 이처럼 그가 연속해서 들은 네 번의 설교는 언급할 만한 가치가 없었다.

본회퍼는 1939년에 코네티컷 주 레이크빌을 잠시 방문했는데, 그는 이 방문 기간에 설교보다 그곳의 "수많은 개똥벌레들"을 보면서 훨씬 더 많은 것을 얻었다고 말했다. 좋은 신학이 없는 곳에서 참된 설교가 나오지 않는 것은 당연한 귀결이다. 본회퍼는 미국의 자유주의가 제공했던 최상의 것을 경험하고 있는 중이었다.

교회를 잘 섬기는 신학은 두 개의 핵심적이고 뚜렷한 특징을 갖고 있다. 그것은 하나님의 계시를 충실하게 드러낸다. 또한 그것은 교회를 섬긴다. 이 두 번째 특징을 다시 표현하자면, 교회를 섬기는 신학은 설교하는 신학이다. 앞에서 우리는 본회퍼가 1940년에 썼던 짧은 글인 '신학과 회중'이라는 강의 개요를 살펴본 바 있다. 거기에서 그

---

13 Bonhoeffer, "American Diary," 1939년 6월 18일, *DBWE* 15:224.
14 Bonhoeffer, "American Diary," 1939년 6월 25일, *DBWE* 15:231.
15 Bonhoeffer, "American Diary," 1939년 7월 2일, *DBWE* 15:236.
16 Bonhoeffer, "American Diary," 1939년 7월 9일, *DBWE* 15:238.

는 우리에게 "교회는 오직 하나님의 말씀 위에 세워진다"는 점을 상기
시켰다.[17] 그는 이렇게 덧붙인다.

교회의 신앙고백에 기반을 둔 신학은 그것이 처한 정황 속에서 특별한
형식으로 나타난 하나님의 말씀과 그 말씀에 기인한 논리적이고 정돈된
지식에 대한 복종을 의미한다. 그것은 회중에게 말씀을 순전하게 선포
하고 하나님의 말씀을 따라 그 회중을 세우는 일에 도움이 된다.[18]

계속해서 본회퍼는 회중이 얼마나 명확함을 필요로 하는지에 대해
말한다. 회중은 하나님의 말씀과 관련해 무엇이 참되고 무엇이 거짓
인지를 명확히 알아야 한다. 바로 이 부분이 교회의 신앙고백과 신학
자(목회자)의 사역이 요구되는 지점이다.[19] 말씀에 대한 그런 설교에서
믿음이 나오고, 그런 믿음에서 삶이 나온다.

본회퍼는 1940년 이 글을 쓰기 직전에 성탄절에 관한 묵상 글 하
나를 자신의 흩어진 제자들과 고백 교회에 속한 젊은 목회자들에게
보냈다. 당시 그는 예수 그리스도의 성육신의 신비에 사로잡혀 있었
고, 그 사건을 성탄절과 연관해 이해했다. 여기서 그는 학생들에게 믿
음에서 신비가 하는 역할에 대해 상기시켰다. 그는 "하나님의 신비를
해독해 그것을 평범한 것으로, 즉 인간의 경험과 이성에 기반한 기적
없는 지혜의 말로 격하시키는 것"이 얼마나 어리석은지에 대해 말했
다.[20] 그는 신학자의 작업을 "하나님의 신비를 신비로서 이해하고 옹
호하며 높이는 것"으로 규정한다.[21] '명확성'이라는 과제는 신비를 희

---

17 Bonhoeffer, "Theology and Congregation," 1940, *DBWE* 16:494.
18 Ibid.

생하면서 이루어지는 것이 결코 아니다. 하지만 모든 경우 그저 신비로만 몰아 세우는 것 역시 충분하지 않다. 우리는 하나님의 말씀을 선포하면서 명확성과 신비 모두를 취해야 하는 신학자의 과제에서 균형을 이루기 위해 그 두 조각을 하나로 합쳐야 한다. 본회퍼가 보낸 성탄절 편지의 주제였던 성육신이야말로 명확성과 신비의 조합을 보여주는 현저한 예다.

본회퍼가 '그리스도론이라는 건물'의 핵심 부분이라고 말한 성육신은 오랫동안 신학자들이 작업하며 염두에 둔 초점이었다. 본회퍼는 그런 심중한 작업을 통해 얻게 된 신학적 틀을 칭찬한다. 하지만 그는 자신의 편지를 다음과 같은 주장으로 마친다.

물론 중요한 것은 우리가 이런 건물에 대해 단순히 감탄하는 것에 그치는 것이 아니라 깊은 사고를 통해 하나님이 인간이 되신 신비에 대한 성경의 증언을 큰 존경과 사모하는 마음으로 읽으며 묵상할 수 있다는 것입니다. 그리고 더 나아가서는 루터의 성탄절 찬송가들을 깊이 숙고하면서 즐겁게 노래할 수 있다는 것입니다.[22]

본회퍼에 따르면, 우리는 바로 여기에서 설교하는 신학, 곧 교회를 섬기는 신학을 구성해야 하는 신학자의 복잡한 과업과 마주한다. 신

---

19 이 특별한 주장과 관련해서는, John Piper & D. A. Carson, *The Pastor as Scholar and the Scholar as Pastor: Reflections on Life and Ministry*, ed. David Mathis & Owen Strachan (Wheaton, IL: Crossway, 2011)을 보라. 『신학자로서의 목사, 목사로서의 신학자』, 전광규 옮김(부흥과개혁사, 2012).

20 Bonhoeffer, "Meditatin on Christmas," 1939년 12월, *DBWE* 115:529.

21 Ibid.

22 *DBWE* 15:533.

학자는 교회에 하나님에 대한 존경과 사모를 불러일으키는 명확성과 신비, 이 두 가지 모두를 제공한다. 그것은 또한 기쁨으로 이어지는데, 아마도 그것은 나치 치하의 지하 교회 목회자와 신학도들이 다른 방식으로는 쉽게 얻기 어려웠을 것이다. 바로 이것이 설교하는 신학이다.

결론: 삶 속의 신학

설교하는 신학은 결국 삶을 위한 신학이다. 사려 깊은 성찰과 존경, 사모, 그리고 기쁨 - 이 모든 것은 어떤 특정한 삶, 즉 제자도의 삶으로 이어진다. 아마도 이것은 다른 어디에서보다도 본회퍼의 책 『나를 따르라』의 마지막 장에서 가장 분명하게 드러날 것이다. 사실상 이 책 전체는 깊은 신학적 성찰과 현실에 입각한 세속적 삶에 대한 적용, 바로 이 두 영역의 풍성한 조화를 보여 준다. 특히 마지막 장인 '그리스도의 형상'에서 본회퍼는 이 두 부분을 완벽하게 조화시킨다.

본회퍼는 그리스도인의 삶에 대한 이 고전을 결론지으면서 이렇게 말한다. "예수를 따르는 자[Nachfolger]는, 곧 하나님을 본받는 자[Nachahmer]다."[23] 본회퍼는 이 장에서 그리스도가 어떻게 하나님의 형상을 입어 완벽한 하나님의 형상이 되셨는지(고후 4:4)를 성찰하며 목회자가 취해야 할 명확성이 어떤 것인지를 보여 준다. 본회퍼는 우리를 하나님의 형상대로 창조된 아담에게로 이끈다. 그러나 아담은 타락했다.

그래서 본회퍼는 "지금 인간은 그들이 창조된 본래 목적인 하나님의 형상을 손상시킨 채 살아가고 있다. 인간은 참된 인간이 되지 못한 채 살아가고 있다. 그들은 살 수 없으면서 살아야 한다. 이것은 존

---

23 *DBWE* 4:282.

재의 모순이며, 모든 저주의 근원이다"라고 한탄한다.[24] 하지만 그는 이어서 기쁨에 찬 음성으로 말한다. "하나님이 자기 아들을 보내신다. 이것이 우리가 도움을 얻을 수 있는 유일한 길이다."[25] 그리스도가 오신다. 하지만 본회퍼는 그분이 어떤 형상, 곧 낙원의 영광 가운데 있던 아담과는 전혀 다른 형상을 입고 오신다고 말한다.

이것은 죄와 죽음의 세상 가운데서 살아가는, 인간 육신의 필요를 지닌, 죄인들에 대한 하나님의 진노와 심판에 겸손하게 굴복하는, 고통과 죽음 속에서 하나님의 뜻에 순종하는 인간의 형상이다. 가난 가운데 태어나 세리와 죄인들과 친구가 되어 식탁 교제를 나눴던 사람, 그리고 십자가상에서 하나님과 사람들에게 버림받았던 사람 - 바로 그가 인간의 모습으로 오신 하나님이다. 바로 그가 하나님의 새로운 형상이신 인간이다.[26]

요약하자면, 그리스도는 십자가에 달린 삶의 형상이다. 또한 그것은 우리가 살아가도록 부르심을 받고 있는 삶이다. 본회퍼는 갈라디아서 2장 20절을 인용한다. "이제는 내가 사는 것이 아니요 오직 내 안에 그리스도께서 사시는 것이라." 그리고 덧붙여 말한다. "성육하시고, 십자가에 달리시고, 변화되신 분이 내 안에 들어오셔서 나의 삶을 대신 사신다."[27] 그러므로 제자도는 그분의 형상을 닮는 것이다. 그분이 사셨듯이 살고, 그분이 섬기셨듯이 섬기며, 그분이 사랑으로 용서

---

24 *DBWE* 4:282.
25 *DBWE* 4:283.
26 *DBWE* 4:284.
27 *DBWE* 4:287.

하셨듯이 사랑으로 용서하는 것이다.[28] 우리는 그리스도 안에서 우리의 삶을 잃어버린다. 그리고 그분을 따르고 닮아감으로써 우리의 삶을 발견한다.[29] 우리는 전에는 죄 때문에 살지 못했지만 이제는 그리스도 때문에 산다.

제자도, 곧 그리스도인의 삶을 사는 것에 대한 이런 식의 접근은 신학으로부터, 그리고 첫 번째 형상의 담지자였던 아담과 마지막이요, 궁극적인 형상 담지자이신 그리스도 모두에 대한 신학적 성찰로부터 나온다. 본회퍼는 신학을 '형상의 담지'라는 개념으로 정의하면서, 직접적으로 신학을 삶과 제자도, 그리스도인의 삶과 연관시킨다. 본회퍼는 신학을 그리스도인의 삶과 맞서 싸우게 하지 않는다. 오히려 신학과 그리스도인의 삶은 반드시 함께 가야 한다고 가르친다. 또한 그것을 그의 삶을 통해 입증한다.

---

28 *DBWE* 4:287.
29 *DBWE* 4:287-88.

만약 우리가 그리스도를 모시고자 한다면, 그분이 우리의 삶 전체에 중대한 요구를 하신다는 사실을 알아야 한다. 우리가 단지 삶의 영적 영역에서만 그 분의 자리를 마련한다면, 그분을 제대로 이해하지 못할 것이다. 그분을 이해 하는 것은 삶의 방향을 그분에게서 얻을 때뿐이다. … 그리스도의 종교는 빵 한 조각이 아니라 빵 그 자체다. 그렇지 않다면, 그것은 아무것도 아니다.

디트리히 본회퍼,
강연 "예수 그리스도와 기독교의 본질" 중에서
바르셀로나, 1928년

7. 세속성

———

부활에 대한 기독교의 소망과 신화적 소망 사이의 차이는 전자가 사람을 전혀 새로운 방식으로 이 세상에 돌려보낸다는 점이다 … 그리스도인은 구속 신화에 몰두하는 자들과 달리 세상의 과업과 어려움들로부터 빠져나올 비상구를 갖고 있지 않다. … 그러나 그리스도인은, "나의 하나님 어찌하여 나를 버리시나이까"라고 외쳤던 예수 그리스도처럼, 세속의 잔을 마지막 한 방울까지 마셔야 한다. 그리고 오직 그렇게 할 때만 십자가에 달리고 부활하신 주님이 그와 함께하시며, 그 또한 그리스도와 함께 십자가에 달리고 부활하게 된다. 이 세상은 너무 빨리 제거되어서는 안 된다.

_디트리히 본회퍼, 테겔 형무소에서, 1944년

그 동안 그리스도인의 삶을 사는 문제와 관련해 받았던 가르침을 돌아볼 때, 누군가가 '세속성'이라는 단어를 긍정적 의미로 말하는 것을 들어본 기억이 없다. 그러기는커녕 세속성은 항상 가장 치명적인 독으로 간주되었다. 거대한 "미스터 육 스티커"(Mr. Yuk sticker, 섭취할 경우 유해한 물질에 붙이는 미국의 공인 스티커 - 역자주)처럼 말이다. 바로 이것이 내가 세속성과 관련해 갖고 있는 이미지다.

그런데 디트리히 본회퍼가 세속적 제자도를 옹호하기 시작했다. 충격적인 일이다! 아마도 본회퍼가 사용한 표현들 중 '무종교적 기독교' (religionless Christianity)와 '세속적 제자도'(worldly discipleship)라는 두 구절보다 더 낯설고 더 많은 문제들을 내포하고 있는 것은 없을 것이다. 그중 우리가 여기에서 관심을 갖는 것은 두 번째 것이다. 성경의 다른 어떤 책들보다도 요한 1서에 따르면, 세속성은 그리스도인의 세 가지 적 중 하나로 육신 및 사탄과 더불어 한 팀을 이룬다. 또한 바울은 분명하게 말한다. "이 세상을 본받지 말라"(롬 12:2). 어떤 대가를 치르고서라도 세속성을 피하라는 것이다. 그렇다면 우리는 본회퍼의 세속적 삶에로의 부름을 어떻게 이해해야 할까? 우선 그가 의미하고자 했던 것을 살펴보자.

수도사와 문화적인 개신교인들

요한복음 17장은 예수 그리스도께서 십자가를 지시기 전에 그분의 제자들과 마지막 시간을 보내시는 모습을 묘사한다. 그때 예수 그리스도는 성부께 자신의 제자들을 이 세상에서 데려가달라고 기도하지 않으셨다(15절). 오히려 아주 분명하게 제자들이 이 세상에 있게 해주시기를 기도했다. 사실 예수 그리스도는 "그들을 이 세상에 보내셨다"(18절). 하지만 예수 그리스도는 제자들이 "세상에 속하지 않는다"(16절)고 말씀하셨다.

여기에서 우리는 그리스도의 제자인 우리와 세상의 관계에 대한 간결한 진술을 듣는다. 그것은 "세상에 있되 세상에 속하지 않는다"는 것이다. 비록 그것은 겉보기에는 간결하고 충분히 분명한 것처럼 보이지만, 그것을 삶으로 살아내는 것과 특정한 상황 속에서 그것이 어떻게 삶으로 살아질 수 있는지를 이해하는 것은 또 다른 문제다.

지난 세기, 헬무트 리처드 니버(Helmut Richard Niebuhr)는 세상에 속하되 세상에 속하지 않는다는 이런 도전을 '지속적인 문제'라고 언급했다. 그리고 이 문제를 다루기 위해 『그리스도와 문화』(Christ and Culture, IVP)라는 그의 고전적인 작품을 썼다.[1] 니버는 기독교 역사를 통해 나타났던 다양한 접근들을 살핌으로써 그 문제에 부분적으로 답했다. 여러 세기 동안 그리스도인들은 세상에 있되 세상에 속하지 않음이라는 이 문제를 두고 고민해 왔다. 그리고 놀랄 일도 아니지만, 다양한 운동과 개인들이 그 문제를 해결하기 위해 다각적인 접근을 시도했다. 다시 말해, 우리는 세상에 있는 것과 세상에 속하지 않는 것 사이에서 올바른 균형을 잡지 못했다. 둘 중 어느 한쪽만을 택하는 극단을 더 좋아했던 것이다.

본회퍼는 이 문제를 두 입장으로 분류했다. 하나는 '수도사'(monk, 강조점이 '세상에 속하지 않음'에 놓인다)이고, 다른 하나는 '문화적 개신교도'(cultural Protestants, 강조점이 '세상에 있음'에 놓인다)이다.[2] 본회퍼의 조국 독일은 이 둘 모두와 관련해 풍부한 전통이 흐르고 있었다. 언젠가 루터는 이렇게 말했다. "하나님은 당신의 교회를 세상 한 가운데, 즉 무수히 많은 외적 활동과 직업들 가운데 있게 하셨다. 그것은 그리스도인들이 수도사가 되는 것이 아니라 오히려 교제 가운데 그들의 믿음을 사람들에게 알리기 위함이었다."[3] 루터는 그 자신이 수도사였음에도 자주 수도원을 비난했다. 그가 보기에 수도원은 그리스도인들을 세상의 빛과 소금이 되라는 부르심으로부터 멀어지게 하고 있었다. 또한 그

---

1 H. Richard Niebuhr, *Christ and Culture* (New York: Harper & Row, 1956). 『그리스도와 문화』, 홍병룡 옮김(ivp, 2007).

2 *DBWE* 6:57.

3 Martin Luther, "Table Talk, No. 3993," 1538년 8월 31일, Luther's Work, vol 54. Table Talk, ed. and trans. Theodore G. Tappert (Philadelphia: Fortress, 1967), 307. 『탁상담화』, 이길상 옮김(크리스챤다이제스트, 2005).

는 수도원이 강조하는 독신주의에 대한 성경적 근거가 부족하다고 여겼다.

본회퍼 시절, 추는 다른 쪽으로 치우쳐 극단으로 움직이고 있었다. 그 시대의 교회는 문화적인 개신교도들과 싸우고 있었는데, 그들은 소금으로서의 구별됨을 모두 망각했고 빛처럼 빛나지도 않았다. 본회퍼는 수도원적 기독교와 문화적인 기독교, 이 두 가지 모두에 반대하면서 교회가 참된 세속적 제자도와 값비싼 제자도를 향해 나아갈 것을 촉구했다.

나는 우리가 제자도에 대한 본회퍼의 견해를 **그리스도 목적적 제자도**(Christotelic discipleship)로 여길 때 그것을 가장 잘 이해할 수 있다고 생각한다. 이 표현은 신학적 전문용어가 아니다. '그리스도 목적적'이라는 표현은 두 개의 단어, 즉 '그리스도'(Christ)와 '끝', '목적', 혹은 '계획'을 의미하는 헬라어 '텔로스'(telos)의 합성어다. 이 용어는 우리가 본회퍼가 제자도의 참된 본질로 보았던 것을 이해하도록 돕는다. 이것은 기본적으로 **그리스도를 향해** 사는 것을 의미한다. 그것은 그리스도 중심적인 삶, 마치 궁사가 쏜 화살처럼 그리스도를 목표로 하는 삶을 의미한다. 이 장과 다음 두 장에서 나는 '그리스도 목적적 제자도'라는 표현에 초점을 맞출 것이다.

본회퍼는 수도원주의와 문화적 기독교에 대한 이런 대안을 그의 책 『나를 따르라』와 『윤리학』, 그리고 투옥기간에 쓴 여러 통의 편지와 짧은 글에서 다루었다. 그러나 그가 이 문제를 가장 직접적으로 다룬 것은 그의 책 『윤리학』에서였다.

『윤리학』은 1949년 독일에서 유작으로 발표된 본회퍼의 미완성 작품이다. 이 책의 첫 번째 영어판은 1955년에 나왔다. 본회퍼는 1941년부터 1943년 사이에 간헐적으로 이 작품에 매달렸다. 그는 투옥중에도 그 대부분을 완성할 수 있었다. 베트게에게 보낸 옥중서신에서 본회퍼는 이렇게 한탄한다. "가끔 내 삶이 사실상 끝난 게 아닌가? 하고 느낀다네. 그러면서 지금 내가 해야 할 시급한 일이 이『윤리학』을 완성하는 일 같다는 생각을 한다네."[4] 하지만 그는 그렇게 하지 못했다. 투옥을 비롯해 1940년대에 발생한 사건들이 그 책의 완성을 가로막았다. 그러나 미완성임에도 본회퍼를 연구하는 학자들은 『윤리학』을 그의 대표작(magmum opus)으로 여긴다. 본회퍼 역시 그것을 자신의 가장 중요한 작품으로 여겼다.[5]

『윤리학』은 그의 전작들, 특히『나를 따르라』(1937년에 출판됨)와 기독교 공동체에 관한 두 권의 책인『성도의 교제』(Sanctorum Communio, 1927년에 쓰이고 1930년에 출판됨)와『신도의 공동생활』(Life Together, 1939년에 출판됨)에 기초를 두고 있다. 분명히 본회퍼는 관심을 끄는 수감자였다. 본회퍼는 그의 법무관 뢰더(Roeder) 박사에게 보낸 편지에서 '혐의가 제기된' 그 공모가 이루어지던 기간에 자신이 했던 여행과 활동에 대해 설명한다. 그는 자신의『윤리학』을 거론하면서 그 전에는 자신이 교회를 위해 학구적인 신학자가 되고자 노력했지만, 지금 이 프로젝트에서는 자기의 관심이 '견고한 복음주의적 윤리학'에 맞춰져 있다고 설명한다. 이것이 본회퍼의 변명이었다. 즉 그는『윤리학』을 저술하는 데 몰두하느라 공모에 가담할 수 없었던 것이다.

본회퍼는 '복음주의적 윤리학'(evangelical ethics)을 언급하면서 루터교회(독일어로 Evangelische Kirche이다)를 가리키고 있었던 것이다. 우리가 세상에서 그리스도인으로서 또 교회로서 살아가는 방법의 문제가 이

---

4 본회퍼가 1943년 12월 5일 베트게에게 보낸 편지에서, LPP, 163.
5 본회퍼가 1941년 6월 그의 법무관 뢰더 박사에게 보낸 편지에서, LPP, 57.

책의 중심부를 차지하고 있다. 본회퍼는 이런 삶을 '책임적 삶'이라고 부른다.[6]

우리는 본회퍼의 책임적 삶과 그리스도 목적적 제자도의 윤곽을 살 피기 전에 그가 1932년부터 그의 마지막 생각을 표현했던 1944년 말 에 이르기까지 이 주제와 관련해 했던 작업의 상황을 살펴봐야 한다. 우리는 그것을 통해 그리스도인의 신학과 삶에서 상황(혹은 문화)이 수 행하는 역할에 대해 알게 될 것이다.

악당과 성도 – 단순한 시각

우리는 추상이나 진공이 아닌 상황 속에서 그리스도인의 삶을 살아 간다. 본회퍼에게 이것은 아주 자명한 것이었다. 본회퍼는 그의 『윤리 학』첫머리에서, 우리가 단지 추상과 이론 속에서만 윤리학에 대해 말 하는 호사를 누려서는 안 된다고 말한다. 당시에는 순수한 이론을 위 한 시간적 여지가 없었다. 긴급함이 시대를 지배했던 것이다. 본회퍼 는 이렇게 말한다. "오늘날 우리 곁에는 악당과 성도가 있다. 완전하 게 드러나 있다. 비가 내리는 흐린 날이 검은 구름과 천둥을 동반한 번개로 바뀐다. 윤곽이 날카롭게 그려지자 현실이 있는 그대로 드러 난다. 우리 가운데 셰익스피어 희곡의 등장인물들이 있다."[7]

본회퍼는 그만의 셰익스피어의 세상에서 글을 쓰고 살았다. 본회퍼 의 세상과 우리의 세상, 이 둘 사이에 차이가 있다면 그의 세상에는 공습이 포함되어 있었다는 것뿐이다. 바로 이것이 본회퍼의 상황이었

---

6 Clifford J. Green, "Editor's Introduction," *DBWE* 6:1-44, 또한 『윤리학』의 저술과 본회퍼의 사상에서 그것이 갖는 역할에 관한 충분한 논의를 위해서는 그 책에 대한 Robin W. Lovin의 서평 인 "Ethics for This World," *The Christian Century* (April 19, 2005), 26-31을 보라.
7 *DBWE* 6:76.

다. 당신은 그가 쓴 책을 읽어 가는 동안, 그의 삶의 마지막 10여 년을 살피면서 그 상황의 절박성을 날카롭게 느끼게 될 것이다.

비록 본회퍼의 그것과는 다를지라도, 우리 역시 어떤 문화 속에서 살아간다. 우리는 너무 자주 그리스도인의 삶이 문화와 상황의 성쇠와 무관한 것처럼 생각한다. 본회퍼는 많은 교인들과 철학자들이 윤리학을 단순한 이론으로 여기는 것을 염려했다. 그는 사람들이 그 주제를 실천과 분리해 다루는 것을 견딜 수 없었다. 그런데 우리가 제자도를 다루는 방식도 그렇다. 우리는 실제로는 구체적인 상황 속에 살고 있으면서도 우리의 삶에 대해 추상적으로 말하는 것을 좋아한다.

그러므로 지금 우리에게 필요한 것은 우리의 상황을 온전하게 의식하고, 그 상황에 온전하게 개입하여 그리스도인의 삶에 접근하는 것이다. 본회퍼는 이런 방식의 개입을 한 단어, 바로 '**세속성**'(worldliness)으로 표현했다. 그는 참된 세속적 제자도를 요구했다. 심지어 그는 참된 기독교는 '만발한 세속성'과 다를 바가 없다고 말하기도 했다.[8]

본회퍼에게 고삐 풀린 세속성은 우리가 그리스도인의 삶을 살아가기 위한 유일한 길이었다. 그런데 그가 이 말로 의미하고자 했던 것은 정확히 무엇일까? 그리고 그리스도인의 삶에 대한 그런 식의 접근이 어떻게 우리를 도울 수 있을까?

앞 장에서 우리는 우리가 어떻게 '그리스도와 공동체 안에서' 살아가는지를 배웠다. 여기에서 우리는 '문화 안에서' 그리스도인의 삶을 사는 것에 대해 배울 것이다. 우리는 추상과 이론이 촘촘히 짜인 정돈된 벽장 속이 아니라 한 치 앞을 모르는 거친 상황 속에 살아간다. 우리는 예수 그리스도께서 요한복음 17장에서 우리에게 말씀하신 것처

---

8 *DBWE* 6:401.

럼 세상 속에 살아간다. 그러므로 우리는 먼저 우리가 처한 곳을 이해 해야 한다.

제자도와 그리스도인의 삶을 사는 것은 우리가 이미 언급했던 "세상에 있되 세상에 속하지 않는 것"이 무엇을 의미하는지를 이해하는 문제와 관련되어 있다. 그리고 나는 이 세상에서의 삶과 관련해 우리가 자신이 살고 있는 특별한 시간과 공간을 기억할 필요가 있다는 말을 덧붙이고 싶다. 우리는 우리의 특별한 상황 속에서 살아간다. 때때로 우리는 어느 멀리 떨어진 곳에서 겪었던 이미 지나간 시간에 대한 향수 어린 황홀감에 빠져 수척해진다.

나는 미국과 소련이 교착 상태에 있던 악명 높은 냉전기에 성년이 되었다. 1970년대 말과 1980년대 초, 개방(Glasnost)과 냉전의 종식 이전에, 나는 철의 장막 뒤에서 자행되는 그리스도인들에 대한 박해와 체포, 그와 관련해 마음을 뒤흔드는 여러 가지 이야기들을 들었다. 당시 젊은 그리스도인이었던 내가 그리스도 안에 있는 그런 형제와 자매들의 증언을 듣고 나 자신을 바라보았을 때 얼마나 열등하게 느꼈는지 모른다. 나는 스스로 그들보다 훨씬 더 못한 그리스도인이라고 여겼다. 나는 그들이 아닌 내 자신의 상황 속에서 제자의 부르심을 받고, 그 상황이 나에게 도전과 기회를 주어서 나의 소명이 바로 그런 도전과 기회 안에서 신실함을 지켜야 함을 알지 못했다.

내가 다른 어딘가에 있기를 바라는 것은 별 도움이 되지 않는다. 우리가 우리 삶을 본회퍼와 비교해 이룰 수 있는 것은 실제로 아무것도 없다. 하지만 우리는 그에게서 **하나님이 우리를 살고 일하며 섬기도록 불러주신 곳에서 우리의 기독교적 소명을 따라 살아가는 것의 중요성**을 배움으로써 많은 것을 이룰 수 있다. 우리는 세상에서뿐만이 아니라 하나님이 우리를 두신 세상의 특별한 곳에서 그분의 제자로 살아가야 한다.

바로 이것이 그리스도인의 삶을 사는 문제의 핵심적 일부다. 왜냐하면 그것은 '만족'이라는 개념과 직결되기 때문이다. 대개 우리는 다른 이들이 그런 삶을 쉽게 살아간다고 여긴다. 만약 우리의 환경이 바뀌기만 한다면 자신이 실제로 그리스도인의 삶을 살아갈 수 있을 거라고 여긴다. 때로는 우리가 현재의 상황을 그대로 받아들이지 않고 도전해야 하는 것은 사실이다.

하지만 하나님이 우리를 처하게 하신 곳에서 신실함을 견지하는 것 역시 필요하다. 만약 우리가 자신의 처지를 변명할 수 있다면, 본회퍼역시 그럴 수 있었을 것이다. 그는 투옥되어 가족과 친구들로부터 격리되었고, 약혼녀와도 만날 수 없었다. 더욱이 그의 경력은 그의 나이 서른일곱, 곧 대부분의 학자들이 경력을 쌓기 시작할 무렵에 중단되었다. 분명 본회퍼는 변명할 수 있었지만 그렇게 하지 않았다.

오히려 그는, 옥중서신들에서 보듯이, 그런 상황 속에서 더 만족하며 신실함을 유지하는 것을 배웠다. 그는 친구 에버하르트 베트게에게 보낸 편지에서 이렇게 말한다. "자네는 지금 내가 이 길을 오히려 감사와 즐거움으로 따라가고 있다는 것을 의심해서는 안 되네." 그는 계속해서 말한다. "나의 삶은 하나님의 선하심으로 넘치고, 나의 죄는 십자가에 달리신 그리스도의 용서의 사랑으로 덮였네."[9] 그렇다면 우리는 어떻게 하나님이 우리를 불러 제자로 삼으신 곳에서 그런 만족을 누릴 수 있을까?

두 세계의 충돌

우리는 흔히 이 질문에 대해 '세상에 있음'이나 '세상에 속하지 않음' 중 하나를 선택하면 그만이란 식으로 쉽게 생각한다. 하지만 "이것 아니면 저것?"이란 식의 물음은 우리의 삶에 대한 그리스도의 부르심에 충실할 수 없다. 우리에게는 그 둘 모두가 필요하다. 먼저 이런 식의 사고가 지닌 강력한 견인력에 대해 살펴보자. 우리가 올바른 방향을 찾기 위해서는 먼저 잘못된 방향을 살피는 것이 도움이 되기 때문이다.

'이 세상에서 어떻게 살아갈 것이냐?' 하는 문제와 관련해서는 여러 가지 혼란이 존재한다. "세상에 있되 세상에 속하지 말라"는 그리스도의 명령과 관련된 실수들은 본회퍼가 말하는 '수도사'와 함께 중세 시대에만 있었던, 혹은 '문화적인 개신교도'와 함께 현대 초기에만 있었던 것이 아니다. 우리 역시 그리스도의 제자로서 이 근본적인 부르심에 충실하고자 노력하는 과정에서 여러 가지 실수를 한다. 우리는 제자도를 실천해 나가면서 비틀거린다. 우리는 그리스도인으로서 살아가는 삶 속에서 관계, 결혼생활, 부모 노릇, 기독교 공동체와 같은 다양한 상황과 부딪히며 비틀거린다. 대개 우리의 비틀거림은 마치 도수가 맞지 않는 안경을 끼고 위험한 오솔길을 걷는 것처럼 잘못된 세계관으로 인한 것이다.

수도사들은 세상에서 오직 위험만을 발견한다. 세상에는 유혹이 넘친다. 수도사들은 우리가 허영의 도시에 떨어진 '크리스천'(존 번연의 [John Bunyan] 책 『천로역정』의 주인공 - 역자주)처럼 손가락으로 귀를 틀어막고, 눈을 감은 채 세상으로부터 힘껏 도망쳐야 한다고 말한다. 세상에서 유혹에 휩쓸리는 것보다는 수도원에서 사는 것이 낫다. 죄에 빠지는 것보다는 스스로를 고립시키는 것이 낫다. 이런 입장을 취하는 이들은 무엇보다도 문화에 대한 스스로의 부정적인 이해로 고통을 겪는

---

9 본회퍼가 1944년 8월 23일 에버하르트 베트게에게 보낸 편지에서, *LPP*, 393.

다. 달리 말하자면, 세속성을 피하는 것에 집착하는 그리스도인들은 세상의 부정적인 요소들뿐만이 아니라 세상 자체와 불화한다. 이런 입장은 세상의 참여를 적극 금지함으로써 세상으로부터 물러난 '문화 후퇴'라는 결과물을 낳는다. 결국 사람들을 수도원 속으로 몰아넣는다.

성경은 세상에 대해 아주 복잡한 견해를 보여 준다. 성경은 (특히 여러 시편에서) 세상에 대해 긍정적으로도 말한다. 찬송가 작사자인 말트비 밥콕(Maltbie Babcock)은 이렇게 말한다. "이것은 내 아버지의 세상이다." 야고보는 유혹에 대한 준엄한 경고 후에 하늘로부터 내려오는 좋은 선물들에 대해 말한다(약 1:17).

바울은 하나님이 창조하신 좋은 것들은 찬양하면서 결혼과 특정 음식들을 금하는 수도원주의는 비난한다(딤전 4:1-3). 대신 그는 다음과 같이 권한다. "하나님께서 지으신 모든 것이 선하매 감사함으로 받으면 버릴 것이 없나니 하나님의 말씀과 기도로 거룩하여짐이라"(딤전 4:4-5).[10] 세상과 문화에 대한 이런 관점은 세상을 무조건 부정적으로 바라보는 건강치 못한 후퇴에 대한 구제 수단으로 간주될 필요가 있다.

그러나 다른 방향으로의 끌림, 곧 '세상에 속함'으로의 끌림은 어떤가? 본회퍼는 이것을 '문화적 기독교'라고 부르는데, 그것은 수도사의 방향과는 정반대로 나아가는 것이다. 이 견해는 세속성을 피하라는 요한 1서의 경고에 그다지 주목하지 않는다. 즉 이 견해는 타락을 가볍게 여긴 나머지 죄에 주의를 기울이지 않을 뿐만 아니라 세상에 속하지 말라는 그리스도의 경고까지도 흘려버린다. 본회퍼는 이것을 '값싼 은혜'(cheap grace)라고 부른다. 『나를 따르라』 도입부에서 본회퍼는 이렇게 말한다. "기독교의 확장과 교회의 점증하는 세속화로 인해 고귀한 은혜에 대한 인식이 점점 사라져 가고 있다."[11]

약 10년 후 베트게에게 보낸 편지에서 그는 "교양 있는 사람, 분주한 사람, 안락한 사람, 혹은 음탕한 사람들의 천박한 세속성"에 대해 말한다.[12] 본회퍼는 이 세탁물 목록을 일반인이나 교회 밖에 있는 사람들에게가 아니라 교회 안에 있는 목회자들과 신학자들에게 적용하고 있다. 교양 있는 사람, 분주한 사람, 안락한 사람, 혹은 음탕한 사람들 모두가 세상에서 아주 편안하게 살아가고 있다. 그들은 하나님의 말씀을 너무 가볍게 여긴다.

여기에서 본회퍼는 문화적으로 수용된 기독교, 즉 자신의 지지자들에게 거의 아무것도 요구하지 않는 기독교를 염두에 두고 있다. 부자 청년 관원처럼, 그들은 자기들이 원하는 대로 살아가면서 예수와의 형식적인 만남만으로 충분하다고 여긴다(마 19:16-30). 본회퍼는 부자 청년 관원이 자신에 대한 위안을 추구하지만 "스스로 허락한 용서로 스스로를 위로하고자 하는" 이들을 대표할 뿐이라고 말한다. 그들은 "자기 자신에게 걸려 든" 사람들이다.[13]

그들은 부자 청년 관원이 그랬던 것처럼 조언과 제언을 얻기 위해 선한 선생을 찾아간다. 하지만 그들은 예수 그리스도가 제자들에게 주셨던 "무조건적 권위를 지닌 하나님의 명령"은 따르지도 구하지도 않는다.[14] 그들은 자기들에게 '마음의 평안'을 주는 전문가를 찾을 뿐이다.

우리가 3장에서 논의했던 본회퍼의 소설 『일요일』(Sunday)은 그런

---

10 어떤 주석가들은 "하나님의 말씀으로 거룩하여짐이라"는 이 구절이 창조, 특히 하나님의 명령과 발언으로 만물이 창조된 것을 가리킨다고 여긴다. 이것은 하나님의 창조 안에 하나님과 그분의 창조 행위에 근거한 선함이 존재한다는 의미다.

11 *DBWE* 4:46.

12 본회퍼가 1944년 7월 21일 베트게에게 보낸 편지에서, *LPP*, 369.

인물들로 가득 차 있고, 그들은 모두 프라우 브레이크(Frau Brake)를 당황케 한다. 본회퍼는 그렇게 문화적으로 적응된 교인들에게 관심을 두지 않는다. 다만 그는 그들을 인간에게 아무것도 요구하지 않는 안전한 하나님을 따르는 '종교적인 사람들'이라고 부를 뿐이다. 크리스천 스미스(Christian Smith)는 그런 경향을 "도덕주의적이고 치유적인 이신론"(Moralistic Therapeutic Deism)이라고 부른다.[15]

문화적 개신교도가 되고자 하는 유혹은 달콤하지만 결국 헛된 달콤함이다. 루터는 그의 95개 논제 중 92번째 논제에서 예언서의 한 구절을 인용하며 이렇게 선언한다. "평화가 없음에도 그리스도 교인들에게 '평화, 평화'라고 외치는 예언자들을 모두 물리치라."[16]

이 두 가지 유혹(수도사적 철수와 수용력 있는 개신교)에 맞서기 위해 우리는 한 발 뒤로 물러서서 우리의 세상을 전혀 다른 시각으로 바라봐야 한다. 본회퍼는 현실을 명확하게 밝힌 후, 세상과 세상에서의 우리의 삶에 대해 몇 가지 책망을 한다. 그러나 우리는 뒤로 물러나 보다 나은 관점을 살피기 전에 먼저 독일 개신교에 대한 본회퍼의 비판을 좀 더 면밀하게 살펴봐야 한다. 이런 비판은 결국 그로 하여금 '**종교 없는 기독교**'(religionless Christianity)를 불러내도록 이끌었다.

---

13 *DBWE* 4:69.

14 *DBWE* 4:70.

15 Christian Smith & Melinda Lundquist Denton, *Soul Searching: The Religious and Spiritual Lives of American Teenagers* (New York: Oxford University Press, 2005).

16 Martin Luther, *Martin Luther's Ninety-Five Theses*, ed. Stephen J. Nichols (Philipsburg, NJ: P&R, 2002), 47. 이 인용 구절은 예레미야 6:14과 8:11 그리고 에스겔 13:10과 13:16에 근거하고 있다.

종교 없는 기독교

본회퍼가 한 말 중 "종교 없는 기독교"보다 사람들을 더 많이 놀라게 한 것도 없을 것이다. 칼 바르트부터 미국의 보수적인 신학자들에게 이르기까지 거의 모든 신학적 스펙트럼에 속한 신학자들이 그 표현에 이의를 제기했다. 그러기에 우리는 거기에 주목할 필요가 있다.

베트게는 이 표현에 대한 긴 논의를, 그것이 본회퍼가 테겔 형무소에서 생각한 것이 아니라 그의 초기 작품들에까지 거슬러 올라가는 개념임을 지적하는 것으로 시작한다. 베를린에서 강의하던 시절부터 본회퍼는 '종교'(religion)라는 말을 '신앙'(faith)을 대체하기 위한 계몽주의의 노력을 가리키는 데 사용했다. 그는 비록 그 이름을 직접 거명하지는 않았으나 존 로크(John Locke)를 포함해 영국의 이신론자들을 당당하게 비난했다. "코페르니쿠스 이후 영국의 이신론자들의 영향력 아래 '종교'라는 단어가 '신앙'이라는 단어를 대체하고 있다."[17]

본회퍼는 계속해서 이것이 어떻게 믿음을 강조했던 종교개혁으로부터의 이탈을 표현하는지 보여 준다. 그리고 이것이야말로 우리가 본회퍼가 '종교 없는 기독교'라는 말로써 의미하고자 했던 것을 이해하는 첫 번째 포인트다. 베트게는 그것을 이렇게 요약한다. "그의 근본적인 경험 가운데 신앙과 종교 사이의 분명한 구별이 있었다."[18]

하나님이 우리에게 내려오시는 것을 강조했던 종교개혁으로부터의 이런 이탈은 인간이 하나님께 도달하는 코페르니쿠스적 혁명으로 이어졌다. 그리고 이것은 결국 19세기에 이르러 종교사학파

---

17 Bonhoeffer, "The History of Twentieth-Century Systematic Theology," *DBWE* 11:209.
18 Eberhard Bethge, *Dietrich Bonhoeffer: A Biography*, en1. ed. (Minneapolis: Fortress, 2000), 872.

(*Religionsgeschichtliche Schule*)를 탄생시켰다. 그 긴 이야기를 압축해 말하자면, 그로부터 몇 세대 후 독일 루터교회는 길을 잃었다.

본회퍼는 공식적인 국가 교회에서 그 어떤 희망도 찾지 못했다. 그는 '종교' 안에서 그 어떤 희망도 보지 못했다. 그리고 테겔 형무소에 수감되어 있는 동안, 그는 하나님의 말씀과 그리스도께 신실한 교회를 얻기 위해 교회를 '종교'로 보는 입장을 포기할 것을 제안했다. 신앙은 하나님이 우리에게 내려오시는 것을 의미한다. 반면 종교는 인간이 하나님께 도달하는 것을 의미한다. 본회퍼는 오직 전자에만 관심을 두었고, 후자에는 아무런 흥미가 없었다.

베트게는 본회퍼의 이런 생각을 확대하면서 다음과 같이 쓴다. "여기서 '종교'가 의미하는 것은 인간이 자신의 한계 너머에 이르러 신성을 구하고, 도움과 보호를 이끌어 내는 활동을 의미한다. 즉 그것은 자기 의인[self-justification]으로서의 종교인 것이다."[19] 그것은 본회퍼에게 그 어떤 호소력도 갖지 못했다.

만약 본회퍼가 베를린에서 했던 강의를 돌아본다면, 신앙으로부터 종교로의 이탈이 무엇을 의미하는지 알 수 있을 것이다. 그것들을 두 개의 도미노 사슬로 간주해 보라. 신앙과 종교 중 어느 쪽이든, 그 첫 번째 도미노는 우리가 성경을 보는 방식, 그다음 도미노는 그리스도를 보는 방식, 그다음은 복음을 보는 방식, 그다음은 하나님의 나라를 보는 방식, 그리고 그다음은 윤리와 제자도를 보는 방식으로 이루어져 있다. '종교'를 첫 번째 도미노로 갖고 있는 사슬은 당신이 성경을 인간의 책으로, 그리스도를 그저 인간일 뿐이고 좋은 본보기를 보이는 이로, 복음을 정당성이 없는 것으로, 하나님의 나라를 단지 사회

---

19 Ibid.

적 향상으로, 그리고 제자도를 자기 성취와 실현에 불과한 것으로 보게 만든다. 우리는 본회퍼가 기독교에 대한 모방에 불과한 이런 교회에 아무런 매력도 느끼지 못했음을 알고 있다. 이런 심각한 신학적 결함은 독일의 루터교회가 히틀러에게 맞서 발언하지 못했던 무능함을 잘 보여 준다.

만약 우리가 다른 도미노 사슬, 즉 '신앙'으로 시작하는 도미노 사슬을 바라본다면, 거기에서 우리는 완전히 다른 결과를 얻게 된다. 신앙에서 출발할 경우, 성경은 계시된 하나님의 말씀이며, 그리스도는 우리를 위해 대신 죽으신 신인이시다. 다음으로 복음은 필연적으로 의인(義認)을 의미하는데, 여기서 우리는 구원의 문제와 관련해 얼마나 수동적인 상태에 있는지를 알게 된다. 그다음으로 하나님의 나라는 저주에 대한 역전과 샬롬(shalom)의 재건을 뜻한다. 마지막으로 제자도는 예수를 따르는 것, 즉 그분의 고난과 부활의 능력을 경험하여 그와 연합하는 것을 배우는 삶을 뜻한다. 이처럼 본회퍼는 늘 종교보다 신앙을 우선시했다.

베트게는 절제하면서 이렇게 말한다. "결국 본회퍼는 교회에 대해 지극히 비판적인 상태가 되었다."[20] 에릭 메택시스는 이렇게 맞장구를 친다. "첫째로, 이런 '종교적' 기독교는 이 큰 위기 동안 독일과 서구를 실패에 빠뜨렸다. 그리고 본회퍼는 드디어 '예수 그리스도의 주권이 일요일 아침과 교회마저 지나쳐 온 세상 속으로 넘어가는 때가 이른 것이 아닐까?' 하고 생각했다."[21] 종교는 너무 작아 제한적이었고, 전혀 도움이 되지 않았다. 본회퍼는 다른 곳을 찾아보기로 했다.

---

20 Ibid., 887.
21 Eric Metaxas, *Bonhoeffer: Pastor, Martyr, Prophet, Spy* (Nashville: Thomas Nelson, 2010), 467. 『디트리히 본회퍼: 목사, 순교자, 예언자, 스파이』.

마침내 그는 신앙으로 되돌아갔고, 이 신앙은 그를 그 동안 우리가 말해 왔던 바, "그리스도 목적적인", 곧 "그리스도 중심적인" 기독교로 이끌어갔다.[22]

본회퍼는 베를린 강의에서 신앙으로부터 종교로의 이탈에 대해 살핀 후 계속해서 그리스도와 그분의 사역에 초점을 맞춘다. 그는 십자가로부터 흘러나와 우리에게로 내려오는 '의인'(justification)과 '외래적인 의'(alien righteousness)를 강조한다.[23] 대부분의 서구 개신교는 자기를 정당화하는 데 몰두하느라 이런 가르침을 위한 여지를 남겨 두지 않았다. 그로 인해 우리는 당시 교회를 비판하며, 전혀 다른 방향으로 나아가라고 제안했던 본회퍼를 마주하게 된다.

테겔 형무소에서 본회퍼는 '종교 없는 기독교'에 대한 그의 생각을 계속해서 발전시켰다. 하지만 그것을 온전히 발전시킬 기회는 얻지 못했다. 본회퍼는 베트게에게 보낸 편지에서 이렇게 말한다. "계속해서 나를 괴롭히고 있는 문제는 '오늘날 우리에게 기독교는 무엇이며 그리스도는 누구인가?' 하는 걸세."[24] 종교적 언어는 이 질문에 답을 주지 못하거나, 주더라도 충분한 답을 주지 못할 것이다.

하지만 본회퍼는 그 질문에 답하기 위해 그리스도를 바라보고, 우리가 2장에서 마주했던 주제인 고통당하시는 하나님, 곧 연약한 하나님을 바라본다. 본회퍼는 세상이, 적어도 서구 세계가 성년에 이르러 하나님을 저버리는 것을 목격했다. 이어서 그는 그 세상이 제2차 세

---

22 흥미롭게도 베트게는 본회퍼의 그리스도론이 바르트가 다루기에는 너무 방대했다고, 그리고 바로 그것이 바르트가 본회퍼가 제안한 '종교 없는 기독교'를 추구하는 것이 별 도움이 안 된다고 보았던 이유였다고 누설한다. Bethge, *Dietrich Bonhoeffer*, 888-90을 보라.

23 Ibid., 236-39.

24 본회퍼가 1944년 4월 30일 베트게에게 보낸 편지에서, *DBWE* 8:362.

계대전에 뛰어드는 것을 보았다. 그는 감옥에서 자신과 교회가 다시 어떻게 세상을 향해 말할 수 있는가에 대해 생각했다. 형식적인 종교성에 근거한 경건한 답들은 그런 질문에 답하지 못할 것이다.

본회퍼는 그것을 확실히 알고 있었다. 베트게에게 보낸 또 다른 편지에서 그는 자기가 회개, 신앙, 의인, 중생, 그리고 성화 같은 개념들을 "요한복음 1장 14절의 의미로" 다시 생각하고 있는 중이라고 말했다.[25] 그는 교회가 그리스도를 잊어버림으로써 자신의 길을 잃어버린 것에 대해 안타까워하며, 교회가 그 길을 다시 찾을 수 있도록 도울 방법을 생각하고 있었다.

만약 본회퍼가 "종교 없는 기독교" 대신 "그리스도로 가득 찬 기독교"에 대해 말했더라면, 아마도 그는 소동을 일으키지 않았을 것이다. 하지만 본회퍼가 그 말로써 의미하고자 했던 것이 무엇인지 이해한다면, 당신은 그가 얼마나 옳았는지 알게 될 것이다.[26]

유일한 현실

그리스도로 가득 찬 기독교에 대한 본회퍼의 비전은 우리가 교회의 역할과 이 세상에서 어떻게 살아야 하는지를 이해하도록 돕는다. 본회퍼는 '수도사'나 '문화적 개신교도'라는 호칭들의 표면 밑을 살펴 문제의 근원과 그 뿌리에 있는 잘못된 세계관을 찾아낸다. "그리스도, 현실, 그리고 선"이라는 제목이 붙은 『윤리학』의 첫 번째 장에서 본

---

25 본회퍼가 1944년 5월 5일에 베트게에게 보낸 편지에서, *DBWE* 8:373.
26 본회퍼 학자인 크리스티안 그레멜스(Christian Gremmels)는 본회퍼의 '종교 없는 기독교'에 관한 논의를 이런 말로 결론짓는다. "요약하자면, 본회퍼의 주제는 현대 세계의 '성인됨'이나 '세속성', '종교 없음'이 아니다. 그런 표현들은 그럴 듯하고 인상적이지만, 신학적으로는 단지 보조적인 개념으로 기능할 뿐이다. 그것들은 지금 예수 그리스도를 증언하는 과업에 도움을 줄 뿐이다." "Editor's Afterword to the German Edition," *DBWE* 8:588.

회퍼는 '실제 세계', 곧 물리적인 자연 영역과 영적인 하늘 영역 사이에 날카로운 쐐기를 박아 넣는 현실에 대한 잘못된 개념들을 이야기한다. 그는 중세 시대의 신학자들을 비난하면서 이렇게 말한다. "중세 역사 전체가 세속의 영역 위에 있는 영적 영역, 즉 자연의 통치[*regnum naturae*] 위에 있는 은혜의 통치[*regnum gratiae*]라는 주제 주변을 맴돌았다."[27]

그러나 현대의 도래로 인해 운명이 역전되었다. 자연의 영역이 점점 영적 영역을 주변으로 내몰았다. 말하자면, 실제 세계가 더욱더 공간을 차지해 갔고, 그로 인해 영적 세계는 점점 더 설 자리를 잃어 갔다. 본회퍼는 그것을 이렇게 말한다. "현대 시대는 세속의 영역이 영적 영역에 맞서 점점 독립을 얻어 가는 특징을 지닌다."[28] 유신론은 자연주의에 길을 내주었던 것처럼 이신론에도 길을 내주었다.

본회퍼는 중세 시대의 방식으로 돌아가는 것을 옹호하지 않는다. 사실 그는 영적 영역과 자연의 영역 사이의 줄다리기를 문제의 핵심으로 여긴다. 우리는 **세상에 대한 개입을 희생함으로써** 영적 영역에 완전히 몰두하는 수도사가 되든지, 아니면 **그리스도를 진지하게 여기는 것을 희생함으로써** 자연의 영역에 완전히 몰두하는 문화적 개신교도가 되든지 한다. 혹 우리는 제3의 선택을 할 수 있다. 즉 우리는 "동시에 그 두 영역에 서려 하고" 그 과정에서 "영원한 갈등에 처한 사람"이 될 수 있다.[29]

---

27 *regnum gratiae*는 은혜의 통치 영역, 곧 '영적 영역'을 의미하고, 반면에 *regnum naturae*는 자연의 통치 영역, 곧 '자연의 영역'을 의미한다. 『윤리학』의 편집자는 본회퍼가 이런 표현들로 "어떤 공간적 요소"를 포함하고자 했다고 설명한다. 우리는 이런 것들이 다른 두 장소와 다른 두 세계관을 대표한다고 말할 수 있을 것이다.
28 *DBWE* 6:57.

하지만 본회퍼는 이 세 가지 선택 중 어느 것에도 끌리지 않았다. 그래서 그는 그 문제의 원인으로 되돌아가는데, 그가 보기에 그 원인은 두 영역, 즉 '영적 영역'과 '자연적 영역'이라는 두 현실을 구별하는 것이었다. 그는 말한다. "두 개의 현실이 아니라 오직 하나의 현실이 있을 뿐이다. 그것은 세상의 현실 안에서 그리스도를 통해 계시된 하나님의 현실이다."[30]

전형적인 독일 사상가였던 본회퍼는 자신의 견해를 표현하기 위해 몇 개의 개별적인 단어들을 합쳐 **'그리스도-현실'**(*Christuswirklichkeit*)이라는 새로운 복합어를 만들어 냈다.[31] 이 '그리스도-현실'은 우리에게 세상에 대해 우리가 흔히 취하는 것과는 근본적으로 다른 관점을 지닐 것을 요구한다. 분명 그것은 "세상에 있되 세상에 속하지 않으며" 살아가는 것과 관련된 모든 문제를 해결해 주지는 않는다. 하지만 그것은 우리가 그 문제를 해결하기 위해 방법을 찾는 시작점에서 좋은 동기가 된다.

우리가 현대 세계, 곧 본회퍼가 말하는 '문화적 개신교'를 향해 해야 하는 답은 "그리스도를 위한 자리를 만들라"가 아니다. 이와 동시에 우리는 본회퍼가 말하는 '수도사들'에게 "세상을 위한 자리를 만들라"고 말해서도 안 된다. 오히려 이 둘은 모두 어떤 면에서 급진적으로 다르나 단일한 기독교의 통일된 관점을 가질 필요가 있다. 우리는 그리스도가 그분의 제자인 우리의 삶에 요구하시는 것과 그 제자도 안에서 드러나는 우리의 모습을 보기 위해 동일한 관점을 가질 필요가

---

29 *DBWE* 6:58.
30 *DBWE* 6:58.
31 *DBWE* 6:58. 볼드체는 본회퍼 자신의 것임.

있다.

본회퍼는 스물두 살 때 바르셀로나에서 한 "예수 그리스도와 기독교의 본질"이라는 제목의 강연에서 이런 생각을 드러낸 바 있다. 이 강연에서 본회퍼는 역사적 예수와 신앙의 예수를 구별하는 비판적 학자들의 전통, 이른바 "역사적 예수 탐구"의 문제를 다루었다. 본회퍼는 이런 접근법에 거리를 두면서 이렇게 말한다. "우리는 신약 성경이 말씀하시도록 허락해야 한다. 그리고 듣는 자가 되어 그 책이 우리에게 강력하게 제시하는 요구를 들어야 한다."[32]

이는 "역사적 예수 탐구"가 주장하듯이, 하나님의 말씀을 우리에게 복종시키는 것이 아니라, 오히려 우리가 하나님의 말씀에 복종하는 것을 의미한다. 본회퍼가 주장하듯이, "만약 우리가 그리스도를 모시고자 한다면, 우리는 그분이 우리의 삶 전체에서 중대한 요구를 하신다는 사실을 알아야 한다. 만약 우리가 단지 우리의 영적 삶의 영역에서만 그분을 위한 자리를 마련한다면, 그분을 이해하지 못할 것이다. 우리가 그분을 이해하는 것은 우리의 삶의 방향을 그분으로부터 얻을 때뿐이다. … 그리스도의 종교는 빵 한 조각이 아니라 빵 그 자체다. 그렇지 않다면, 그것은 아무것도 아니다."[33]

바로 이것이 본회퍼가 우리에게 추천하는 세속성의 핵심이다. 그는 우리에게 실제 세계를 영적 세계와 맞세워 놓고 그 둘 사이에 갈등을 초래하는 대신 하나님의 제자로서 하나님의 세상과 우리의 문화 안에서 온전하게 살아갈 것을 요구한다.

'문화'는 종종 우리가 아주 느슨하게 사용하는 일상어다. 세상으로

---

32 Bonhoeffer, "Jesus Christ and the Essence of Christianity," 1928년 12월 11일, *DBWE* 10:346.
33 Ibid., 342.

부터의 철수든, 세상에 대한 순응이든, 이 두 극단 모두는 문화에 대한 무기력한 견해로 고통을 겪기 십상이다. '세상으로부터의 철수'라는 방식에는 창조 신학을 위한 자리가 없다. 이때의 창조 신학이란 단순히 세상의 기원에 대한 견해가 아니라 하나님이 역사하시고 그분의 선하심이 드러나는 장소로서 현재 세상에 대한 우리의 견해를 의미한다. 종종 신학자들은 이 후자를 '일반 은총'이라고 부른다. 반면 문화를 무비판적으로 수용하고자 하는 이들은 그 안에 존재하는 선과 악을 구별하지 않는다. 본회퍼의 표현을 빌리자면, 그들은 세상의 "이미 타락했고 또한 타락하고 있는" 본성을 무시한다.[34] 두 가지 접근 모두 문화에 대한 분명한 사고의 결여로 고통을 겪는다.

본회퍼가 이 논쟁과 관련해 취한 명확한 입장은 무엇보다도 창조와 자연 혹은 피조된 것과 자연적인 것을 구분하는 것과 관련되어 있다.[35] 그에게 '피조계'(the created world)는 타락 이전의 세상이다. 반면 '자연계'(the natural world)는 타락 이후의 세상이다. 더 나아가 그는 자연적인 것과 비자연적인 것을 구별한다. 자연계 안에서 살아가는 이들은 타락을 이해하고, 심지어 그것을 죄에 비추어 새로운 현실로 '받아들인다.' 자연계 역시 구속과 화해, 궁극적으로는 새 하늘과 새 땅 안에서의 새로운 창조를 갈망한다.

그러나 비자연계는 궁극적으로 타락한 세상, 즉 순진하게도 하나님이 없는 척하며 살아가는 자들이 거주하는 세상이다. 결국 그들은 마치 타락이 없는 것처럼, 그래서 구속도, 화해도, 새 하늘과 새 땅의 도래도 필요 없는 것처럼 여기며 잘못 살아간다.

---

34 *DBWE* 3:120.
35 *DBWE* 6:173 이하.

본회퍼는 무엇보다도 세상에 대한 이런 자연적 관점과 관련해 흥미로운 주장을 한다. "이는 타락한 세상의 한계 안에 있는 인간의 역사를 낙관적으로 바라볼 수 있는 충분한 이유가 된다."[36] 이것은 단련된 낙관주의, 말하자면 신학적으로 빈틈이 없는 낙관주의다. 또한 그것은 우리가 인간의 향상을 위해 문화 안에서 행동할 수 있는 희망의 근원이다. 그리고 본회퍼는 이 사실을 기억하도록 이 문장을 나치 독일의 어느 형무소 감방에서 쓴다.

본회퍼가 보기에 세상은 분명히 타락했고, 또 타락하고 있었다. 세상과 사람을 그렇게 이해하지 않는 것은 어리석은 일이다. 그러나 예수 그리스도가 오심으로 세상이 구속되었고, 약속과 언약이 성취된 것 역시 분명한 사실이다. 그리고 이제 우리는 그의 이런 통찰을 통해 세상이 구속되었고 또 구속되고 있다고, 다시 말해 하나님이 구속의 행위를 시작하셨고, 온전하고 최종적인 구속을 향해 세상을 움직이고 계시다고 덧붙여 말할 수 있다.

문화와 제자도에 대한 이런 접근은 매우 신학적이다. 본회퍼는 특별히 '창조', '의인', 그리고 '화해'라는 세 가지 교리를 강조한다. 더 나아가 그는 이 세 가지 교리의 종말론적 차원을 바라보면서 우리로 하여금 새 하늘과 새 땅 안에서의 궁극적 화해에 주목하게 한다. 이 교리가 주는 가르침은 우리가 어떻게 세속적인 삶을 살 수 있는지를 설명해 준다.

사실 이 세 가지 교리는, 우리가 본회퍼의 신학에 관해 알고 있는 모든 것들과 조화를 이루면서, 하나의 교리 곧 그리스도론으로부터 나온다. 우리는 그리스도 안에서, 즉 그분의 성육신과 세상에서의 삶

---

36 *DBWE* 6:177.

과 죽음, 그리고 부활 안에서 참으로 세속적인 삶이 어떤 것인지를 발견한다.

디트리히 본회퍼는 "세상에 있되 세상에 속하지 않음"과 관련된 모든 혼란을 멈추고 명확성과 건전한 방향을 제공한다. 그의 접근 방식은 감탄하지 않을 수 없다. 먼저 그는 명확성을 제공함으로써 우리가 문화와 세상에 대한 신학, 즉 창조와 타락, 부분적인 화해('이미'), 그리고 완전한 화해('아직' 혹은 다가오는 '새 하늘과 새 땅')의 사건들을 고려하도록 돕는다.

또한 본회퍼는 우리가 그 명확성을 통해 그리스도께 주목하도록 이끈다. 궁극적으로 그는 윤리에 대한 정의를 위해 그리스도를 바라본다. 그는 참되고 온전한 세속성에 대한 이해를 얻기 위해 그리스도를 바라본다. 그는 우리에게 그리스도인다운 삶을 사는 길을 보이기 위해 그리스도를 바라본다. 바로 이것이 우리가 제자도에 대한 본회퍼의 견해를 "그리스도 목적적 제자도"로 이해할 수 있는 이유다. 우리는 그리스도를 따른다. 그리고 여기에 그 방법이 있다.

책임 있게 살기: 네 가지 명령

본회퍼에게 자연계인 문화, 즉 타락했고 타락하고 있으며 또한 구속되었고 구속되고 있는 이 문화는 우리가 처해 있는 상황이다. 하나님이 어떻게 문화를 주시고, 그리스도가 이 문화를 이끌어 가시는(그리스도 목적적인)지를 보이기 위해, 본회퍼는 문화를 "네 가지 명령"(four mandates)으로 설명한다.

『윤리학』 첫머리에서 그는 이렇게 말한다. "그런 사실을 알든 모르든, 세상은 그리스도와의 관계 속에 존재한다. 세상과 그리스도의 이런 관계는 **하나님의 네 가지 명령**으로 굳건해진다."[37] 이어서 그는 성경에 기록된 네 가지 명령을 열거한다.

- 일
- 결혼
- 정부
- 교회

본회퍼는 이것들을 다음과 같이 설명한다. "세상에서 하나님은 일, 결혼, 정부, 그리고 교회를 원하신다. 또한 하나님은 이 모든 것이 그리스도 안에서 그분을 향해 이루어지기를 바라신다. … 그러므로 '세속적' 영역으로부터 '영적' 영역으로의 후퇴는 있을 수 없다."[38]

일

일과 관련해 본회퍼는 이렇게 쓴다. "성경에서 우리는 이미 첫째 사람과 함께 일에 대한 명령과 마주한다."[39] 그것은 타락 이전과 이후 모두에 주어진 명령이다. "아담은 들에서 먹을 것을 얻기 위해 이마에 땀을 흘리며 씨름한다. 그리고 인간이 하는 일의 범위는 농사에서 경제적 활동을 지나 과학과 예술로까지 확대된다[창 4:17 이하]."[40]

이때 본회퍼는 더 나아가 일을 "공동 창조적인 인간의 행위"라고 부르면서 다음과 같이 덧붙인다. "세상 모든 만물은 예수 그리스도의 영광을 위해 창조되었고, 그 안에서 피조물들은 그분을 섬기며 구속의

---

37 *DBWE* 6:68, 강조는 본회퍼 자신의 것임.
38 *DBWE* 6:69.
39 *DBWE* 6:70.
40 *DBWE* 6:70.

가지를 드러낸다."⁴¹⁾ 그리고 "아무도 이런 명령에서 물러설 수 없다."⁴²⁾

이것은 일에 대한 광의적이고 구속적인 견해다. 본회퍼는 감옥에 있는 동안 밖에 있는 이들에게 책을 가져다달라고 자주 요청했다. 때로는 특정한 제목까지 언급해 가면서 그렇게 했다. 또 그는 자신의 편지를 받는 이들에게 지금 자기가 무엇을 읽고 있는지에 대해 말했다. 언젠가 그는 친구 에버하르트에게 이렇게 말했다. "내 자신이 자연과학에 그토록 무지하다는 사실이 아주 유감스럽네. 하지만 지금으로서는 어찌 할 수 없는 결함이네."⁴³⁾

그는 음악, 사회학, 교육, 교육철학, 그리고 심리학 등에 관해 읽고 썼다. 그는 그 분야에서 일한 이들의 공헌을 네 가지 명령 중 하나인 '일'이라는 관점에서 보았다. 그는 하나님의 세계와 그 안에서 그분을 영화롭게 하고 섬기는 것이 무엇을 의미하는지에 대해 폭넓은 시각을 갖고 있었다. 본회퍼가 "친구"라는 제목의 시를 쓴 것은 1944년 에버하르트의 생일을 축하하기 위해서였다. 이 시에는 다음과 같은 구절이 등장한다.

인간의 삶에

내용과 의미를 제시하는

일이 늘어난다.⁴⁴⁾

본회퍼는 일에서 큰 가치를 보았다. 나는 그것이 사람들이 그를 그

---

41 *DBWE* 6:70.

42 *DBWE* 6:71.

43 본회퍼가 1944년 2월 2일 에버하르트 베트게에게 보낸 편지에서, *LPP*, 204.

44 Bonhoeffer, "The Friend," 1944년 8월 28일, *DBWE* 8:528.

토록 매력적으로 여기는 이유의 일부라고 여긴다.

본회퍼가 형무소에 있는 동안 그와 함께 있던 이들은 그의 훈련에 대해 증언했다. 그는 일을 하고 있든 하지 못하고 있든 자주 자신의 일을 언급했다. 이 일은 일차적으로 개념과 말에 관한 것이었다. 하지만 그는 육체노동도 귀하게 여겼다. 약혼녀인 마리아에게 보낸 편지에서 본회퍼는 일을 하는 것이 어떻게 구속적인 것이 될 수 있는지에 대해 말했다. "많은 이들이 일이 주는 가장 큰 유익이 정신을 완화시키는 것이라고 생각합니다."[45]

하지만 본회퍼는 그런 생각을 반박했다. "개인적으로 나는 올바른 일이라면, 그것이 우리를 이타적으로 만들 것이라고 생각합니다. 이로써 인간적인 흥미와 관심으로 가득 찬 사람이 다른 이를 섬기게 되고, 계속해서 그 이타심을 갈망하는 것, 이것이야말로 정말 귀한 일이 아닐까요?"[46] 이타심을 계발하기 위한 수단으로서 일을 이해한 그에게 일은 곧 그리스도 목적적 제자도를 살아내는 것이었다.

결혼과 가정

두 번째 명령은 결혼과 가정이다. 이 명령 역시 아담과 하와와 함께 시작된 것으로 타락 이전과 이후 모두에 주어졌다. 타락 이후의 곤경과 관련해 본회퍼는 이렇게 말한다. "그러나 첫째 사람의 첫째 아들 가인이 낙원에서 멀리 떨어진 곳에서 출생해 형제를 살해한 자가 된

---

45 본회퍼가 1944년 8월 13일 마리아 폰 베데마이어에게 보낸 편지에서, *Love Letters from Cell 92: The Correspondence between Dietrich Bonhoeffer and Maria von Wedemeyer, 1943-45*, ed. Ruth-Alice von Bismarck and Ulrich Kabitz, trans. John Brownjohn (Nashville: Abingdon, 1995), 260. 『옥중연서-디트리히 본회퍼의 약혼녀 마리아의 편지』, 정현숙 옮김(복 있는 , 2013).

46 Ibid.

까닭에 이 세상에 속한 우리의 결혼과 가정 위로도 어두운 그림자가 덮였다."[47]

그러나 우리 위에 이런 어두운 그림자가 배회하고 있을지라도, 우리는 그리스도 안에서 그리스도를 향해 살도록 결혼과 가정생활 속에서 부르심을 받고 있다. 본회퍼는 하나님이 종종 우리의 아버지로 언급되는 것은 말할 것도 없고, 바울이 그리스도와 교회의 관계를 결혼 관계로 언급한 것을 지적한다(엡 5:1).[48] 그리스도 목적적 제자로서 살아가는 일은 가정에서부터 시작된다.

나는 이것을 존 웨슬리(John Wesley)의 예에서 부정적으로 상기한다. 그는 아주 드물기는 했으나 자신이 런던에 머물 경우를 대비해 런던 시내에 연립주택 한 채를 지은 적이 있다. 그때 침실 곁에 기도실용으로 방을 한 칸 확보해 두었는데, 그가 매일 아침 몇 시간씩 기도실에 처박혀 있자 그의 전설적일 만큼 악명 높은 부부관계가 요동치기 시작했다.[49]

사실 나는 내 잘못이 생각나서 이런 예를 들기가 여전히 꺼림칙하다. 그리고 웨슬리는 하나님이 강력하게 사용하셨던 모델이기도 하다.[50] 사실 우리는 모두 그리스도가 우리를 사랑하시고 우리를 위해 자신을 주신 것처럼, 그리고 우리의 아버지이신 하나님이 우리를 사랑하시고 우리에게 좋은 선물을 주시는 것처럼, 우리의 배우자와 자녀들을 더 잘 사랑할 수 있다.

---

47 *DBWE* 6:71.
48 *DBWE* 6:71.
49 Doreen Moore, *Good Christians, Good Husband? Leaving a Legacy in Marriage and Ministry* (Ross-Shirre, UK: Christian Focus, 2004)을 보라. 『신실한 크리스천은 모두 신실한 남편인가?』, 김명숙 옮김(미션월드 라이브러리, 2006).
50 Fred Sanders, *Wesley on the Christian Life: The Heart Renewed in Love* (Wheaton, IL: Crossway, 2013)을 보라.

정부

다음으로 본회퍼는 세 번째 명령인 정부에 대해 생각한다. 당시의 상황을 감안한다면, 그는 아주 거센 물살 속으로 뛰어들고 있는 셈이다. 그는 정부가 하나님이 주신 것이라고 확언한다. 즉 정부는 정의를 세우기 위해 주어진 것이다. 또한 "정부는 칼의 힘으로 정의를 세움으로써 예수 그리스도의 세상을 세운다"라고 주장한다.[51] 이것은 본회퍼가 『윤리학』에서 말하고자 하는 모든 것이었다. 본회퍼가 자신의 형무소 심문자에게 보낸 편지를 살펴보면, 그의 관심사가 정치철학이나 사회윤리가 아니었음을 알게 된다. 그가 염두에 두고 있던 '도시'(polis)는 교회였다. 이때 그는 어려운 질문을 피하거나 몸을 사리고 있었던 것이 아니다. 오히려 그는 아주 분명하게 복음주의적인 윤리학을 추구하고 있었다. 그러나 그의 이런 윤리학은 정당하게 우리를 세상으로 돌려보낸다.

본회퍼는 『윤리학』의 뒷부분에서 세상에 대한 교회의 의무를 쓴다. 그는 우리가 세상으로부터 하나님께로 가는 경향이 있다고 지적한다. 하지만 그는 하나님과 그분의 말씀으로부터 세상을 향해 나아가도록 촉구한다. 이것이 "올바른 출발점이다."[52] 그는 말한다. "세상을 향한 교회의 메시지는 세상을 향한 하나님의 말씀에 다름 아니다. 이 말씀은 예수 그리스도와 그분의 이름으로 얻는 구원이다."[53]

이어서 그는 이 문제를 더 상세히 설명한다. "세상을 향한 교회의 메시지는 하나님이 자기 아들을 이 땅에 보내신 것을 통해 드러난 세상에 대한 하나님의 사랑과 불신앙에 대한 하나님의 심판에 관한 말

---

51 *DBWE* 6:72-73.
52 *DBWE* 6:356.
53 *DBWE* 6:356.

씀이다."[54] 다음 장에서 우리는 본회퍼가 교회를 말과 행위로 세상에 그리스도를 전하는 모임으로 여기는 것을 보게 될 것이다. 또한 본회퍼 자신이 시민으로서 가담했던 일들에 대해서도 살펴보게 될 것이다. 그러나 지금은 그가 강조했던 것에만 집중하자. "교회-공동체는 그리스도에 대한 자신의 믿음을 세상에 대해 증언해야 한다."[55]

이런 강조 사항은 숙고할 만한 가치가 있다. 이때 본회퍼는 시민 활동을 배제하고 있었던 것이 아니다. 오히려 그는 우리에게 강조해야 할 것을 바르게 강조하고 순서까지 요구하고 있었다. 교회가 말씀에 대해 증언하듯, 우리는 먼저 세상에 대해 증언한다. 우리는 이런 입장에서 정치와 사회윤리에 개입해야 한다. 달리 말하자면, 교회가 세상에 가장 우선적으로 제공해야 할 것은 말씀, 곧 복음에 대한 견고한 증언이라는 것이다. 그것은 긴급한 명령이며 과제다. 또한 우리는 세상을 위해 좋은 시민이 되어야 한다. 직접적으로 말하자면, 우리는 일차적으로 복음을 선포함과 동시에 이차적으로는 덕과 의, 정의를 위해 살고 싸움으로써 세상에서 빛과 소금이 된다.

교회

네 번째 명령은 교회로 이끌어간다. 이 명령은 영원한 구원과 관련되어 있고, 다른 세 명령과 상관이 있으나, 또한 그것들과 구별된다. 본회퍼가 묘사하는 바에 따르면, 그것은 다른 세 명령에 "닿는다." 본회퍼가 '교회'라는 명령이 지닌 이런 성격을 강조한 이유는 우리에게 다음과 같은 사실을 보이기 위해서다.

---

54 *DBWE* 6:356.
55 *DBWE* 6:357.

인간 전체는 예수 그리스도 안에 계신 하나님이 그들을 위해 마련하신 온전히 세상적인 그러나 영원한 현실 앞에 서 있다. … 교회가 세상에 제공해야 하는 증언은 바로 이것이다. 즉 다른 모든 명령들은 사람들을 분열시키기 위해서가 아니라 그들 전체를 창조주이자 화해자, 구속주 이신 하나님 앞에 선 자들로 세우기 위해 존재한다는 것이다. 그리고 그 모든 다양함을 통해 나타나는 현실은 궁극적으로 인간 되신 하나님, 곧 예수 그리스도 안에 있는 현실이라는 것이다.[56]

바로 이것이 본회퍼가 말한 "그리스도 안에 있는 삶"(Christ-usleben)이다. 즉 우리의 삶 전체를 그리스도 안에 있는 것으로 여기는 것이다.[57]

본회퍼는 그의 작품 전반을 통해 교회 혹은, 그가 그렇게 부르는 바, '교회-공동체'(church-community)가 된다는 것의 의미에 대한 통찰을 제공한다. 하지만 그는 특히 『윤리학』에서 여러 가지 유익한 주장을 하는데, 그중 하나는 이렇다. "교회에 속한 이들에게 주어진 첫 번째 과제는 종교 기구를 만들거나 경건한 삶을 영위하는 방식으로 스스로 어떤 대단한 존재가 되는 것이 아니라 세상에서 예수 그리스도의 증인이 되는 것이다."[58]

본회퍼는 『윤리학』 뒷부분에서 이것을 "교회의 선포 의무"라고 말한다. 우리는 "하나님의 말씀을 거듭해서 말하고 선포하며, 전하고 설명함으로써 퍼져나가게 해야 한다."[59] 본회퍼는 이것을 자기 자신에게 적용하여 우리를 교회 밖으로 밀어낸다. 우리가 자신 너머를 바라

---

56 *DBWE* 6:73.
57 *DBWE* 6:58-61.
58 *DBWE* 6:64.
59 *DBWE* 6:396.

보도록 촉구하는 것이다. 이로써 다른 이들 앞에서 복음을 짊어지고 그것을 따라 살아가도록 권면한다.

이제 우리는 세속적인 삶을 살라는 본회퍼의 요구를 이해할 수 있을 것이다. 그는 힘주어 이렇게 말한다.

> 세상의 현실 밖에는 그 어떤 기독교적 실존도 존재하지 않으며, 예수 그리스도의 현실 밖에는 그 어떤 실제적인 세속성도 존재하지 않는다. 그리스도인에게 세상으로부터 물러날 곳은 어디에도 없다. 외부에도, 내면의 삶 속에도 없다. 세상을 피하려고 하는 모든 시도는 조만간 세상에 대한 사악한 굴복이라는 대가를 치르게 될 것이다.[60]

심지어 본회퍼는 한 가지 예를 덧붙이기까지 한다. "천박한 성적 죄가 정복된 곳에서 여전히 천박하지만 세상에 의해 덜 조롱받는 죄들, 가령 탐욕이나 욕망 같은 죄들이 피어오른다."[61] 이 말을 적절하게 이해하려면 지금 그가 우리에게 제자도를 약간이라도 덜 진지하게 취급하라고 말하는 것이 아님을 이해해야 한다. 단순히 몇 가지 죄를 짓지 않는 것은 제자도가 아니다.

제자도는 죄의 목록에 적혀 있는 것들을 피하고, 의무의 목록에 적혀 있는 것들을 이행하는 것 그 이상이다. 본회퍼가 우리에게 알려 주듯이, **제자도는 우리의 삶 전체, 즉 우리의 일, 결혼과 가정생활, 시민으로서의 삶과 교회 공동체 안에서의 삶을 그리스도 안에서 그리스도를 향해 살아가는 것이다.** 그것은 값싼 모방으로 되는 것이 결코 아니다.

---

60 *DBWE* 6:61.
61 *DBWE* 6:61-62.

일, 결혼, 정부, 그리고 교회라는 네 가지 명령은 우리가 우리의 삶을 그리스도 안에서 영위하기 위해 필요한 정황들이다. 이는 급진적인 세속성의 삶을 살기 위해 필요한 것이기도 하다. 성경에 나타난 계명들은 이런 삶을 위한 내용을 제공한다. 하지만 본회퍼는 좀 더 나아가 성경의 모든 명령들이 어떤 구체적인 명령의 토대에 의존한다고 여긴다. 심지어 그는 십계명과 산상수훈이 "서로 다른 두 가지 윤리적 이상이 아니라 하나님과 예수 그리스도께 대한 구체적인 순종을 요구하는 **하나의** 명령이다"라고 선언한다.[62]

그는 한 걸음 더 나아가 우리에게 하나님과 이웃을 사랑하라고 하신 그리스도의 명령이 바로 그 "하나의" 명령이라고 말한다. 또한 이 하나의 명령이 그리스도 안에서 성취되었다고 말한다. 이것은 단순히 그리스도가 우리에게 하나님과 다른 이들을 사랑하라고 가르쳤음을 의미하지 않는다. 사실 그리스도는 그 이상이다. "**그리스도**는 사랑에 대한 유일한 정의다. … 사랑은 언제나 예수 그리스도 자신이다."[63] 이것은 본회퍼의 그리스도 목적적 제자도의 윤곽을 밝혀 준다. 우리가 그분의 세상과 문화 안에서 그리스도를 따를 때 비로소 그분께 순종하는 것이다.

그리스도인과 문화에 관한 논의가 시작될 때마다 (특히 미국의 복음주의자들 사이에서는) 이 대화는 곧장 문화를 변혁하는 문제로 귀결되는 양상을 보인다. 그러나 너무 자주 변혁에 대한 승리주의적 견해가 승기를 잡는다. 이런 견해는 그리스도인이 문화와 맺는 관계를 승리와 패배

---

62 *DBWE* 6:359. 강조는 본회퍼 자신의 것임(사실 『윤리학』의 편집자들은 본회퍼가 이 한 문장 안에서 '하나의'라는 단어를 두 차례나 강조했다고 전한다).
63 *DBWE* 6:335. 강조는 본회퍼 자신의 것임.

의 견지에서 바라봄으로써 '문화 전쟁'으로 규정한다. 대개 승리와 패배는 정치적 수단 및 목적과 상관이 있다. 하지만 본회퍼는 승리주의와는 다른 모델을 제시한다. 그의 모델은 '십자형 모델'이라고 불린다. 우리는 예수 그리스도에 비추어 살아감과 동시에 그분의 이름을 선포함으로써 문화를 변혁한다. 여기에는 문화 전사(cultural warrior)와 같은 입장에는 존재하지 않는 심원한 겸비가 존재한다.

또한 본회퍼는 변혁적 견해에 대해 건강한 경고의 말을 전한다. 그는 우리가 세상을 변화시키기 위해서가 아니라 "필요한 다음 단계"를 밟기 위해 부르심을 받았음을 상기시킨다.

> 그 누구도 세상을 하나님의 나라로 바꿀 책임을 갖고 있지 않다. 하지만 우리에게는 하나님이 그리스도 안에서 인간이 되신 것에 부응하는 데 필요한 다음 단계를 밟아야 할 책임이 있다. … 우리의 과제는 세상을 뒤집어엎는 것이 아니라 우리가 처한 장소에서 객관적으로 필요한 일을 하며, 실제로 그것을 성취하는 것이다. … 그것은 단계적으로 진행해 가면서, 단계마다 무엇이 가능한지를 물어야 한다. 이로써 마지막 단계와 그로 인해 따르는 마지막 책임을 다른 이의 손에 넘겨 주어야 한다.[64]

이런 말을 듣는 것은 고무적이다. 더욱이 우리가 어리석게 짊어지고 있는 세상의 짐을 내려놓게 해준다. 우리는 바로 우리 앞에 있는 단계를 밟도록 부르심을 받고 있을 뿐이다.

몇 문단 뒤에 본회퍼는 훨씬 더 고무적인 말을 덧붙인다. 그는 목회자적 음성으로 "이런 삶이 인간으로 하여금 하나님의 은혜에 의존하

---

64 *DBWE* 6:225.

게 한다"라고 말한다.[65]

그리스도인의 삶, 곧 제자도의 삶을 사는 것이 그리스도 안에서 성숙하는 것임을 기억하는 것은 우리에게 큰 위로가 된다. '성숙'이라는 말은 그것이 하나의 과정임을 상기시켜 준다. 우리는 성숙한 어른의 모습으로 태어나지 않았듯이, 구원으로부터 갑자기 즉각적인 성숙에 이르지도 않는다. 성숙의 과정에서 우리는 비틀거리고 넘어지기도 한다.

우리는 "세상에 있되 세상에 속하지 않는" 삶을 사는 과정에서 늘 올바른 균형을 잡지는 못한다. 우리는 일할 때, 가족과 함께 살아갈 때, 혼란스러운 시대에 시민으로서 살아갈 때, 그리고 그리스도의 몸 안에서 살아갈 때 늘 우리에게 부여된 하나님의 계명을 온전하게 이해하지는 못한다. 우리는 그 계명을 온전히 이해하는 데 실패할 뿐 아니라, 때때로 그것에 순종하는 데도 실패한다.

하지만 그럴 때 자비롭고 은혜로우신 하나님이 우리를 만나 주신다. 우리 가운데 영웅은 없다. 우리를 위해 이 세속적인 그리고 그리스도 목적적인 제자도를 그렇게 훌륭하게 설파해 준 우리의 친구 본회퍼까지도 그렇다. 하나님이 우리를 자신이 창조하고 구속하시며 또한 그리스도 안에서 자신과 화해하게 하고 계신 이 세상 안에서 살아가도록 부르실 때, 우리는 모두 그분의 은혜에 의지해 살아갈 뿐이다. 그리스도 안에서, 그리스도를 통해, 그리고 그리스도를 향해 살아가는 것이야말로 제자도의 본질이다.

---

65 *DBWE* 6:227.

오늘날 교회 안에 있는 우리는 인내하고 견디는 일의 특별한 복에 대해, 즉 그리스도처럼 십자가를 지고 벗어던지지 않는 것, 그것을 지되 그로 인해 주저앉지 않는 것, 그리고 그 아래에서 그리스도를 발견하며 견디는 것에 대해 거의 알지 못합니다.

_디트리히 본회퍼, 로마서 5:1-5에 대한 설교에서, 1938년

자유의 다른 말

1520년 가을, 루터는 아주 바빴다. 그는 출교되었고, 자신이 쓴 세 편의 논문을 탈고했다. 그는 그해를 화롯불과 함께 마쳤다. 자신을 이단으로 선언한 교황의 칙서를 불 속으로 던져 넣었던 것이다. 그가 그 해에 쓴 세 편의 논문 중 하나가 "그리스도인의 자유"(Freedom of the Christian Man)였다. 여기에서 그는 그의 유명한 모순 명제를 제시한다.

그리스도인은 전적으로 자유로운 만물의 주인으로서 아무에게도 예속되지 않는 동시에 전적으로 충실한 만물의 종으로서 모든 이의 지배를 받으며 예속된다.[1]

---

1 Martin Luther, *The Three Treatises* (Minneapolis: Fortress, 1990), 277.

여기에서 우리는 자유를 정의하는 문제, 곧 그리스도 안에 있는 자유가 참으로 무엇을 의미하는지를 이해하는 문제와 마주하게 된다. 미국의 싱어송라이터인 크리스 크리스토퍼슨(Kris Kristofferson)은 전형적인 미국 곡이라고 할 수 있는 "나와 바비 맥기"(Me and Bobby McGee)를 통해 이렇게 말한다. "자유는 잃을 것이 남아 있지 않음에 대한 다른 이름이다." 철학자들은 (정치인이나 군인들은 말할 것도 없고) 오랫 동안 자유의 의미를 두고 씨름을 벌여 왔다.

자유는 행복과 멀리 떨어져 있는 것처럼 보이지 않는다. 이 둘은 모두 깊은 곳에 있는 무언가를 가리키는데, 그것은 그리스인들이 '훌륭한 삶'(eudaimonia)이라고 불렀던 것이다. 다시 말하지만, 오랜 세월 수많은 이론과 책들이 (총알과 전쟁들은 말할 것도 없고) 훌륭한 삶이라는 개념을 탐색해 왔다.

본회퍼는 루터의 모순 명제에 의지해 우리를 올바른 방향으로 이끌어간다. 물론 본회퍼와 루터 모두 생명을 잃음으로써 얻는다는 그리스도의 역설에 의지하고 있다. 그렇게 해서 우리는 궁극적 역설에 이른다. 이 역설이란 우리가 섬김과 희생을 통해서 궁극적으로 자유로워지고 행복해지며 훌륭한 삶을 살아간다는 것이다. 참된 자유는 오직 그리스도 안에 있는 자유뿐이다. 루터가 지적하듯이 참된 자유는 다른 이들을 섬기는 데서 발견된다. 본회퍼는 그 개념을 되풀이한다.

포메라니아의 평화

성경은 그저 훌륭한 삶에 대해 말하는 것보다 훨씬 깊이 들어간다. 그런 삶에 해당하는 성경의 단어는 '샬롬'(shalom)이다. 그것은 평화, 쉼, 그리고 온전함을 의미한다. 부정적으로 말하자면, 샬롬은 긴장이나 근심의 부재, 즉 어떤 좋지 않은 일을 끝내기 전에 겪어야 하는 지속적인 분주함이 완전하게 제거된 상태를 의미한다. 아담의 치명적인 타락 이후 우리의 본래 성향은 그것이 존재하지 않는 곳에서 평화를 찾도록 부추긴다. 물론 여기서 우리가 말하는 것은 우리의 '구속'이다. 그리고 구속은 오직 그리스도 안에서 그분의 중재를 통해서 온다.

베를린 시절, 본회퍼의 학생들 중 하나였던 잉게 카딩(Inge Karding)은 재미있는 대조를 제공했다. "그곳의 대중 사이에는 독일의 구원이 히틀러로부터 오리라는 기대가 퍼져 있었다. 하지만 본회퍼의 강의를 통해 우리는 구원이 오직 예수 그리스도로부터 온다는 말을 들었다."[2]

거짓 예언자가 선동적 정치인을 거쳐 과대망상증을 앓는 악당으로 변한 경우든(가령 아돌프 히틀러의 경우처럼), 아니면 헛된 희망이 예민한 방식으로 나타난 경우든, 평화는 기만적인 것이 될 수 있다. 그러나 로마서의 최절정에 해당하는 본문에서 배울 수 있듯이, 우리는 오직 예수 그리스도를 통해서만 하나님과 더불어 평화를 누린다(롬 5:1).

본회퍼는 1938년에 바로 이 본문으로 설교를 했다. 그 시절, 거의 모든 시간을 본회퍼와 함께했던 에버하르트 베트게는 당시 본회퍼가 그의 쌍둥이 누이동생과 유대인 매제의 집에서 최근에 퇴거한 『신도의 공동생활』을 쓰고 있었다고 전한다. 나중에 밝혀졌듯이, 그들이 독일을 떠나 런던으로 피신하도록 주선한 것은 본회퍼였다. 또한 그 무렵, 본회퍼는 목사들의 두 그룹을 감독하고 있었다. 포메라니아(Pomerania)의 산간벽지에서 모인 각각의 그룹에는 훈련 과정에 있는

---

2 잉게 카딩(Inge Karding)이 마르틴 도블메이어(Martin Doblemeter)와의 인터뷰에서 한 말, Eric Metaxas, *Bonhoeffer: Pastor, Martyr, Prophet, Spy* (Nashiville: Thomas Nelson, 2010), 119에서 재인용. 『디트리히 본회퍼: 목사, 순교자, 예언자, 스파이』.

열 명 남짓의 사역자들이 참여하고 있었다. 지하 신학교는 폐쇄되고, 남은 것은 이 두 모임이 전부였는데, 그것은 마치 로빈 훗과 그의 유쾌한 친구들과 같았다. 때때로 그들은 사냥용 오두막집에서 모이기도 했다. 이 작은 무리는 고백 교회의 미래였다. 그리고 본회퍼는 그들에게 바울이 그리스도 안에 있는 평화에 대해 말하고자 했던 로마서 5장을 설교했다. 이 설교를 살피기 전에 먼저 바울의 본문을 읽어보자.

> 그러므로 우리가 믿음으로 의롭다 하심을 받았으니 우리 주 예수 그리스도로 말미암아 하나님과 화평을 누리자 또한 그로 말미암아 우리가 믿음으로 서 있는 이 은혜에 들어감을 얻었으며 하나님의 영광을 바라고 즐거워하느니라 다만 이뿐 아니라 우리가 환난 중에도 즐거워하나니 이는 환난은 인내를, 인내는 연단을, 연단은 소망을 이루는 줄 앎이로다 소망이 우리를 부끄럽게 하지 아니함은 우리에게 주신 성령으로 말미암아 하나님의 사랑이 우리 마음에 부은 바 됨이니(롬 5:1-5).

평화에 관한 본문이 우리가 환난을 당할 것이라고 말씀하는 것은 아이러니컬하다. 이 아이러니는 본회퍼도 비켜 가지 못했다. 훗날 그는 아주 심각한 고난을 당했기 때문이다. 우리는 대개 '평화'(혹은 자유와 행복, 사실상 훌륭한 삶) 하면 고난과 역경, 섬김과 희생, 그리고 궁극적으로는 죽음 같은 것들과는 상관이 없는 것으로 생각한다. 하지만 이 모든 것이 본회퍼가 "자유에 이르는 도상의 정류소들"이라고 이름 붙인 시에 등장한다.

도상의 정류소들

1944년 7월 20일, 히틀러의 야전 사령부에 폭탄을 터뜨려 그를 죽이려 했던 '발키리 계획'(Valkyrie Plot)이 실패했다. 폭탄은 사령관실을 폭파시키고, 히틀러의 측근 참모 몇 사람의 생명을 앗아갔으나 히틀러 자신은 큰 해를 입지 않은 채 그곳을 빠져나갔다. 히틀러는 이 사건을 신의 섭리로 여기고, 그것을 이용해 자신의 살인 프로그램을 거침없이 밀어 붙였다. 또한 그는 자신의 살해를 음모한 자들과 독일 레지스탕스 집단에 대해 분노를 터뜨렸다. 그는 이 실패한 계획을 빌미삼아 5천여 명은 처형하고, 1천여 명은 체포했다.

레지스탕스 운동에 대한 이런 전면적인 공격은 결국 1944년 9월 '조센 파일'(Zossen Files)의 발견으로 이어졌다. 이 파일은 본회퍼의 매형이자 고위급 군사 정보관이었던 한스 폰 도나니(Hans von Dohnanyi)가 가지고 있었다. 도나니는 전쟁이 끝난 후 히틀러를 법정에 세우기 위해 그의 전쟁 범죄와 인권 유린 사실을 기록한 문서를 만들어 보관하고 있었던 것이다. 그런데 그 파일에는 그 이전에 있었던 계획들을 세운 공모자 명단이 들어 있었다.[3]

그리고 그 명단 안에 '디트리히 본회퍼'라는 이름이 섞여 있었다. 10월, 본회퍼는 테겔 형무소에서 베를린의 프린츠-알브레히트 가에 있는 게슈타포 본부 지하 감옥으로 이송되었다. 이듬해 2월, 본회퍼는 부켄발트로 이송되었고, 3월 초에는 다시 프로센부르크로 이송되었다. 그리고 1945년 4월 9일, 히틀러는 직접 교수형을 선고했다.[4] 본회퍼가 발키리 계획에 개입했던 것은 아니지만, 결과적으로 그가 교수

---

3 1943년 3월에 있었던 두 차례의 암살 시도는 본회퍼와 다른 이들의 체포로 이어졌다. 그 파일은 본회퍼를 포함해 모두에게 불리한 증거를 제공했다.

형에 처한 것은 바로 그 계획의 전개 과정에서 벌어진 일이었다.

1944년 7월 21일, 본회퍼는 그 계획에 관한 실패 소식을 들었다. 그는 이 실패의 의미를 잘 알고 있었다. 이미 수감자 신세였던 그가 할 수 있는 유일한 일은 펜을 드는 것뿐이었다. 그는 베트게에게 "자유에 이르는 도상의 정류소들"이라는 제목의 시를 포함한 편지를 썼다. 본회퍼에 따르면, 이 도상에는 네 개의 정류소가 있다. 훈련, 행동, 고난, 그리고 죽음이 그것이다.

어떤 의미에서 이 네 개의 정류소는 제자도에 대한 본회퍼 자신의 성숙과 이해를 보여 준다. 첫 번째 것은 『나를 따르라』에 등장한 그의 생각을 대표한다. 이 시를 쓴 날 본회퍼는 베트게에게 이렇게 고백했다. "나는 거룩한 삶 혹은 그와 비슷한 어떤 삶을 살고자 애씀으로써 믿음을 얻을 수 있다고 생각했네. 나는 내가 그 여정의 마지막으로 『나를 따르라』를 쓴 것이라고 생각하네. 지금 나는, 비록 내가 쓴 것을 여전히 고수하고 있지만, 그 책의 위험성을 간파하고 있다네."[5] 그는 이 책을 전적으로 물리쳤던 것이 아니다. 다만 그는 그 책의 한계를 인식했을 뿐인데, 그 한계는 당시 자신의 한계를 반영하는 것이었다. 그 시는 이렇게 시작된다.

4 발키리 계획의 실패에서 시작해 본회퍼의 교수형에 이르는 일련의 사건들에 대한 상세한 토론을 위해서는 Eberhard Bethge, *Dietrich Bonhoeffer: A Biography*, enl. ed. (Minneapolis: Fortress, 2000), 893-941; 『디트리히 본회퍼, 신학자-그리스도인-동시대인』. 그리고 Metaxas, *Bonhoeffer*, 475-542를 보라. 본회퍼가 그런 공모에 개입한 것과 관련된 윤리적 문제들에 대한 토론과 본회퍼의 죽음을 단순한 처형으로 보아야 하는지 아니면 순교로 보아야 하는지에 관한 토론을 위해서는 Graig J. Slane, *Bonhoeffer as Martyr: Social Responsibility and Modern Christian Commitment* (Grand Rapids: Brazos, 2004)를 보라.
5 본회퍼가 1944년 7월 21일에 에버하르트 베트게에게 보낸 편지에서, *LPP*, 169.

훈련

만약 그대가 자유를 찾아 떠나고자 한다면,

무엇보다도 영혼과 감각을 다스리는 것을 배우라.

그리하여 열정과 갈망이 그대를 휘두르지 못하게 하라.

몸과 마음을 정결케 하고, 흔들림 없이 순종하면서

앞에 놓인 목표를 추구하라. 그리고 거기에 복종하라.

사람은 오직 훈련을 통해서만 자유에 이르는 길을 배운다.[6]

첫 번째 절, 즉 첫 번째 정류소에서 우리는 자유의 아이러니를 소개받는다. 자유로워지는 것은 아무런 속박 없이 마음대로 할 수 있는 것을 의미하지 않는다. 오히려 그것은 훈련과 관련되어 있다. 이때 본회퍼가 말하는 훈련은 하나님과 이웃을 사랑하라는 하나님의 구체적인 명령을 따라 살아가는 것을 의미한다. 순종, 곧 확고한 순종은 믿음의 삶의 일부이며 그 삶에서부터 흘러나온다. 이것은 『나를 따르라』의 주장을 되풀이하는 것이지만, 여기에서 본회퍼는 우리의 인격과 내적 자아를 위한 준비에 더 많은 관심을 둔다. 하지만 본회퍼에게 이 정거장은 끝이 아니다. 그 이상의 무엇이 있다.

훈련된 삶은 다음 정류소인 '행동'으로 이어진다.

행동

헛된 꿈이 속삭이는 것 대신 옳은 일을 하라.

비겁하게 의심하는 대신 용기 있게 기회를 붙잡으라.

자유는 날아오르는 생각을 통해서가 아니라 오직 행위를 통해서 온다.

---

6 Bonhoeffer, "Stations on the Road to Freedom," 1944년 7월 21일, *LPP*, 370-71.

정신을 잃지도, 두려워하지도 말라. 폭풍 속으로 나아가 행동하라.

하나님을 신뢰하고 그분의 명령을 신실하게 따르라.

그러면 환희에 찬 자유가 당신의 영혼을 기뻐하며 맞이할 것이다.[7]

여기에서 본회퍼는 하나님에 대한 믿음과 신뢰로부터 흘러나오는 담대한 삶을 옹호한다. 그는 반문화적인 삶, 편안한 때가 아니라 삶의 폭풍 가운데서 용기 있게 행동하는 것에 관심을 갖는 삶을 칭찬한다. 그러나 본회퍼가 이 지점에서 '기쁨'이라는 개념을 도입하고 있음을 놓치지 말라. 이 시의 전반부에서 느낄 수 있듯이, 이곳에서 그의 움직임은 반직관적(counterintuitive)이다. 기쁨은 역경과 헌신을 통해서 온다. 그러나 본회퍼에게는 이것 역시 끝이 아니다. 여기에서도 우리는 『나를 따르라』의 주장을 다시 듣는다.

다음으로 본회퍼는 세 번째 정류소에 '고난'이라는 이름을 붙인다. 그가 고난이 우리에게 유익하다고 선포할 때, 우리는 다시 한 번 그의 반직관적 움직임을 느낀다. 이 시를 쓰고 나서 얼마 후에 그는 베트게에게 또 다른 편지를 보내 이렇게 말한다. "고난은 자유에 이르는 길이라네. 해방은 고난 속에서 우리가 문제를 우리 자신의 손에서 하나님의 손으로 넘겨 드림으로써 이루어지는 것이라네."[8] 본회퍼는 『나를 따르라』에서도 고난의 문제를 다루었는데, 여기에서와 같은 방식은 아니었다. 우리는 이 시에서 그가 그의 고전 작품부터 이 시를 쓸 때까지, 그 기간 사이에 배운 많은 것들을 볼 수 있다.

고난이 우리에게 유익한 이유는 그것이 우리를 하나님께로 이끌기

---

7 Ibid., 371.

8 본회퍼가 1944년 7월 28일 베트게에게 보낸 편지에서, *LPP*, 375.

때문이다. 고난은 우리의 연약함을 드러낸다. 그리고 본서 2장에서 본회퍼가 고린도후서 12장을 본문 삼아 한 런던 설교를 통해 보았듯이, 하나님은 우리의 약함 속에서 자신의 강함을 드러내신다. 그러기에 본회퍼는 이렇게 말한다.

고난

참으로 어떤 변화가 일어난다. 강하고 활동적인 그대의 손이 묶인다.[9]

이제 그대는 무력감 속에서 그대의 행동이 끝났음을 안다.

그대는 그대의 대의를 보다 강한 손에 넘겨 드리며[10] 안도의 한숨을 쉰다.

그리하여 이제 그대는 만족하며 쉼을 얻는다.

잠깐의 복된 순간이지만, 당신은 자유로 다가가 그것과 접촉한다.

그때 당신은 영광 속에서 그것이 성취되기를 바라며 하나님께 그것을 바친다.[11]

이 구절은 표면적으로는 히틀러 암살 계획에 관한 것처럼 보이지만 사실은 우리의 삶 속에 존재하는 바 우리가 고난을 받으면서도 원하는 결과를 얻지 못하는 시간들, 즉 시편 기자가 탄식하듯이 의인은 고난을 받지만 악인은 번성하는 아주 포괄적인 그물망을 펼치고 있다. 즉 이것은 혼란 속에 살아가는 삶에 관한 것이다. 본회퍼가 베트게에게 보낸 편지로 돌아가보면, 거기에서 우리는 이런 말을 읽을 수

---

9 이것은 투옥 상태에서 아무것도 할 수 없었던 본회퍼 자신의 무능력에 대한 표현이다. 그는 발키리 계획에 대해 알고 있었으나, 투옥 상태에 있었기에 그 계획을 위해 아무 일도 할 수가 없었다.

10 여기에서 본회퍼는 그가 전에 개입했던 계획들뿐 아니라 발키리 계획에 대해서도 언급하고 있는 것이다.

11 여기에서 본회퍼는 다시 그 계획들을 언급하며, 그것들이 성공적으로 수행되기를 바라는 마음도 드러낸다. "Stations on the Road to Freedom," 1944년 7월 21일, LPP, 371.

있다. "우리가 믿음을 배우는 것은 오직 철저하게 세상에서 사는 것을 통해서만 가능하다네. … 내가 이 세속성이라는 말로 의미하고자 하는 것은 삶의 의무, 문제, 성공과 실패, 경험과 혼란 속에서 단호하게 살아가는 것이라네."[12] 그렇게 살아감으로써 "우리는 우리 자신을 완전히 하나님의 팔에 내맡기게 된다." 더 나아가서는 "우리 자신의 고통이 아니라 겟세마네 동산의 그리스도와 함께 깨어 있으면서 세상 속에서 하나님이 겪으신 고통"을 진지하게 고민하게 된다.[13]

여기에서도 우리는 본회퍼가 『나를 따르라』에서 칭찬했던 '값비싼 제자도'와 그가 비난했던 '값싼 은혜' 사이의 넓은 간격을 발견한다. 이 책에서 본회퍼는 우리에게 제자도가 그리스도의 형상을 닮는 것이라고 교훈해 주었는데, 거기에는 고난이 포함되어 있었다. "이것은 자신을 죄와 죽음의 세상 한가운데 두신 분 … 고난과 죽음 가운데서조차 하나님의 뜻에 순종하셨던 분 … 십자가 위에서 하나님과 사람들의 거부와 포기를 몸소 감당하신 분의 형상이다."[14] 이어서 본회퍼는 이와 같은 상처들이 "이제 은혜의 표지가 되었다"고 덧붙인다.[15] 본회퍼가 고난(당혹, 실패, 결핍, 그리고 좌절된 희망의 삶)을 끌어 안을 수 있던 이유는 그 자신이 치유가 불가능한 염세주의자나 금욕주의자여서가 아니라 고난이 그를 은혜로 몰아갔기 때문이다.

마지막 정거장은 아마도 본회퍼가 제시한 것 중 가장 반직관적인 것이리라. 교수형에 처하기 전 그가 남긴 마지막 말은 다음과 같았다. "이것이 마지막이다. 하지만 나에게는 삶의 시작이다." 그는 이런 식

---

12 본회퍼가 1944년 7월 21일 베트게에게 보낸 편지에서, *LPP*, 369-70.

13 Ibid., 370.

14 *DBWE* 4:284.

15 *DBWE* 4:284.

으로 죽음을 우리의 궁극적 자유로 보았다. 이것은 부활에 대한 강력한 믿음이다. 부활과 삼위일체 하나님과의 연합은 그리스도 안에서, 그리스도를 향하여 사는 삶의 종국이다. 이것은 죽기를 바라는 것이 아니다. 본회퍼는 베트게에게 보낸 편지에서 이렇게 마무리한다. "안녕히, 그리고 우리 모두가 곧 다시 만나게 되리라는 소망을 잃지 않기를."[16] 그의 시 마지막 소절 역시 우리가 영원히 하나님과 함께 있게 될 것을 앎으로써 얻게 되는 하나님에 대한 온전한 믿음을 선언한다.

죽음

이제 오라, 영원한 자유로의 여행에서 만나는 최고의 향연이여,

죽음아, 모든 무거운 사슬을 던져 버리고,

우리의 덧없는 육신의 벽과 어두워진 영혼의 벽을 허물라.

그리하여 마침내 우리가 감추어져 있는 것을 보게 하라.

자유, 우리는 훈련과 행동 그리고 고난을 통해

얼마나 오랫동안 그대를 찾아왔던가.

죽음, 이제 우리는 주님 안에서 드러난 그대를 보노라.[17]

사도 요한은 이렇게 말한다. "사랑하는 자들아 우리가 지금은 하나님의 자녀라 장래에 어떻게 될지는 아직 나타나지 아니하였으나 그가 나타나시면 우리가 그와 같을 줄을 아는 것은 그의 참모습 그대로 볼 것이기 때문이니"(요일 3:2). 바울 역시 언젠가 이 "환난의 경한 것이 지극히 크고 영원한 영광의 중한 것을 우리에게 이루게" 할 것이라고

---

16 본회퍼가 1944년 7월 21일 베트게에게 보낸 편지에서, *LPP*, 370.
17 Bonhoeffer, "Stations on the Road to Freedom," 1944년 7월 21일, *LPP*, 371.

말한다(고후 4:17; 참고 3:12-5:5).

본회퍼는 이 시에 메모 하나를 덧붙였다. 그는 그 시가 "가다듬어지지 않고 거친" 것에 대해 사과하며 "분명히 나는 시인은 아니네"라고 말한다.[18] 대개 그의 판단은 옳았지만 이때는 틀렸다. 그는 뛰어난 신학자일 뿐만 아니라 뛰어난 시인이었다. 이 시와 편지에서 본회퍼는 자유, 행복, 그리고 평화에 대한 우리의 생각 중 얼마나 많은 것이 사실은 오해에 불과한 것인지를 잘 보여 준다.

그는 우리에게 다른 방향을 제시한다. 이 방향은 하나님에 대한 믿음과 그분께 대한 순종에서 우러나오는 훈련과 행동에서 시작된다. 하지만 그것은 고난을 포함하는데, 고난이 우리를 그리스도와 그분의 놀라운 은혜로 몰아가기 때문이다. 마지막으로 본회퍼는 우리로 하여금 죽음을 우리의 업적과 추구의 종국이 아닌 오히려 그리스도 안에서 우리에게 약속된 유업인 영원한 생명의 시작임을 깨닫게 한다.

이 시 "자유에 이르는 도상의 정류소들"은 우리가 본회퍼의 저작들에서 거듭 접했던 그리스도 중심적인, 곧 그리스도 목적적인 강조점들을 떠올리게 한다. 우리는 그리스도의 겸비 속에서 훈련, 행동, 고난, 그리고 궁극적인 죽음을 본다. 우리는 그리스도의 십자가형 안에서도 이 네 가지 모두를 본다. 그리고 그리스도의 부활에서는 죽음과 고난에 대한 그분의 승리를 본다. 마지막으로 부활하셔서 살아 계신 그리스도 안에서 우리는 자유의 승리를 본다.

우리가 삶 속에서 이런 정류소들을 만들고 또한 그것들에 비추어 사명을 감당하기 위해서는 본회퍼가 행복과 만족을 섬김과 봉사를 통해 이해했던 방식을 좀 더 깊이 살펴봐야 한다. 오늘날 이것은 한층

---

18 본회퍼가 1944년 7월 21일 베트게에게 보낸 편지 중 "Accompanying Note," *LPP*, 372.

더 중요하다. 수십 년 전, 사회학자들은 현대 사회에서 우리가 경험하는 지속적인 자기 몰입에 대해 말했다.[19] 그때 이후 자기에 대한 탐닉은, 오늘날 수많은 페이스북들과 유튜브 동영상들이 보여 주듯, 말 그대로 급증했다.

타락한 인간인 우리는 자기도취에 영속적으로 감염되어 왔다. 오늘날 그것의 편재를 피할 길은 어디에도 없다. 우리가 그리스도 안에 있다는 사실이 우리를 그런 이기적이고 내향적인 경향으로부터 면제시켜 주지는 않는다. 우리 역시 우리의 이웃을 사랑하고 복종하는, 이타적인 섬김을 배워야 한다. 우리는 자기에게 지나치게 탐닉하느라 희생의 미덕을 잃어버릴 수 있다.

희생: 만족(으로 알려져 있기도 함)

청교도 목회자였던 예레미야 버로우즈(Jeremiah Burroughs)는 『기독교적 만족이라는 진귀한 보물』(*The Rare Jewel of Christian Contentment*)이라는 책을 썼다. 물론 만족은 진귀하다. 그것이 자주 우리를 피해 가기 때문이다. 본회퍼는 우리가 이 진귀한 보물을 발견하도록 돕는다. 본회퍼가 포메라니아에서 로마서 5장 1-5절을 본문 삼아 했던 설교로 돌아가보자. 그때 그는 고백 교회가 마주하고 있는 어려움과 역경을 고민하고 있었다. 그는 이렇게 말한다. "교회 앞에 어떤 어려움이 놓여 있는지는 아무도 모릅니다."[20]

하지만 그는 회중에게 그런 어려움에 놀라지 말라고 말한다. 신약

---

19 데이비드 웰스(David Wells)는 그의 책 *No Place for Truth: Or, Whatever Happened to Evangelical Theology* (Grand Rapids: Eerdmans, 1994)에서 이 문제에 대해 아주 날카롭게 썼다. 『데이비드 웰스의 신학실종』, 김재영 옮김(부흥과개혁사, 2006).

20 본회퍼가 1938년 9월 3일 로마서 5:1-5을 본문 삼아 한 설교 중에서, *DBWE* 15:474. .

성경 전체에서 그리스도의 제자들은 고난을 받도록 부르심을 받는다. 로마서 5장에 나타난 바울의 가르침 역시 예외가 아니다. 사실 바울은 우리에게 "환난 중에도 즐거워하라"고 권한다(2-3절). 본회퍼는 이 기쁨이 서로를 인내하고 견디며 섬길 때 나온다고 말한다. 본회퍼는 고난 속에서 기쁨을 발견한다. 고난은 인내를 낳고, 인내는 연단을 낳고, 연단은 소망을 낳는다. 더하여 우리는 "하나님의 사랑이 우리 마음에 부은 바 되었기에" 기뻐한다(5절). "슬픔과 상실, 죽음의 문은 우리에게 하나님에 대한 큰 소망의 문, 곧 명예와 영광의 문이 될 것입니다."[21] 바로 이것이 우리가 기뻐해야 할 이유다.

물론 모든 이가 고난을 이렇게 보는 것은 아니다. 사실 본회퍼는 "어떤 이들에게는 고난이 조바심을 낳고, 조바심이 강퍅한 마음을 낳고, 강퍅한 마음이 절망을 낳고, 절망이 파멸을 낳는다"라는 루터의 말을 언급한다.[22] 우리는 자주 고난과 역경을 그런 식으로 바라본다. 안타깝게도 우리는 아주 작은 고난 앞에서도 자주 넘어지고 궤도에서 이탈한다. 본회퍼에 따르면, 우리의 궤도 이탈은 "우리가 하나님과의 평화보다 세상과의 평화를 더 좋아할 때, 그리고 하나님보다 우리 삶의 안전을 더 원할 때" 발생한다.[23]

고난을 견디고 인내를 실천하는 것과 관련해 이런 견해를 갖기란 결코 쉽지 않다. 본회퍼는 이렇게 말한다. "오늘날 교회 안에 있는 우리는 무언가를 견디는 것이 가져다주는 낯선 축복에 대해 거의 알지 못합니다. 무언가를 떨쳐 버리는 것이 아니라 견디는 것, 견디되 그것으로 인해 무너지지 않는 것의 축복에 대해서 말입니다."[24] 우리는 어

---

21 Ibid., 475.
22 Ibid., 476.
23 Ibid.

떻게 무너지지 않을 수 있는가? 본회퍼는 이렇게 답한다. "그리스도가 십자가를 견디신 것처럼 우리의 십자가를 견디고, 그 아래에 머물며, 그 아래에서 그리스도를 발견함으로."[25]

본회퍼는 『나를 따르라』에서도 동일하게 말한다. 거기에서 그는 마가복음 8장 31-38절과 마태복음 11장 28-30절을 근거로 제자도에 대한 그리스도의 부르심을 고찰한다. 그는 이렇게 주장한다. "제자도는 고난받는 그리스도와 연결되어 있다. 바로 이것이 우리가 그리스도인으로서 당하는 고난 앞에서 당황하지 않는 이유다. 오히려 고난은 우리에게 은혜와 기쁨이 된다."[26] 그리스도는 우리가 십자가를 지고, 서로를 견딜 때 우리를 견뎌 주신다. 그러므로 우리가 머물러 있어야 할 곳은 오직 그리스도의 십자가 아래뿐이다.

인내가 고난과 견딤에서 나오고, 기쁨 역시 고난과 견딤에서 나옴에도, 우리는 반직관적이고 반문화적인 방식으로 사는 것을 주저해 왔다. 하지만 그런 삶의 방식이야말로 우리 삶의 많은 부분을 실망 속에서 허우적거리고 환경에 불평하는 것에서부터 우리를 구해 줄 수 있다. 본회퍼는 1942년, 런던에서 살고 있는 쌍둥이 누이동생 자비네 부부에게 보낸 편지에서 자비네의 딸의 견신례 소식을 언급한다. 본회퍼는 그 아이의 부재중 대부(godfather in absentia)였다. 그는 "그 아이가 기독교와 교회에 이르는 자기 나름의 길을 찾는 것이 얼마나 중요한지"를 말한 후 이렇게 덧붙인다.

---

24 Ibid.
25 Ibid.
26 *DBWE* 4:89

세상에는 우리를 허무주의와 체념에 빠뜨려 신경질적인 사람이 되게 하는 온갖 경험과 실망거리들이 존재한다. 그러므로 고난과 하나님이 모순이 아니라 오히려 필수적인 연합임을 가능한 한 빨리 배우는 것이 좋다. 내게는 하나님 자신이 고난을 당하신다는 개념이 늘 기독교의 가장 설득력 있는 가르침 중 하나였다. 나는 하나님이 행복보다는 고난에 가까이 계신다고 생각한다. 따라서 우리가 그런 식으로 하나님을 찾는 것이야말로 우리에게 평안과 안식, 그리고 담대한 용기를 준다고 여긴다.[27]

본회퍼는 테겔 형무소에서 쓴 마지막 편지에서 실망과 만족의 문제를 다룬다. 베트게에게 보낸 편지에서 그는 이렇게 말한다. "하나님은 우리가 원하는 모든 것을 주지는 않으시네. 하지만 그분은 그분 자신의 약속을 이루신다네." 그리고 덧붙여 말한다. "하나님은 항상 우리의 신앙을 새롭게 하시고, 우리가 견딜 수 있는 그 이상의 짐을 우리에게 지우지 않으시며, 자신의 임재와 도우심으로 우리를 기쁘게 하신다네. 또한 우리의 기도를 들으시고, 가장 곧고 좋은 길을 통해 우리를 자신에게로 이끄신다네."[28] 요컨대 하나님은 신실하시다. 그리고 그분이 우리에게 신실하신 것은 그리스도와 그분 안에서 우리가 갖고 있는 안전한 위치 때문이다.

심지어 본회퍼는 하나님의 통제와 신실하심 가운데 위안을 얻음으로 히틀러의 음모로부터 불현듯 찾아오는 불안과 좌절, 분노까지도 물리칠 수 있었다. "모세의 죽음"(The Death of Moses)이라는 시에서 본회퍼는 출애굽과 광야에서의 방랑이라는 어려움으로부터 거룩한 땅

---

27 본회퍼가 1942년 5월 21일 라이프홀츠 가족에게 보낸 편지에서, *DBWE* 16:284.
28 본회퍼가 1944년 8월 14일 베트게에게 보낸 편지에서, *LPP*, 387.

과 긴밀하게 연결된 약속과 성취로 옮겨 간다. 또한 이 시는 과거로부터 이스라엘의 역사를 거쳐 현재로 옮겨 온다. 그것은 다음 구절을 통해 아주 분명하게 드러난다.

하나님의 공의가 약한 자와 강한 자 모두를
폭정과 잘못[29]의 변덕으로부터 보호한다.

폭군 히틀러 역시 하나님의 통제 밖에 있지 않으며, 참으로 언젠가는 하나님의 심판과 마주하게 될 것이다. 본회퍼는 이것에서 위안을 얻었다. 그는 그 시를 약속의 땅을 지배하는 평화와 축복에 대한 갈망으로 마무리한다.

본회퍼는 로마서에 대한 설교를 통해 우리에게 다음과 같은 사실을 상기시킨다. "십자가 아래에 평화가 있습니다. … 이 세상에서 하나님과의 평화를 찾을 수 있는 유일한 길이 거기에 있습니다. 하나님의 진노는 오직 예수 그리스도 안에서만 잠잠해집니다. … 그러므로 그리스도의 교회-공동체에게는 그분의 십자가가 하나님의 다가오는 영광에 대한 기쁨과 소망을 위한 영원한 근거가 됩니다."[30]

우리는 본회퍼가 여기에서 '교회-공동체'를 강조한 것을 간과하지 말아야 한다. 물론 그는, 우리가 3장에서 보았듯이 『신도의 공동생활』에서 이에 대해 많은 말을 했다. 그러나 그가 테겔 형무소에서 쓴 시

---

29 Bonhoeffer, "The Death of Moses," *DBWE* 8:537. 편집자들은 이 구절에 등장하는 '잘못' (wrong)이 최상의 번역이 아니며, 단지 본회퍼가 사용한 독일어를 영어로 번역하는 데 있어 운율을 맞추기 위해 사용한 것일 뿐이라고 말한다. 본회퍼가 사용한 독일어 *Gewalt*는 '잘못'보다는 '폭력'(violence)으로 번역하는 것이 더 낫다.
30 본회퍼가 1938년 9월 3일 로마서 5:1-5을 본문으로 한 설교에서, *DBWE* 15:472-73.

의 한 구절 역시 우리가 고난 가운데 그 고난을 통해 서로를 중재하는 것이 얼마나 아름다운 일인지를 아주 잘 그려내고 있다.

형제여, 밤이 지나갈 때까지
나를 위해 기도해 주게나![31]

또한 우리는 본회퍼가 우리를 불러 살아가게 하는 그리스도 목적적 제자도를 간과하지 말아야 한다. 본회퍼에게 '전시의 절박함' 같은 것은 없었다. 1934년, 런던에 체류해 있는 동안 했던 새해 설교에서 본회퍼는 그리스도를 따르는 그리스도인의 삶에 대해 메시지를 선포했다. 그는 회중에게 그리스도를 가리키며 이 특별한 설교를 마무리했다. "다가오는 새해에는 그 몫의 두려움과 죄책, 어려움이 있을 것입니다. 그러나 우리는 올 한 해를 모든 두려움과 죄책, 어려움 가운데서 그리스도와 함께하는 해가 되게 합시다. 그리스도와 함께하는 우리의 새로운 시작이 그리스도와 함께 살아가는 이야기가 되게 합시다. 이것은 우리가 매일 그분과 함께 시작한다는 것을 의미합니다. 그것이 중요합니다."[32] 바로 이것이 우리가 우리의 삶을 그리스도와 함께 시작하고, 살아가며, 언젠가 끝냄으로써 마침내 만족, 곧 훌륭한 삶과 행복, 그리고 평화에 대한 만족이라는 진귀한 보석을 발견하는 방법이다.

---

31 Bonhoeffer, "Night Voices in Tegel," 1944년 7월, *LPP*, 355.
32 Bonhoeffer, 누가복음 9:57-62에 대한 묵상, 1934년 1월 1일, *DBWE* 13:349.

필라델피아 미술관 갤러리에는 이탈리아 화가 파세코 드 로자(Pa-cecco de Rosa, 1607-1656)가 그린 "무고한 자들에 대한 학살"(The Massacre of the Innocents, c. 1640)이라는 그림이 걸려 있다. 가로 2미터, 세로 3미터에 이르는 이 큰 그림은 그 앞을 지나며 감상하는 이들을 압도한다. 그림 속에는 세 그룹의 사람들이 있다. 첫째는, 헤롯의 군인들이다. 그들은 광분과 증오로 얼굴을 찌푸리고 있다. 다음으로 고뇌에 가득 찬 얼굴을 한 아기 엄마들이 있다. 이 엄마들은 아기를 군인의 창에서 보호하기 위해 헛되이 팔을 뻗고 있다. 마지막으로 어린 아기들이 있다. 이 그림은 헤롯이 그리스도를 없애기 위해 두 살 이하의 모든 남자아이들을 죽이려 했던 성경 사건을 묘사하고 있다. 이 사건으로 유다 땅 전역에 라헬의 울음소리가 울려 퍼졌다(마 2:16-18).

본회퍼는 1939년, 예비 목회자들을 대상으로 이 구절을 본문 삼아 설교했다. 그는 이렇게 말했다. "살인마 헤롯이 그의 잔인한 손을 들지라도, 결국 모든 것이 하나님이 보시고, 의도하시며, 말씀하신 대로 이루어질 것입니다."[33] 설교를 들은 이들 모두가 이 말을 어떻게 해석해야 할지 알고 있었다. 한 달 전인 11월에 크리스탈나흐트(Kristallnacht, '수정의 밤'이라는 뜻으로, 1938년 11월 9일에 나치 대원들이 독일 전역에서 유대인 가게를 약탈하고, 유대교 회당까지 방화했던 날을 가리키는 말 – 역자주) 사건이 일어났었기 때문이다. 하지만 안타깝게도 그것은 시작에 불과했다. 히틀러는 곧이어 소름 끼치는 학살극을 시작했고, 그것은 1945년 4월 말까지 계속되었다.

본회퍼는 군인들의 창날 아래 놓였던 아기들에게로 돌아온다. "그

---

33 본회퍼가 1940년 12월 31일에 마태복음 2:13-23을 본문 삼아 한 설교에서, *DBWE* 15:491.

아이들은 기독교 세계의 첫 번째 순교자들이었습니다. 이들은 죽음으로 그들의 구주이신 그리스도의 생명을 증언한 자들이었습니다."[34] 이어서 그는 라헬의 부르짖음을 언급하며 다음과 같이 말한다.

> 예수 그리스도의 순교자들을 위한 탄식이 시작됩니다. 그리고 그것은 시대의 끝날까지 잠잠해지지 않을 것입니다. 그것은 하나님에게서 소외된 세상과 그리스도의 적을 위한, 무고한 자들의 피를 위한, 그리고 그리스도께서 고난을 당하신 우리의 죄책과 죄를 위한 것입니다. 하지만 이 위로받을 수 없는 탄식과 더불어 한 가지 커다란 위안이 나타납니다. **그것은 예수 그리스도께서 살아 계시다는 것입니다.** 그리고 만약 우리가 그분과 함께 고난을 받는다면, 우리 또한 그분과 함께 살리라는 것입니다.[35]

그 끔찍한 사건은 "사악하고 무서운 것이었으나 그럼에도 하나님을 섬기는 것이었습니다. 그분은 자신의 약속을 이루셨습니다. 슬픔과 눈물이 하나님의 백성을 덮쳤습니다. 하지만 그것들은 하나님께 귀한 것이었습니다. 왜냐하면 그것들은 그리스도를 위한 제물이었고 그리스도께서 그것들을 영원히 취하실 것이기 때문입니다."[36]

이때 본회퍼는 고난을 감상적으로 다루고 있던 것이 아니다. 또한 그는 악의 문제와 "이 와중에 하나님은 도대체 어디 계신 것이냐?"라고 부르짖는 고난당하는 이들의 질문에 회칠을 하고 있지 않다. 오히려 그는 정면으로 그 문제를 다루고 있었다. 우리가 고난과 희생 속에

34 Ibid., 493.
35 Ibid.
36 Ibid.

서 보는 것은 쉬운 답이 아니다. 또한 우리는 그 안에서 복잡한 철학적 답을 보지 못한다. 대신 우리는 그 안에서 십자가를 본다. 그리고 그리스도를 본다.[37] 한편 본회퍼는 이렇게 말한다. "평화와 사랑, 구원의 복음이 더 분명하고 날카롭게, 또 깊이 선포될 수 있도록 전쟁과 질병과 굶주림이 찾아올 것입니다. … 전쟁은 평화를 섬기고, 증오는 사랑을 섬기고, 악은 하나님을 섬기며, 십자가는 생명을 섬깁니다."[38]

강함을 향해 진리를 말하기는 어렵다. 강함 앞에서 우리는 종종 겁쟁이와 양 떼가 된다. 하지만 우리가 용기를 내어 진리로 나아가면, 더 큰 용기가 생겨 강함을 향해 약함을 말하게 될 것이다. 우리가 돌아서서 하나님과 대면할 때, 우리는 십자가 위에서 연약해지신 그분을 만난다.

바로 이것이 본회퍼가 20대 어간의 그 젊은 예비 목회자들에게 전하고자 했던 메시지였다. 이들은 앞으로 독일의 가장 어두운 시기에 교회를 섬기게 될 것이었다. 본회퍼는 어렵고 힘든, 잔인한 시간이 다가오고 있음을 알아차렸다. 그리고 이런 당혹스럽고 어려운 때에 답하기 위해 그들에게 그리스도를 제시했다. 그분은 "무시와 조롱을 받은 사람들의 삶을 공유하기 위해, 그래서 모든 인간의 불행을 짊어지고 그들의 구주가 되기 위해"[39] 오신 분이었다. 그리고 그분은 그들에게 강함을 향해 십자가에 달리신 그리스도를 가르치라고, 다시 말해

---

37 '악'이라는 철학적 문제에 대한 이 신학적으로 풍성한 답과 관련해서는 Henri Blocher, *Evil and the Cross: An Analytical Look at the Problem of Pain* (Grand Rapids: Kregel, 2005)을 보라.

38 Dietrich Bonhoeffer, "National Memorial Day Sermon," in *The Collected Sermons of Dietrich Bonhoeffer*, ed. Isabel Best (Minneapolis: Fortress, 2012), 20-21.

39 본회퍼가 1940년 12월 31일 마태복음 2:13-23을 본문 삼아 한 설교에서, *DBWE* 15:494.

약함과 그리스도에 대해 말하라고 명하셨다.

　로마서 5장 1-5절에 대한 이 설교에서 본회퍼는 그들이 예배의 일부로 불렀던 찬송가를 언급한다. 그 첫 번째 구절은 이렇다. "날이 저물었습니다. 나의 예수여, 나와 함께 머물러 주십시오."[40] 1938년, 본회퍼는 이미 다가오는 어려움을 아주 날카롭게 인식하고 있었다. 그는 이제 곧 길고 어두운 밤 속으로 걸어 들어갈 참이었다.

　다음 몇 년간 본회퍼는 독일의 긴 밤을 종식시키기 위해 뱀의 머리를 자르는 계획에 가담했다. 그 동안 본회퍼가 국방부 정보국인 아브페어(Abwehr)에서 스파이 노릇을 한 것의 적법성과 불법성에 관련해 많은 책들이 나왔다. 아브페어에는 본회퍼가 직접 보고해야 했던 한스 오스터(Hans Oster)를 비롯해 레지스탕스 운동 지도자들이 대거 포진되어 있었다. 에릭 메택시스는 본회퍼가 아브페어에 가담할 생각을 한 것이 이미 그 조직의 구성원이었던 그의 매형 한스 폰 도나니 때문이었다고 전한다.

　본회퍼는 여러 해 동안 게슈타포의 감시와 괴롭힘을 당해 왔었다. 도나니는 본회퍼에게 만약 그가 아브페어의 구성원이 된다면 게슈타포의 감시망을 벗어날 수 있고, 따라서 고백 교회 안에서 젊은 사역자들을 방문하고 방해받지 않는 선에서 그들을 훈련시키는 일도 계속할 수 있을 거라고 말했다. 또한 본회퍼는 아브페어의 서류를 가지고 자유롭게 여행할 수 있었다.[41]

　도나니, 오스터, 그리고 아브페어의 우두머리인 카나리스(Canaris) 제독 모두가 히틀러에 맞서는 계획에 연루되어 있었다. 그들의 최초 계

40　본회퍼가 1938년 9월 3일 로마서 5:1-5을 본문 삼아 한 설교에서, *DBWE* 15:472n3.
41　Metaxas, *Bonhoeffer*, 369ff.

획은 군사 쿠데타를 일으키는 것이었다. 그들은 본회퍼와 그의 연락망을 이용해 영국의 연락책들에게 지원을 요청하는 메시지를 보냈다. 아브페어의 장교들은 본회퍼에게 여행 지시를 내려, "[본회퍼의] 외국 연락책들에게 쿠데타 계획에 관한 예비 정보를 전하도록" 명령했다.[42] 그러나 쿠데타 계획이 실패하자 음모자들은 히틀러를 암살하기로 했다. 장교들이 그 계획을 수행했다.

그리고 그때 본회퍼는, 비록 게슈타포가 그에게 글을 쓰지 말라고 공식적으로 통보했음에도, 교회 일과 저술 작업에 깊이 몰두해 있었다. 이 기간, 즉 1941년부터 1943년 사이에 본회퍼는 유대인들에 대한 박해와 관련된 정보, 특히 1941년 9월의 소개령((疏開令) 발효 기간에 모은 자료를 전달했다.[43] 이 자료는 핵심 군사 장교들과 레지스탕스 운동 회원들 모두에게 보낼 상황 보고서를 작성하는 데 쓰였다.[44]

본회퍼가 히틀러에 맞선 음모에 개입한 수준은 이 정도였던 것으로 보인다. 확실히 그는 암살 계획을 짜고, 그 계획을 실행에 옮기는 군사 타입은 아니었다. 히틀러의 목숨을 노린 또 다른 시도였던 발키리 계획의 실패로 도나니, 오스터, 카나리스, 그리고 본회퍼 모두가 베를린에 있는 게슈타포 감옥으로 이송되었다. 그리고 그 네 사람은 모두 1945년 4월 9일, 프로센베르크 강제 수용소에서 교수형에 처해졌다.

내가 보기에 본회퍼가 음모에 가담한 것은 그가 1932년, 히틀러를 "잘못된 지도자"라고 부른 것에서 시작된 히틀러에 대한 긴 저항의 일

---

42 Bethge, *Dietrich Bonhoeffer*, 724.
43 베트게는 "본회퍼가 그가 확언할 수 있는 모든 사실들을 군사령부 안의 동조자들에게 전달했다"라고 기록한다. Ibid., 745.
44 Ibid., 722-80을 보라. 또한 스파이로서의 본회퍼에 관한 논의를 위해서는 Metaxas, *Bonhoeffer*, 369-431을 보라.

부였다. 그 저항의 중심에는 그가 유럽 전역과 영국에 퍼져 있는 수많은 연락책들을 통해 유대인들을 독일에서 도망치도록 도운 일이 있었다. 그는 이런 음모에 가볍게 투신한 것이 아니었다. 사실 그는 '혹시 내가 그렇게 함으로써 내 영혼을 망치고 있는 것은 아닐까?' 하는 의심을 하기도 했었다.

하지만 그는 다른 선택을 할 수 없었다. 나는 본회퍼가 경험했던 것을 경험을 해본 적도 없고, 그가 겪었던 어려운 상황 근처에도 가보지 않은 상태에서 이 문제와 관련해 그를 정죄하기는 어렵다고 생각한다. 철학자들은 교실이나 인터넷 블로그 같은 쾌적한 환경에서 윤리적 딜레마에 대해 논한다. 하지만 본회퍼는 역사상 가장 강렬한 윤리적 딜레마의 한가운데 살았다.

나는 본회퍼가 그 음모에서 수행한 역할과 관련해서는 그를 판단하기가 어렵다고 생각한다. 하지만, 그를 '순교자'라고 부르는 것에 대해서는 큰 어려움을 느끼지 않는다. 1988년 7월, 런던의 웨스트민스터 사원 서쪽 정면 부근에서 동상 열 개의 제막식이 있었다. 웨스트민스터 사원은 중세까지 거슬러 올라가는 그 성당을 장식하는 데 오랜 시간을 들였다. 최근 더해진 이 열 개의 동상들은 20세기에 있었던 순교를 기념하기 위함이었다. 이 동상들 중에 루터교회의 목회자 디트리히 본회퍼가 있다. 나는 본회퍼가 순교자로서 그의 자리를 잘 차지하고 있다고 생각한다. 만약 세상에 악의 화신이 하나 있다면, 그는 바로 히틀러였다. 본회퍼는 그와 맞섰다. 단순히 독일을 섬기고자 하는 애국심 때문이 아니라 히틀러가 참된 악임을 보았기 때문이다.

본회퍼는 행동하지 않으면 안 된다는 압박감을 느꼈다. 그래서 히틀러는 그에게 죽음을 선고했다. 언젠가 본회퍼는 때때로 자신이 "바퀴살"이 되어야 할 필요를 느낀다고 말했다.[45] 그는 바퀴에 깔린 자들에게 단순히 붕대를 싸매 주는 것만으로는 충분하지 않다고 여겼다. 오히려 필요한 것은 바퀴를 멈추는 것이었다. 바로 이것이 그가 당시의 상황을 본 방식이었다. 그리고 그가 옳았는지 틀렸는지는 앞으로도 계속해서 논란거리가 될 것이다.

우리가 본회퍼의 이런 행동(그의 마지막 행동은 희생이었다)을 어떻게 해석하든 한 가지는 확실하게 알 수 있다. 그것은 본회퍼의 죽음이 그에 관한 마지막 말이 되지 않으리라는 것이다. 그 마지막 자리는 사랑이 될 것이다.

45 Metaxas, *Bonhoeffer*, 154에서 재인용.

9. 사랑

하나님이 우리에게 매일 믿음을 주시기를 바랍니다. 내가 말하는 믿음은 세상에서 도망치는 믿음이 아니라 세상을 견디는 믿음, 그리고 온갖고난에도 불구하고 세상을 사랑하고 세상에 충실한 믿음입니다. 우리의결혼은 하나님의 세상에 대한 "예"가 될 것입니다. 그것은 세상에서 무언가를 행하고 성취하려는 우리의 결의를 강화시켜 줄 것입니다. 나는세상에서 오직 한쪽 다리로만 서 있고자 하는 그리스도인들이 하늘에서도 오직 한쪽 다리로만 서 있게 될까 봐 두렵습니다.

_디트리히 본회퍼

그의 약혼녀인 마리아 폰 베데마이어에게

테겔 형무소에서, 1943년

십자가에서 죽는 왕은 이상한 나라의 왕임에 틀림없다.

_디트리히 본회퍼, 1928년

21세기에 들어와 우리가 마주하는 문제와 도전들의 목록 상위 부분어딘가에 "사소한 것에 대한 강한 이끌림"이 있다. 닐 포스트만(Neil Postman) 같은 문화 감시자들과 데이비드 웰스(David Wells) 같은 신학자들은 무언가를 사소한 것으로 만들고자 하는 우리의 끊임없는 욕구와 놀라운 능력에 대해 경고해 왔다. 포스트만은 그것을 우리의 삶을 이미지들로 가득 채우는 연예와 오락 문화의 탓으로 돌린다.

이렇게 생각해 보자. 우리는 거실에 앉아 텔레비전에 나오는 컴패션 인터내셔널(Compassion International, 기독교를 기반으로 한 국제적인 어린이 양육단체 - 역자주)의 광고를 통해 세계 저편에서 영양실조로 허덕이고 있는 가난한 어린아이들을 보게 된다. 그러나 이 광고에 이어 순한 맥주 한 병에 담겨 있는 온갖 약속에 우리를 팔아넘기기 위해 비키니를 걸치고 비치발리볼 경기를 하는 미녀들의 모습이 등장한다.

이것은 단순히 이미지의 병치에 불과한 것이 아니다. 이 같은 이미지의 지속적인 타격은 우리에게 큰 손상을 입힌다. 우리는 그 어떤 내용과 의미에 대해서도 무감각해진다. 심지어 우리는 우리를 에워싸고 있는 심각한 문제와 쟁점들을 인식하지 못하고, 그것들에 관심을 쓰지도 않는 지경에 이르게 된다. 우리는 이미지들의 병치 사이에서 길을 잃은 채 사소한 것들을 향해 "오~!"와 "아~!"를 연발할 뿐이다.

우리는 사소한 것들의 바다에 빠져 버린 나머지 사물과 사람, 심지어는 삶의 의미까지도 잃어버리게 된다. 본회퍼는 자신이 당면한 시대에 이것을 깨닫고 이렇게 썼다. "오늘날 많은 이들에게 인간은 단지 사물의 세계를 구성하는 한 부분일 뿐이네. 그리고 사정이 그렇게 된 것은 그들이 인간의 경험을 피하고 있기 때문이네."[1] 하지만 내가 보기에 이 같은 의미 있는 경험의 결여는 그때보다도 오늘날 점증하는 가상세계 속에서 훨씬 강력하게 나타나고 있다.

또한 많은 이들이 의미 있는 경험의 결여로 인해 말(우리가 그런 경험을 표현하기 위해 사용하는 어휘들)의 의미를 잃어버리게 된다. 일단 말이 지닌

---

1 본회퍼가 1944년 8월 14일 베트게에게 보낸 편지에서, *LPP*, 386.

힘과 내용을 빼버리면, 우리가 세계와 맺고 있는 관계들은 약화될 수밖에 없다. 그러므로 오늘날 우리는 이상한 아이러니를 갖고 있는 셈이다. 우리는 지구 저편의 가난한 아이들에 대해 아주 잘, 사실 우리가 이전 시대에 알았던 것보다 훨씬 더 잘 안다. 그러나 우리는 이 상황을 의미 있게 느끼고 그것에 대응하는 것과 관련해서는 철저하게 무력하다.

비범한 것

이런 왜소화(矮小化)의 문제는 다양한 방식으로 나타난다. 우리는 너무 많은 이미지에 덮인 탓에 무감각해졌다. 우리는 경박하게 말하는 데 익숙해져 의미 있는 소통을 할 수 없게 되었다. 우리는 우리가 무엇을 생각하고 행하며 구매해야 하는지에 대해 너무 많은 소리를 듣다가, 성찰하고 분석하며 비판하는 능력을 상실하고 말았다.

그리고 더 심각한 것은, 우리가 너무나 비인간화된 까닭에 더 이상 사람들을 사랑할 수 없게 되었다는 것이다. 오늘 우리는 이미지와 그림자를 너무 많이 갈망한다. 우리는 값싼 대체물을 가슴에 품고 있다. 그로 인해 사랑의 의미와 의의를 잃어버렸다.

우리가 앞서 보았듯이, 본회퍼는 그의 책 『나를 따르라』의 많은 부분을 산상수훈에 할애한다. 이제 우리는 본회퍼의 이 책이 어떻게 우리에게 도전을 주는지 알 수 있다. 그 이유는 그 책의 중추가 신약에서 가장 도전적인 본문들 중 하나를 분석하고 있기 때문이다. 우리가 그리스도를 만나고 하나님의 말씀을 읽은 후 이제 사랑이 무엇인지 안다고 생각할 때, 또한 하나님과 이웃을 사랑해야 한다고 생각할 때, 예수 그리스도께서는 우리에게 "너희 원수를 사랑하라"(마 5:44)고 명하신다. 본회퍼는 이것을 "비범한 것"(the Extraordinary)이라고 부른다.[2] 그리고 그는 이것을 제자도에 대한 값싼 모방과 참된 제자도를 가르는 구분선으로 여긴다.

본회퍼는 "원수를 사랑하라"는 그리스도의 이 명령에 관심을 보였다. 그는 이 명령이 세상의 빛과 소금이 되어 더없는 행복을 누리는 것의 참된 의미를 잘 설명해 준다고 여겼다. 또한 무엇보다도 본회퍼는 그리스도 자신이 죄인들, 곧 하나님의 원수들(롬 5:8-10)을 위해 십자가 위에서 죽으심으로써 "너희 원수를 사랑하라"는 명령을 어떻게 성취하시는지에 주목한다. 그는 묻는다. "비범한 것이란 무엇인가?" 그리고 답한다. "그것은 고난과 순종 속에서 십자가에 오르신 예수 그리스도의 사랑이다. 그것은 십자가다. 기독교에 독특한 것이 있다면 그것은 바로 십자가다. 그것은 그리스도인들이 세상에 대한 승리를 얻도록 세상 너머로 발을 내딛게 해준다."[3]

산상수훈의 윤리는 "비범한 것"에 다름 아니다. 그것을 평범한 사람들이 평범한 수단으로 이룰 수 있는 것처럼 여기는 것은 어리석다. 본회퍼는 우리가 원수를 사랑하기 위해서는 "자연인이 동원할 수 있는 힘보다 훨씬 많은 것이 요구된다"라고 썼다.[4] 산상수훈의 윤리적 실천은 오직 십자가의 관점에서만 가능하다. 예수 그리스도의 윤리적 요구는 오직 십자가의 삶을 통해서만 우리 삶 속에서 실천된다. 다시 말하지만, "'비범한 것'은 십자가에 달린 그리스도와 그분의 공동체 안에서 일어난다."[5] 사랑이 무엇인지 참으로 이해할 수 있는가? 다

---

2 *DBWE* 4의 편집자들은 본회퍼가 이 단어를 사용해 마태복음 5:47에 실려 있는 헬라어 perisson 을 표현하고 있다고 설명한다. 본회퍼는 루터의 번역을 사용하는데, 그 번역에는 '낯선 그 무엇' (something strange)을 의미하는 독일어 Sonderliches가 들어 있다. *DBWE* 4:144n153.

3 *DBWE* 4:144.

4 *DBWE* 4:138.

5 *DBWE* 4:145.

시 말해, 우리 중 누군가 그리스도의 추종자, 곧 제자가 되는 것을 참으로 이해할 수 있는가? 우리 자신만 생각해 보더라도, 우리는 결코 그런 문제들에 대한 답을 얻지 못할 것이다. 그러므로 우리는 우리에게 필요한 것을 그리스도 안에서 보고, 찾아야 한다. 하지만 본회퍼는 우리에게 단지 **그리스도가** 그렇게 사셨던 것을 보라고 요구하는 것에 그치지 않는다. 오히려 **우리 자신**이 그렇게 살아가도록 촉구한다.

본회퍼는 "의심할 바 없이 비범한 것은 가시적인 것이며 하늘에 계신 아버지께 영광을 돌리는 것이다"라고 선언한다. "그것은 감추어진 상태로 남아 있어서는 안 된다. 사람들이 그것을 보아야 한다."[6] 그러므로 우리는 하나님과 우리의 이웃과 우리의 원수를 위한 사랑의 삶을 살아야 한다. 본질적으로 그런 삶은 세상에 순응하지 않는다. 오히려 그것은 세상을 급격하게 변혁시킨다. 본회퍼는 산상수훈에 다양한 해석이 있음을 인정하며 마무리한다. 그와 동시에 다음과 같이 단언한다. "예수 그리스도는 단 한 가지 가능성만 아신다. 그것은 가서 순종하는 것이다."[7] "예수께서 말씀하셨다. 그리고 우리의 몫은 순종하는 것이다."[8] 이제 우리는 우리가 순종할 수 있도록, 그리고 그리스도가 하셨던 것처럼 가서 사랑할 수 있도록 은혜를 베풀어 주신 하나님께 감사드려야 한다.

여기에서 우리는 샌드박스(sandbox, 신뢰할 수 없는 프로그램이 시스템의 다른 부분들에 영향을 주지 않고 한정된 영역 내에서만 운영되게 하는 보안 환경을 가리키는 컴퓨터 용어 - 역자주) 밖으로 걸어나온다. 우리가 산상수훈이 정한 기준에 맞

---

6 *DBWE* 4:145.
7 *DBWE* 4:181.
8 *DBWE* 4:182.

지 않는 그리스도인으로서 '교회놀이'를 하며 지낼 수 있는 길이 있다. 또한 우리가 이것을 율법주의로 변질시킬 수 있는 길이 있다. 우리는 모든 것을 아주 능숙하게 도덕화할 수 있다. 심지어 아주 능숙하게 자기 의에 빠질 수도 있다. 그러므로 우리는 본회퍼의 『나를 따르라』의 책장을 거꾸로 넘겨 앞쪽으로 돌아가 그가 얼마나 빨리 우리를 **은혜**로 이끌어가는지 살펴야 한다. 그는 1930년 미국에 체류하면서 쓴 논문에서도 같은 말을 했다. "은혜라는 기독교적 개념만이 하나님 앞에 있는 인간을 자유롭게 만들어 주며, 윤리적 삶을 위한 유일한 가능성을 제공한다."[9]

그보다 한 장 앞에서 본회퍼는 이렇게 말한다. "인간은 자신이 의롭게 되었고 성별되었다는 믿음 안에서 살아간다. 그러나 그는 결코 '나는 선하다'고 말할 수 없다. 그는 언제나 '나의 죄를 용서하소서'라고 말해야 하며, 자신이 의롭게 되었음을 믿어야 한다. … 은혜는 인간 삶의 유일하고 새로운 터전이다."[10] 그리고 '은혜'라는 개념은 『나를 따르라』 전체에서 고동친다.

나는 본회퍼가 『나를 따르라』의 첫 장, 첫 문장에서부터 '값싼 은혜'와 '소중한 은혜'를 이야기한 것이 흥미로웠다. 그는 '값싼 제자도'와 '소중한 제자도'로 쉽게 시작할 수도 있었을 것이다. 하지만 그렇게 하지 않았다. 아마도 그것은 독자들에게 '은혜'를 상기시키기 위함이었을 것이다. 그는 자신이 다음 장들에서 무슨 내용을 다루어야 하는지 알고 있었다. 즉 자기가 독자들에게 성경의 다른 곳에 나오는 어려운 명령들뿐만 아니라 마태복음 5-7장에 실려 있는 그리스도의 명

---

9 *DBWE* 10:451.
10 *DBWE* 10:450.

령들에 대해서도 설명해야 하리라는 것을 알고 있었던 것이다. 그래서 그는 우리가 은혜로 살아간다는 것을 기억할 필요가 있음을 알았다. 또한 우리가 하나님의 명령 전체를 하나로, 즉 사랑하라는 명령으로 요약할 수 있다는 것을 기억할 필요가 있음을 알았다.

"하나님을 사랑하라, 그리고 하고 싶은 대로 하라." 이와 같이 말한 이는 아우구스티누스와 루터였다. 사실 이 두 인물은 여기에서 모두 이 말을 한 이로 인용되고 있다. 하지만 이 말은 어떤 면허가 아니라 최고도의 윤리에 대한 명령이다. 본회퍼는 이들과는 달랐다. 단연코 그는 그 말을 주조한 이로 간주될 수 있다.

따라서 여기에서 나는 그리스도인의 삶에 대한 본회퍼의 사고를 종합하는 한 가지 분명한 개요를 제시하고자 한다. 그것은 마치 교회-공동체가 그리스도 안에서, 그리스도를 통해, 그리고 그리스도를 향해 살아가듯, 우리가 은혜로 말미암아 사랑 안에서 살아간다는 것이다.

본회퍼가 제자도와 관련해 우리에게 가르친 모든 것을 감안할 때, 이것은 그 가르침의 정수이자 핵심이다. 우리는 '사랑'이라는 주제를 다룰 때 그리스도인의 삶에 대한 본회퍼의 가르침의 정점에 이르게 된다. 사실 이 책에서 지금까지 언급한 모든 내용은 우리를 이 점에 이르도록 이끌어 왔다.

본회퍼의 그리스도론(2장)과 교회론(3장)에 대한 우리의 논의는 '사랑'이라는 주제를 위한 토대를 놓았다. 또한 성경과 하나님의 말씀을 읽고 그 말씀대로 사는 것과 관련된 논의(4장), 기도에 대한 논의(5장), 그리고 신학적으로 사고하고 사는 것에 대한 논의(6장)는 모두 우리가 사랑을 배우고 실천하는 데 필요한 특별한 수단을 설명해 주었다. 이와 더불어 '세속적'이 되는 것(7장), 그리고 자유와 섬김과 희생에 관한 우리의 최근의 논의(8장)는 사랑을 드러내는 문제를 살피는 작업이었다. 이제 남아 있는 것은 정상을 향해 오르는 것뿐이다. 즉 사랑에 대한 그의 견해와 그 자신이 몸소 실천했던 사랑의 삶을 살피는 것이다. 아주 사적인 것에서 시작해 보자.

러브 레터

우리는 본회퍼가 투옥 기간에 쓴 편지들을 통해 그가 가족을 향해 품었던 근심을 아주 분명하게 볼 수 있다. 이 편지들에는 그가 마음 쓰고 있는 문제들이 분명하게 나타난다. 그중 하나로 그는 가족에게 자신이 잘 지내고 있다는 확신을 거듭 주었다.

그는 가족들이 자신의 투옥과 앞으로 일어날 일에 근심하지 않기를 바랐다. 무엇보다도 가족들의 평안과 안식을 바랐다. 가족 중 누가 아프다거나 어떤 좋지 않은 상황이 일어났다는 소식을 들으면(그는 간접적으로 그런 소식을 들었는데, 그것은 가족들이 자신들의 문제를 그에게 알리는 것을 극도로 자제했기 때문이다), 그는 즉각 편지를 썼다. 그는 신속하게 그들에게 힘을 북돋웠다.

1944년 12월 28일, 본회퍼는 베를린에 있는 지하 감옥에서 어머니의 생일을 맞아 축하 편지를 쓰는 특권을 얻었다. 그는 이렇게 썼다. "제가 정말로 하고 싶은 것은 어머니께서 침울하게 계실 것이 분명한 요즘, 조금이나마 어머니의 기운을 북돋워드리는 것입니다. 사랑하는 어머니, 저는 매일 어머니와 아버지를 생각하고 있으며 저와 온 가족에게 두 분이 계신 것에 하나님께 감사드리고 있습니다."[11]

하지만 이것은 단발적인 편지가 아니었다. 또한 다른 이에 대한 그

---

11 본회퍼가 1944년 12월 28일 그의 어머니에게 보낸 편지에서, *LPP*, 399.

의 관심은 가족에게만 국한된 것이 아니었다. 이제 우리는 그의 사랑의 행위로 드러난 다른 이들에 대한 그의 관심을 살필 것이다. 그러나여기에서 우리는 그가 맺었던 어떤 특별한 관계 하나를 살펴보아야한다. 1943년 1월, 디트리히 본회퍼는 마리아 폰 베데마이어와 약혼했다. 그녀는 1월 13일, 본회퍼가 편지로 밝힌 프러포즈에 답장을 보냈다. 본회퍼는 그녀의 답장을 일요일인 1월 17일에 받았다. 그는 안식일을 엄격히 지키는 사람이었음에도 그 관습을 깨고 답장을 받은지 한 시간 만에 또 다른 편지를 썼다.

> 당신이 나의 프러포즈를 받아 주신 것에 대해, 당신이 나를 위해 인내해준 모든 것에 대해, 그리고 당신이 지금 내게 어떤 존재이며 앞으로 어떤 존재가 될 것인지로 인해 당신께 감사드립니다. 지금 서로 안에서 행복을 느끼고 행복해집시다. … 크고 자유로운 용서와 사랑 안에서 서로만납시다. 서로를 있는 그대로 받아 줍시다. 우리를 여기까지 인도하시고 사랑하신 하나님께 대한 감사와 무한한 신뢰를 지니고 말입니다.[12]

그들의 공식적인 약혼이 편지로 시작된 것은 적절한 일이었다. 왜냐하면 1943년 4월 5일, 본회퍼가 체포된 후 그들의 관계는 감옥으로방문이 허락되었던 아주 드문 몇 차례의 기회를 제외하고는 대부분편지로 이루어졌기 때문이다. 훗날 베트게는 주로 러브레터를 통해이루어진 그들의 관계에 대해 이렇게 말한다. "우리는 자기 부인을 통해 풍성해진 놀라운 러브스토리를 글로 마주하게 된다."[13] 강제로 독일 군대에 편입된 후 영국 군인에게 항복했다가 훗날 독일의 지도적

---

12 본회퍼가 1943년 1월 17일 마리아 폰 베데마이어에게 보낸 편지에서, *DBWE* 16:384.

신학자가 된 위르겐 몰트만(Jürgen Moltmann)은 이 관계를 "치명적인 시대에 싹튼 매우 감동적인 러브스토리"라고 불렀다.[14]

본회퍼의 다른 편지에서는 여러 가지 주제가 나타난다. 희망, 감사, 그리고 신뢰 같은 단어들이 그 편지들을 물들이고 있다. 이런 덕은 최상의 시대와 환경 속에서도 이루기 어려운 것이다. 하지만 디트리히와 마리아는 감옥에 억류되고, 공습을 피해 다녀야 하는 상황 속에서도 그런 덕을 이루어 갔다. 본회퍼는 감옥에서 자신들이 약혼한 커플이 된 후 처음으로 맞이하게 될 성탄절을 거론하며 이렇게 썼다. "두려워하지 않는 정도가 아니라 온전한 확신으로 성탄절을 기다립시다. 만약 하나님의 자비가 우리를 재결합시켜 준다면, 우리는 서로를 통해 세상에서 가장 훌륭한 성탄절 선물을 받게 될 것입니다."[15] 본회퍼는 자신의 약혼녀에게 끝까지 그런 희망을 표현했다. 그는 1944년 성탄절을 기다리면서 다시 그녀에게 편지를 썼다. 그는 이 편지에 "친절한 능력으로 보호받음"이라는 제목의 시 한 편을 첨부했다. 이 시의 마지막 한 절은 하나님의 전적인 자비에 신뢰를 둔 희망을 표현한다.

우리는 친절한 능력으로 놀랍게 보호받으며
무슨 일이 일어나든 확신을 갖고 기다립니다.
우리는 밤에도 낮에도 하나님과 함께 있습니다.
그리고 아주 확실하게, 새로운 모든 날에도 그러합니다.[16]

---

13 Eberhard Bethge, "Postscripts," in *Love Letters from Cell 92: The Correspondence between Dietrich Bonhoeffer and Maria von Wedemyer*, ed. Ruth-Alice von Bismarck and Ulirich Kibitz, trans. John Brownjohn (Nashville: Abingdon, 1995), 365. 『옥중연서-디트리히 본회퍼와 약혼녀 마리아의 편지』.

14 Jürgen Moltmann, *Love Letters* 표지에서 재인용.

15 *Love Letters*, 128.

테겔 형무소에서 본회퍼는 누가복음 17장 11-17절에 나오는 열 명의 나병환자들 중 오직 한 사람만 돌아와 예수께 감사를 드렸던 이야기를 읽은 후 마리아에게 편지를 쓴다.

사랑하는 마리아,

우리가 조속히 재결합할 수 있기를 매일 바라고 기도하면서도, 그 동안 하나님께서 우리에게 베풀어 주셨고, 지금도 매일 우리에게 제공해 주시는 모든 것으로 인해 그분께 감사드리는 것을 잊지 맙시다. 그러면 우리의 모든 생각과 계획이 더 분명하고 차분해질 것이고, 우리는 쉽게 그리고 기꺼이 우리의 개인적인 운명을 수용하게 될 것입니다. 감사에 관한 이 주간의 복음은 내가 가장 사랑하고 귀하게 여기는 것들 중 하나입니다.[17]

본회퍼는 마리아에게 행복에 관해서도 썼다. 그는 1944년 12월 19일자 편지에서 "내가 불행하다고 생각하지 마십시오"라고 말했다. "도대체 행복과 불행은 무엇을 의미합니까? 그것은 우리의 환경보다 우리 안에서 일어나는 일에 더 많이 좌우됩니다. 나는 나를 행복하고 즐겁게 만들어 주는 당신[당신 자신과 당신의 모든 것]이 있어 매일 감사드리고 있습니다."[18] 또한 그는 1944년 8월에 테겔 형무소에서 쓴 편지에서 이렇게 말했다. "나는 당신으로 인해 감사할 수밖에 없습니다. 내 영혼을 덮고 있는 모든 사소한 그림자들은 당신으로 인해 흩어

---

16 Ibid., 270.
17 Ibid., 95. '이 주간의 복음'에 대한 언급은 그 주일을 위한 성구집 본문인 누가복음 17:11-17과 관련되어 있다.
18 *Love Letters*, 269.

집니다."[19]

디트리히와 마리아는 핑켄발트 신학교의 후원자이자 마리아의 할머니인 루스 폰 클레이스트-레초브(Ruth von Kleist-Retzow)의 집에서 처음 만났다. 대화는 곧 마리아의 미래와 계획에 대한 이야기로 넘어 갔다. 마리아는 수학을 공부하고 싶다고 말했는데, 그녀의 할머니는 그 것을 '어리석은 변덕'으로 여겼다. 하지만 본회퍼는 "그것을 진지하게 여겼다"[20] 그는 그녀에게 매료되었다. 본회퍼는 베트게에게 그녀를 처음 만났을 때의 '즐거운 기억'에 대해 썼다. 그리고 그 편지는 계속해서 자기가 어떻게 그녀를 다시 만날지를 모색하는 데까지 나아갔다.[21] 여기서 우리는 마리아의 할머니가 한 말을 손녀에 대한 멸시로 여겨서는 안 된다. 사실 루스는 나중에 마리아와 본회퍼를 연결시키기 위해 가장 애를 썼던 사람이다.

하지만 마리아의 어머니는 본회퍼를 그다지 탐탁하게 여기지 않았다. 아마도 두 사람의 나이 차이 때문이었을 것이다. 당시 마리아의 나이는 열여덟 살로 서른여섯 살 먹은 본회퍼의 딱 절반이었다. 하지만 본회퍼는 주저하지 않았다. 그는 1942년 11월에 마리아의 어머니에게 결혼 허락을 청했다. 어머니는 동의했으나 한 가지 조건을 달았다. 1년의 유예기간을 두자는 것이었다. 본회퍼는 그 조건을 받아들였다. 마리아는 1942년 11월 27일자 일기에서 이렇게 쓰고 있다. "믿기 어려운 일이다. 그는 정말로 나와 결혼하기를 원하고 있다."[22] 1년의 유예기간은 채워지지 않았다. 이듬해 1월 중순에 그들이 공식적으로

---

19 Ibid., 64.
20 Ibid., 330.
21 본회퍼가 1942년 6월 25일 베트게에게 보낸 편지에서, *DBWE* 16:328-29.
22 *Love Letters*, 336.

약혼을 했기 때문이다. 하지만 디트리히도 마리아도 그리고 마리아의 어머니와 할머니까지도 1943년 4월 5일에 일어날 일을 내다보지 못했다.

그날 본회퍼는 책상에 앉아 일을 하고 있었다. 베를린 샤로텐부르크에 있는 부모님 집의 다락방은 벽을 따라 책장이 늘어서 있을 뿐 장식이 거의 없었다. 그의 책상은 아주 평범했다. 두 개의 서랍과 책상 위에 놓인 램프 하나가 전부였다. 그 책상은 드문드문 서 있는 키 큰 소나무들을 내다볼 수 있는 창문과 가정용 라디에이터 옆에 놓여 있었다. 1943년 4월 5일, 게슈타포가 그 집에 들이닥쳐 그를 체포했다. 그들은 이미 도나니와 다른 사람들을 체포한 상태였다. 게슈타포는 유대인 구호단체에 대한 거액의 기부금을 추적했다. 그리고 본회퍼와 그가 관련된 조직이 유대인들을 몰래 출국시키고 있다고 의심했다.

하지만 이것은 그를 체포하는 표면적 이유였을 뿐이다. 진짜 이유는 그들이 히틀러에 대한 암살을 모의했다는 혐의였다. 본회퍼는 테겔 형무소로 잡혀 갔고, 그곳에서 1944년 10월까지 머물렀다. 마리아는 간수들의 허락을 얻어 낼 때마다 그에게 면회를 갔다. 그 후 본회퍼는 베를린에 있는 게슈타포 감옥으로 이송되었다. 그리고 그곳에서 면회는 급격하게 제한되었다.

1945년 2월, 마리아는 본회퍼가 베를린에 있는 게슈타포 감옥에서 프로센베르크로 이송될 것이라는 소식을 들었다. 마리아는 그를 찾아 프로센베르크로 갔다. 그녀는 이틀간이나 기차를 탔고 기차에서 내려서는 겨울 추위를 무릅쓰고 약 7킬로미터를 걸어 본회퍼가 이송되었다는 프로센베르크 강제 수용소 정문에 이르렀다. 하지만 그녀는 너무 일찍 도착했다. 본회퍼는 프로센베르크에 도착하기 전에 부켄발트와 레겐스부르크에 잠시 수감되었다. 그가 프로센베르크에 도착한 것은 4월 8일이었고, 그곳에서 겨우 하루를 지냈다. 그때 마리아는 이미 오래 전에 베를린으로 돌아간 상태였고, 본회퍼의 행방에 대해서는 그의 가족들과 마찬가지로 아무것도 알지 못했다.

마리아는 그 해 봄을 베를린에 있는 본회퍼의 가족들과 함께 보냈다. 전쟁이 끝나자 그녀는 본회퍼의 가족에게 차를 빌려 자신의 연인을 찾으러 떠났다. 게슈타포가 죄를 은폐하기 위해 기록들을 파기했기에, 악화된 전쟁 말기의 혼란 속에서 그녀는 본회퍼에 대한 어떤 흔적도 찾을 수 없었다. 심지어 그가 살았는지 죽었는지조차 알 수 없었다. 마리아가 본회퍼의 사망 소식을 접한 것은 1945년 6월 말이었다. 베를린으로 갈 수도, 본회퍼의 부모와 접촉할 수도 없었던 그녀는 1945년 7월 말에야 겨우 그의 가족들에게 소식을 전할 수 있었다. 그녀가 본회퍼의 부모에게 다시 돌아갔을 때, 그들은 본회퍼를 잃은 것을 함께 슬퍼했다.[23]

전쟁이 끝난 후, 마리아 폰 베데마이어는 괴팅겐 대학교에서 수학을 공부했고, 미국 대학원에서 공부할 수 있는 장학금을 얻어 펜실베니아 주에 있는 브린 마우어 칼리지에서 공부를 마쳤다. 그녀는 1977년 매사추세츠에서 사망할 때까지 미국에서 살았다.

1943년 8월 12일, 본회퍼는 그녀에게 보낸 편지에서 이렇게 말했다.

우리의 결혼은 하나님의 세상에 대한 "예"가 될 것입니다. 그것은 세상

---

23 Ibid., 348-59에 실려 있는 역사적 설명을 보라. 또한 Paul Barz, *I am Bonhoeffer: A Credible Life, A Novel,* trans. Douglas W. Stott (Minneapolis: Fortress, 2008), 325-39를 보라. 마리아 폰 베데마이어와의 인터뷰를 포함하고 있는 바즈(Barz)의 책은, 비록 소설이기는 하나, 아주 꼼꼼하게 기록되었고, 본회퍼 연구가들에게 널리 받아들여지고 있다.

에서 무언가를 행하고 성취하려는 우리의 결의를 강화시켜 줄 것입니다. 나는 세상에서 오직 한쪽 다리로만 서 있고자 하는 그리스도인들이 하늘에서도 오직 한쪽 다리로만 서 있게 될까 봐 두렵습니다. … 그러므로 우리가 기다려야만 하는 나머지 시간을 계속해서 인내합시다. 그리고 한 시간이라도 투덜대거나 불평하며 시간을 낭비하지 맙시다. 하나님의 견지에서 보면 이 기다림의 시간은 아주 소중합니다. 많은 것이 우리가 그것을 어떻게 견디느냐에 달려 있습니다. … 나는 우리의 사랑과 결혼이 이 시련의 시간으로부터 영원한 힘을 이끌어 내리라고 확신합니다. 그러니 서로 의지하면서 그리고 서로를 위해 우리의 결혼식 날이 밝아올 때까지 기다립시다. 그리 오래 걸리지는 않을 겁니다. 나의 사랑, 나의 마리아여.[24]

언젠가 베트게는 디트리히 본회퍼와 마리아 폰 베데마이어의 관계를 '삶을 긍정하는 신학'(life-affirming theology)을 반사하는 것으로 묘사한 적이 있다. 본회퍼는 감옥에 있는 동안에도 "계속해서 일하고 있었다."[25] 우리는 그것을 이 편지에서 분명하게 본다. 본회퍼가 마리아와의 결혼을 하나님의 세상에 대한 "예"로 선언한 것은 그의 세속적 제자도의 일부다. 우리의 관계를 우리의 영적 삶과 무관하게 여기는 것은 잘못이다. 우리의 관계는 철두철미하게 하나님에 대한 사랑의 바로미터다. 언젠가 조나단 에드워즈(Jonathan Edwards)는 자신과 자신의 아내 사라의 결혼을 "범상치 않은 결합"이라고 불렀다. 본회퍼와 마리아 폰 베데마이어와의 약속 역시 그랬다. 사실 이 경우에는 "비범한

---

24 *Love Letters*, 64-65.
25 Bethge, "Postscript," in *Love Letters*, 366.

것"이라는 말이 더 나을지도 모른다.

최고의 사랑

본회퍼는, 만약 그의 마지막 말이 어떤 증거가 될 수 있다면, 자신을 늘 목회자로 여겼다. 마리아의 초기 편지들조차 그를 "본회퍼 목사님"이라고 칭하고 있다. 지금까지 남아 있는 그의 마지막 문장(그것은 그가 마지막 순간에 갖고 있던 책인 플루타르크의 『영웅전』의 표지 안쪽에 적혀 있다)은 세 줄로 되어 있다. 이 책은 그의 형이 그의 서른아홉 번째 생일인 1945년 2월 6일에 그에게 선물한 것이었고, 그의 가족이 베를린 감옥에 있는 그에게 줄 수 있는 마지막 책이었다. 그 다음날 본회퍼를 부켄발트로 이송하라는 명령이 떨어졌기 때문이었다. 그는 그 책을 포함해 아무것도 가져갈 수가 없었다. 그 책 안쪽에는 그가 거칠게 쓴 글이 있는데, 아마도 걱정에 가득 차서 서둘러 썼을 것이다.

디트리히 본회퍼, 목사
베를린 샤로텐부르크
마리엔브르거 알리 43

이름, 직업, 그리고 주소였다. 그가 자신의 직업을 "목사"라고 적은 것에 주목하라. 본회퍼는 1931년 11월 15일, 베를린에 있는 성 마태 교회에서 안수를 받았다. 그는 안수에 필요한 모든 조건을 충분히 준비했고, 5라이히스마르크(reichsmark, 1924년부터 1948년 6월 10일까지 쓰였던 독일의 통화 - 역자주)의 비용도 지불했다. 마침내 그는 공식적으로 디트리히 본회퍼 목사가 되었다.[26]

한동안 그는 성 마태 교회에서 일했는데, 이 교회의 교인들 중에는

1차 세계대전 중에 독일군을 이끌었던 전직 군 장성이자 당시 독일의 대통령이었던 파울 폰 힌덴부르크(Paul von Hindenburg)가 있었다.[27] 본회퍼는 안수를 받기 전에 바르셀로나에서 젊은 목회자로 일했던 것을 시작으로 생애 전반 여러 가지 목회적 직책을 맡았다. 그는 바르셀로나로 간 이유가 "자립하기 위해서,"[28] 즉 스물두 살의 청년으로서 스스로 삶을 개척하기 위해서였다고 말한다. 그 후로 20여 년 가까이 그가 맡았던 목회적 임무와 교회 관련 일들은 아주 다양했다.

그중에는 런던과 뉴욕의 유니온 신학교에서 1년간(1929-1930년) 공부하는 동안 할렘가에서 수행했던 목회 활동이 포함되어 있다. 이 기간에 쓴 편지들은 그가 유니온 신학교에서 공부하는 것보다 할렘에 있는 아비시니안 침례교회를 섬기면서 훨씬 더 많은 것을 배웠음을 보여 준다.[29] 이상하게도 그의 목회 사역은 젊은이들과 함께하는 경우가 많았다. 두 개의 박사학위는 물론이고 기타 실력까지 갖추고 있던 그는 그런 일을 하기에 아주 적합했다.

본회퍼는 또한 학자였다. 하지만 그가 베를린에서 교수로 지낸 기간은 아주 짧았다. 그는 대부분의 시간을 교육자로서 지하 교회를 섬기며 보냈다. 물론 그런 활동의 정점은 핑켄발트 신학교 시절이었다.

---

26 *DBWE* 11:64-65.

27 본회퍼는 1931년 11월 5일에 폴 레만(Paul Lehmann)에게 보낸 편지에서 힌덴부르크에 대해 이렇게 쓰고 있다. "우리 교회가 힌덴부르크가 출석하고 있는 교회라는 사실을 말씀드린 것으로 기억합니다[그는 평균적으로 한 달에 한번 꼴로 교회에 나옵니다]. 저는 지난 주일에 그를 개인적으로 만났습니다. 그는 매우 낙심해 있는 듯 보였습니다. 하기야 요즘 상황을 고려한다면 놀랄 일도 아니지요." *DBWE* 11:62. 당시 힌덴부르크의 독일은 심각한 경제난으로 붕괴되기 일보직전이었다.

28 Bonhoeffer, "Spanish Diary," 1928년 1-3월, *DBWE* 10:57.

29 메택시스는 본회퍼의 할렘 사역을 그의 삶의 전환점으로 여긴다. "본회퍼는 처음으로 복음이 선포되고, 하나님의 명령에 대한 순종 속에서 그 복음이 삶이 되는 것을 목격했다." Eric Metaxas, *Bonhoeffer: Pastor, Martyr, Prophet, Spy* (Nashville: Thomas Nelson, 2010), 108.

본회퍼가 1936년 핑켄발트 신학교를 위해 작성한 사명 선언문에는 이런 표현이 들어 있다. "타인을 섬기기 위한 집중적인 준비."[30] 베트게는 이것이 "공허한 문구 이상이었다"고 알려 준다.[31] 이 문구는 본회퍼가 추구하는 목회 사역의 방향과 목회 후보생들을 향한 비전을 보여 준다. '타인에 대한 섬김'은 그의 구호가 되었고, 이웃 사랑은 그의 특징이 되었다.

본회퍼는 『윤리학』에서 기독교적 사랑의 이런 비범한 특성과 관련해 이렇게 말한다. "모든 철학과 대조되는 복음을 통해 이해할 수 있는 사랑은 사람들을 다루기 위한 어떤 방법이 아니다."[32] 사랑은 어떤 기술이 아니다. 사랑은 추상 속에 존재하지 않는다. 본회퍼에 따르면, 사랑은 "인간과 세상에 대한 하나님의 실제적인 사랑 속에" 존재한다. 마찬가지로 우리의 사랑은 "세상 속에서 다른 사람들과 하나가 됨으로써" 존재한다.[33] 본회퍼는 『나를 따르라』에서 했던 것과 같이 여기에서도 우리를 산상수훈으로 이끌어간다. "하나님의 구체화된 사랑을 선포하는 산상수훈은 사람들에게 서로 사랑하고, 그 사랑을 방해하는 모든 것은 거부하라고 명한다. 즉 이것은 사람들에게 자기 부인을 요구한다."[34]

본회퍼는 계속해서 자기 부인에는 어떤 일이 따르며, 그것이 우리로 하여금 어떤 경험을 하게 하는지를 설명한다. 본회퍼에 따르면, 우

---

30 Eberhard Bethge, *Dietrich Bonboeffer: A Biology*, enl. ed. (Minneapolis: Fortress, 2000), 539에서 인용. 『디트리히 본회퍼, 신학자-그리스도인-동시대인』.

31 Ibid.

32 *DBWE* 6:241.

33 *DBWE* 6:241.

34 *DBWE* 6:242.

리는 늘 무엇이 우리에게 가장 좋은지에 대한 잘못된 인식으로 고통을 당한다. 자기 홍보, 자기 섬김, 자기 중심 등은 모두 우리를 시들고 공허하게 만든다. 그 결과 우리는 상황을 제대로 보지 못한다. 본회퍼는 이 문제를 이렇게 설명한다.

인간은 자신의 행복과 권리, 자신의 의와 위엄, 그리고 폭력과 성공, 나아가서는 자신의 생명까지 포기함으로써 이웃을 사랑해야 한다. 하나님의 사랑은 자기에 대한 사랑으로 구름이 낀 채 방황하는 인간의 인식을 해방시켜 현실, 이웃, 그리고 세상에 대한 분명한 인식에 이르게 한다.[35]

본회퍼는 자기 부인에 수반하는 모든 것을 몸소 배웠다. 하지만 그는 그런 자기 부인으로 얻는 것에 대해서도 배웠다. 심지어 그는 그가 경험했던 그 길고 어둔 밤에도 예수 그리스도를 통해 드러난 하나님의 사랑에 기뻐할 수 있었다.

1965년, 미국의 위대한 재즈 뮤지션 존 콜트레인(John Coltrane)이 〈최고의 사랑〉(A Love Supreme)이라는 앨범을 냈다. 음악 평론가들의 말에 따르면, 이 앨범은 단순히 콜트레인 음악의 정점뿐 아니라 하나님께 찬사를 드리고자 했던 그의 영적 탐구의 정점을 보여 준다. 그는 그 앨범을 녹음하는 과정에서 사랑이 무엇인지를 이해하기 위해 자신이 얻을 수 있는 온갖 종교 자료를 차근차근 탐구해 나갔다. 하지만 그런 탐구에도 불구하고 그는 자신이 원했던 것을 이루지 못했다. 뮤직 스튜디오는 하나의 훌륭한 앨범, 아마도 미국 재즈 음악 중 최고의 것을 만들어 냈지만, 그 앨범은 애초에 목표로 삼았던 것에 미치

---

35 *DBWE* 6:242.

지 못했다.[36]

본회퍼는 우리가 사랑을 이해하는 것이 우리 시대의 기독교 전문가를 포함해 어떤 전문가의 발치에 이르려는 노력이 아님을 상기시킨다. 우리가 최고의 사랑을 이해하고, 그 사랑의 가르침을 따라 살기 위해 유일하게 필요한 것은 성육하신 그리스도를 바라보는 것, 서로 사랑하라는 그분의 명령을 따르는 것, 우리의 이웃을 사랑하는 것, 그리고 우리의 원수를 사랑하는 것이다. 그것은 '비범한' 사랑이요, 최고의 사랑이다.

본회퍼의 사상을 그리스도인의 삶의 관점에서 고찰했던 이 논의를 마무리하는 시점에, 나는 지금껏 본회퍼를 나 자신을 포함해 우리 모두의 모델로 삼았으면서도 우리가 오직 그리스도만을 따르고 그리스도만을 바라보아야 한다고 강조하고 있는 아이러니를 의식한다. 하지만 여기에서 내가 또 하나의 아이러니한 탐닉에 빠지는 것을 용서해 주기 바란다. 이 탐닉이란, 본회퍼의 성숙이 아주 놀랍다는 것이다. 그는 박사학위를 취득한 스물두 살 전에 이미 그의 핵심 사상 중 많은 것들을 정립했을 뿐만 아니라, 그것들을 출판하기에 이르렀다.

그는 이런 빠른 지적·신학적 성숙에 더하여 아직 청년에 불과했음에도, 세상을 폭넓게 이해하고 풍부하게 경험했다. 1924년 3월에서 5월 사이 본회퍼는 북아프리카와 이탈리아로 여행을 했다. 그 무렵 '대여행'(the Grand Tour, 유럽 대륙의 예술 중심지인 프랑스와 이탈리아의 대도시들을 유람하는 여행 - 역자주)은 유럽의 부유한 집 자제들을 위한 필수 과정이었다.

본회퍼는 그때도 일기를 썼다. 로마에서 그는 콜로세움과 광장,

---

36 Ashley Kahn, *A Love Supreme: The Story of John Coltrane's Signature Album* (New York: Penguin, 2003).

본회퍼가 말하는 그리스도인의 삶 **267**

그리고 성 베드로 성당 등에 압도되었다. 하지만 그는 특히 라오쿤 (Laocoön) 상에 충격을 받았다. 기원전 1세기에 만들어진 그 대리석 동상은 소실되었다가 1506년에 미켈란젤로에 의해 발굴되어 마침내 바티칸 박물관에 소장되었다. 그곳에서 본회퍼는 그 동상을 보았고 그 인상을 일기에 기록했다. "라오쿤 상을 처음 보았을 때, 나는 등골이 오싹했다. 아주 놀라서 한동안 그 앞에 머물렀다."[37]

라오쿤에 관한 이야기는 그리스 신화에 등장한다. 트로이의 사제였던 라오쿤은 트로이 사람들에게 목마를 받아들이지 말라고 경고했다. "선물을 가져오는 그리스인들을 조심하라." 하지만 트로이 사람들은 라오쿤의 말에 귀를 기울이지 않았다. 결국 그는 심판석에 앉은 포세이돈이 호출한 두 마리의 뱀에게 물려 죽었다. 그 동상은 뱀이 휘감고 있는 라오쿤의 일그러진 얼굴을 묘사한다. 무력하게 뱀과 싸우는 라오쿤의 모습은 그가 자신의 운명을 거역할 수 없음을 보여 준다. 감동적이고 압도적인 동상이다. 본회퍼가 라오쿤 동상에 예술적 경이를 지닌 로마의 모든 작품들 중에서도 최고로 인정한 것은 옳은 일이었다.

하지만 이제 겨우 열여덟 살이었던 본회퍼가 라오쿤 동상의 의미를 온전히 이해하는 건 쉽지 않았다. 그런 이해는 훗날에야 가능했다. 1942년, 그는 이탈리아를 다시 방문했다. 무솔리니가 다스리는 이탈리아였다. 이때 그는 아브페어 사건에 함께 개입했던 매형 한스 폰 도나니를 수행하고 있었다. 본회퍼가 그곳에서 무엇을 했는지는 분명하지 않다. 하지만 그 일이 무엇이었든 많은 시간이 걸리지는 않았다.

그래서 그는 유적지와 박물관, 그리고 미술관들을 다시 방문하며

---

37 Bonhoeffer, "Italian Diary," 1924년 4월 14일, *DBWE* 9:89.

시간을 보냈다. 물론 라오쿤 동상도 다시 보러 갔다. 이때 그가 작성한 "중요한 인상을 준" 목록에서 라오쿤은 다시 첫 번째 자리를 차지했다. 그는 이 동상에 대한 자신의 경의를 이렇게 표현했다. "라오쿤의 머리가 훗날 그리스도의 초상화들의 모델이 된 것일까? 그 오래된 '슬픔의 사람'을 위한. 그것에 대해서는 아무도 내게 알려 줄 수 없다. 그 문제를 연구해 봐야겠다."[38]

어떤 면에서 이것은 본회퍼를 포함해 우리 모두가 그리스도인의 삶에서 어떻게 성장하는지를 대표해서 보여 준다. 점점 더 우리는 그리스도를 바라본다. 점점 더 우리는 우리의 경험과 삶의 의미를 찾기 위해 그리스도께 거슬러 올라간다. 점점 더 우리는 그리스도를 통해서, 그리스도 안에서, 그리고 그리스도를 향해서 살아간다. 본회퍼는 그의 책 『윤리학』에서 이렇게 말한 적이 있다. "현실에 대한 지식은 단지 외적 사건들에 대해 아는 것이 아니라 사물의 본질을 꿰뚫어 보는 것이다."[39]

본회퍼가 그 고뇌하는 얼굴, 곧 뱀과 싸우는 라오쿤의 얼굴에서 그리스도를 본 것은 놀랄 일이 아니다. 슬픔의 사람인 예수 그리스도의 고난 속에서 우리는 그분을 만나고 그분께 나아간다. 그리고 그리스도가 고난을 당하셨다는 사실을 앎으로써 위안을 얻는다. 물론 라오쿤을 공격한 뱀들과 달리, 성경의 뱀은 오직 그리스도의 발뒤꿈치에만 상처를 입힐 뿐이다. 하지만 그리스도는 그 뱀의 머리를 짓밟는다. 이것이 모든 상황의 핵심이다.

---

38 1942년 7월 16일, *DBWE* 16:402. 본회퍼의 1942년 일기의 일부분. 그 일기에는 게슈타포를 속이기 위해 의도적으로 꾸며 낸 내용들이 포함되어 있다. 사실 그는 7월 3일부터 10일까지 로마를 방문했고, 이 일기의 날짜인 16일을 포함하고 있는 그 다음 주를 독일에서 보냈다.
39 *DBWE* 6:81.

결론: 그리스도 목적적 제자도

라오쿤의 대리석 동상에 관한 이 이야기는 우리에게 예수 그리스도의 사역의 세 가지 핵심 요소를 강조해 준다. 그것은 그분의 성육신과 십자가형, 그리고 부활이다. 이 세 가지 요소는 본회퍼의 저작 전반을 관통한다. 그는 이렇게 말한다. "우리는 예수 그리스도 안에서 인간이 되시고, 십자가에 달리시고, 부활하신 하나님을 믿는다. 우리는 성육신 안에서 피조물에 대한 하나님의 사랑을, 십자가형 안에서 모든 육신에 대한 하나님의 심판을, 그리고 부활 안에서 새로운 세상을 향한 하나님의 의지를 인식한다."[40] 이제 그 요소들을 좀 더 면밀하게 살펴보자.

성육신

신인이신 그리스도는, 본회퍼의 결혼이 세상에 대한 "예"의 되울림이 되듯이, 그의 성육신을 통해 우리와 하나님이 지으신 세상에 대해 "예"라고 외치신다. 우리 역시 이 세상에서 그리스도를 본받아 사랑 안에서 살아갈 때 그 "예"를 되울린다. 우리는 이것을 본회퍼가 1932년 11월 19일에 했던 한 강연을 통해 분명하게 알 수 있다. 본회퍼는 '여성을 위한 프로테스탄트 평생교육 연구소'(PCEIW)에서 "나라가 임하옵시며: 이 세상에서 하나님의 나라가 이루어지기를 바라는 교회-공동체의 기도"(Thy Kingdom Come: The Prayer of the Church-Community for God's Kingdom on Earth)라는 제목으로 강연했다.[41]

본회퍼는 그 강연에서 다음과 같이 인정한다. "우리는 가시와 엉겅

---

40 *DBWE* 6:157.
41 *DBWE* 12:285-97. 285n1에 있는 편집자주를 보라.

퀴를 내는 저주받은 땅에서 살고 있습니다." 하지만 그는 곧 다음과 같이 선언한다. "그러나 그리스도께서 이 저주받은 땅 안으로 들어오셨습니다. 그리스도께서 입으신 육신은 이 땅에서 취한 것이었습니다."[42] 이어서 본회퍼는 교회가 어떻게 해서 이 저주받은 땅 위에 굳건하게 서 있는지를 설명한다. "하나님께서 그분의 나라를 이 저주받은 땅 위에 심으십니다."[43] 바로 이 땅이 하나님이 당신을 위해 우리를 불러 살게 하시는 곳이다.

본회퍼는 그 강연을 야곱과 천사가 씨름하는 흥미로운 에피소드(창 32:22-29)로 마무리한다. 그는 이 에피소드 안에서 이 세상에서의 우리 삶에 대한 적절한 묘사를 발견한다.

우리 모두는 약속의 땅[새 하늘과 새 땅]에 이르기 위해 밤의 길을 통과합니다. 그러므로 우리 역시 상처를 입은 사람들로서 오직 하나님과의 씨름과 하나님의 나라와 은혜를 얻기 위한 싸움을 통해 그 땅으로 들어갈 뿐입니다. 우리는 절뚝거리는 전사로서 하나님과 우리 형제들의 땅으로 들어갑니다.[44]

"절뚝거리는 전사"라는 묘사는 우리에게 겸손과 하나님에 대한 의존을 더욱 강조한다.

베트게에게 보낸 마지막 편지에서 본회퍼는 이렇게 쓴다. "이 땅이 인간이신 예수 그리스도를 위해 충분히 좋은 것이었다면, 예수 같은

---

42 *DBWE* 12:288.
43 *DBWE* 12:295.
44 *DBWE* 12:297. 또한 본회퍼가 야곱과 하나님의 싸움에 관해 했던 설교를 보라. *DBWE* 11:428-33.

이가 이 땅에 살았다면, 그 이유로, 오직 그 이유만으로 삶은 우리에게 의미를 지닌다네."[45] 그리스도가 땅 위 2미터 높이에서 배회하지 않고 온전히 이 땅 안으로 들어오셨듯이, 우리 역시 이 세상에서 그리스도를 위해 살도록 부르심을 받았다. 히틀러가 그의 조국을 통치했던 그 시절, 본회퍼는 감옥에 있으면서 이렇게 말했다. "이 세상을 너무 일찍 지워 버려서는 안 된다네."[46]

또한 우리는 성육신 안에서 그리스도의 겸비를 발견한다. 그분은 가난하고 버림받은 자로서 이 땅에 오셨고, 그런 자들과 늘 가까이 계셨다. 하지만 이처럼 겸손을 보이신 예수 그리스도는 이 땅에서 추방되셨다. 이 모든 것에서 본회퍼는 위로와 도전을 발견했다. 그리스도 안에서 그리스도를 향해 사는 것은 성육신의 관점과 모범을 따라 사는 것을 의미한다.

십자가형

그것은 또한 십자가형(crucifixion)으로부터 십자가형에 의해 살아가는 것을 의미한다. 우리는 이 땅이 저주받았음을 이미 알고 있지만, 예수 그리스도의 십자가형은 이 땅을 지배하는 죄와 악의 깊이와 추함, 무서움을 아주 철저하게 드러낸다. 또한 십자가형은 '사랑'이라는 특징을 지닌 참된 겸비를 강조한다. 하나님은 세상을 너무 사랑하셔서 자신의 아들을 세상 속으로만이 아니라 십자가로 보내셨다. "예수 그리스도는 궁극적으로 인간의 모든 죄책을 담당하는 분이 되신다. 예수 그리스도는 그 짐을 회피하지 않고 겸손하게 무한한 사랑으로

---

45 본회퍼가 1944년 8월 21일 베트게에게 보낸 편지에서, *LPP*, 391.
46 본회퍼가 1944년 6월 27일 베트게에게 보낸 편지에서, *LPP*, 337.

짊어지신다."[47] 이어서 본회퍼는 이렇게 덧붙인다. "예수 그리스도는 죄가 없으심에도 인간에 대한 이타적인 사랑 때문에 인간의 죄책을 스스로 짊어진 채 그들 속으로 들어가신다."[48] 그 결과 우리는 일어서고, 용서받고, 의롭게 되고, 구속되고, 화해를 얻는다. 우리는 하나님과 더불어 평화를 누린다(롬 5:1-5).

또한 우리는 예수 그리스도가 십자가 위에서 죽으심으로써 교회-공동체 안으로 편입된다. 그러므로 교회는 용서받은 자들의 공동체로서 다른 이들을 용서하는 데 더욱 힘써야 한다. 또한 교회는 함께 기도하는 공동체로서 다른 이들을 위해 중보하는 데 더욱 깨어 있어야 한다. 또한 교회는 무거운 짐을 덜어 낸 자들의 공동체로서 다른 이들의 짐을 짊어지는 데 누구보다 힘써야 한다. 본회퍼는 교회를 십자가 아래에 있는 교회로 여긴다. 우리는 우리 자신을 은혜가 필요한 죄인으로 여긴다. 마찬가지로 우리는 우리의 동료 역시 은혜가 필요한 가련한 죄인들로 여겨야 한다. 앞에서 보았듯이, 언젠가 본회퍼는 이렇게 말한 적이 있다. "십자가에서 죽는 왕은 이상한 나라의 왕일 수밖에 없다."[49] 교회는 이상한 아니 '비범한' 나라다.

부활

다음으로 우리는 부활과 마주한다. 그리스도 안에서 그리스도를 향해 그리스도인의 삶을 살아간다는 것은 부활에 비추어 살아가는 것을 의미한다. 이것은 우리가 깊이 숙고해 보아야 할 단어를 제시한다. 바

---

47 *DBWE* 6:234.
48 *DBWE* 6:234.
49 Bonhoeffer, "The Essence of Christianity," 1928년 12월 12일, *DBWE* 10:357.

로 '희망'이라는 단어다.

언젠가 본회퍼는 감옥에서 이렇게 썼다. "인간이 희망 없이 살 수 없다는 것은 그저 인습적인 언명에 지나지 않는 것이 아니라네." 그리고 이렇게 덧붙였다. "그리스도인에게는 분명히 확고한 터전에 기초를 둔 희망이 있다네. … 확실성에 기반을 둔 희망에는 얼마나 큰 힘이 있는가, 또한 그런 희망을 지닌 삶은 얼마나 강력한가!"[50] 이어서 본회퍼는 이렇게 선언했다. "'그리스도 우리의 희망' – 바울의 이 정식[定式]이야말로 우리 삶의 원동력이라네."[51]

우리는 본회퍼가 마태복음 2장에 나오는 헤롯 왕의 무고한 영아 살해 사건에 대한 설교에서 죄로 인해 저주받은 세상의 추악한 현실과 정면으로 대결했던 것을 기억한다. 하지만 이 설교 끝부분에서 그는 우리에게 삶의 고난과 혼란에 대한 해결책을 제시한다. 두 차례나 본회퍼는 이렇게 선언한다. "예수께서 살아 계십니다!"[52] 예수께서 살아 계신다! 그러므로 우리에게는 희망이 있다. 본회퍼는 『윤리학』에서 이렇게 선언한다. "부활하신 예수 그리스도는 사랑이 많으시고 전능하신 하나님이 죽음을 종결시키시고, 새로운 창조를 이루신다는 것을 의미한다. 하나님은 새 생명을 주신다."[53] 우리에게는 희망이 있다.

그리스도를 따른다는 것은 성육하시고, 십자가형을 받으시고, 부활하신 그리스도를 따른다는 것을 의미한다. 우리는 이 중 다른 두 가지를 무시한 채 하나에만 초점을 맞추려 한다. 만약 우리에게 있는 것이 성육하신 그리스도뿐이라면, 우리는 도덕주의로 끝날 수밖에 없다.

---

50 본회퍼가 1944년 7월 25일 에버하르트 베트게에게 보낸 편지에서, *LPP*, 372-73.
51 Ibid., 373.
52 본회퍼가 1940년 1월 1일 마태복음 2:13-23을 본문 삼아 한 설교에서, *DBWE* 15:494.
53 *DBWE* 6:158.

만약 우리가 오직 십자가형만을 바라본다면, 우리는 금욕주의자가 될 수밖에 없다. 만약 우리가 관심을 갖는 모든 것이 부활뿐이라면, 우리는 삶의 '침울한' 순간들에 대해서는 아무런 공명도 하지 않는 인생관을 갖게 될 수밖에 없다.

이 세 요소 중 어느 하나에만 배타적으로 집중할 경우, 우리는 그리스도인의 삶에 대한 편향된 관점에 그칠 수밖에 없다. 성경을 통해 그리스도를 만날 때 우리는 그분의 복합성을 붙들어야 한다. 우리는 예수 그리스도를 따르기 위해 이 세 요소 모두를 기억해야 한다.

본회퍼는 하나님이 우리에게 선물로 주신 성육하시고, 십자가에 달리시고, 부활하신 그리스도에 대한 믿음을 지닐 때 그 믿음과 함께 사랑과 희망이 따라온다고 주장한다. 이것은 그리스도 안에 있는 삶, 즉 그리스도로 인한 믿음과 사랑과 소망의 삶이다. 본회퍼는 그것을 "그리스도 안에 있는 삶"(Christusleben)이라고 부른다.[54] 그리고 우리는 이런 삶 속에서 참으로 살아 있다. "그렇게 해서 하늘이 우리 인간 위에서 갈라져 열린다. 그리고 예수 그리스도 안에 있는 하나님의 구원에 관한 기쁜 메시지가 하늘에서 땅으로 즐거운 탄성처럼 울린다. 나는 믿는다. 그리고 믿으면서 그리스도를 받는다. 나는 모든 것을 갖고 있다. 나는 하나님 앞에서 살아간다."[55]

---

53 *DBWE* 6:158.
54 *DBWE* 6:149.
55 *DBWE* 6:148.

1 이 책들 중 플루타르크의 『영웅전』만이 본회퍼에게 전달되었다. 그는 그 책 표지 안쪽에 자신의 이름과 직업, 주소를 적었고, 부켄발트와 프로센베르크로 이송되기 전에 프린츠-알브레히트 가에 있는 그의 감옥에 그 책을 남겼다. 어떻게 해서인지 베를린의 총체적 혼돈 속에서도 그 책은 본회퍼의 집으로 되돌아왔다.

제 물건들을 잘 정리해 주시기를 부탁드립니다. 저는 야회복 상의도 받을 수 있다고 들었습니다. 제 것을 보내 주시기 바랍니다. … 누구든 필요로 하는 것이 있다면 주시기 바랍니다. 그리고 그것에 대해 다른 생각은 하지 마시기 바랍니다. … 몇 가지 더 부탁드릴 게 있습니다. 안타깝게도 지금 여기에는 제가 읽을 만한 책이 없습니다. 마리아가 가져올 수만 있다면 정치위원 손데 레거가 언제라도 그것들을 받아 줄 것입니다. 그것들을 받을 수 있다면 아주 기쁠 것 같습니다. … 치약과 약간의 커피콩을 받을 수 있을까요? 아버지, 서재에서 요한 페스탈로치(Johann Pestalozzi)의 『린하르트와 게르트루트』(1781)와 『은자의 황혼』(1780-87), 파울 나토르프(Paul Natorp)의 『사회교육학』(1899), 그리고 플루타르크의 『영웅전』을 찾아 보내 주시기 바랍니다.[1] 저는 아주 잘 지내고 있습니다. 모든 것에 깊이 감사드립니다.

두 분께 진심으로 감사드리며, 디트리히가

정치위원에게 편지지를 좀 남겨 주시기 바랍니다!

디트리히 본회퍼가 그의 양친에게,
프린츠-알브레히트 가, 베를린, 1945년
(본회퍼의 마지막 편지)

10. 본회퍼
읽기

_____

자신의 일을 헛되지 않게 하려는 학생은 좋은 저자들의 작품이 자신의
살과 피의 일부가 될 정도로 읽고 또 읽어야 한다.

_마르틴 루터, 『탁상담화』(Table Talk), 1533년

나는 의무감 때문에 그의 책들을 읽으려 했다. 『성도의 교제』부터 시작
했다. 내가 좌절감을 느낀다고 고백하자, 그는 나의 그런 고백을 아주 재
미있어 했다. 그는 지금 자신의 유일한 관심사는 『신도의 공동생활』이
라고 말했다. 그리고 자기가 그것을 다 읽을 때까지 내가 기다려 주기를
바랐다.

_마리아 폰 베데마이어

본회퍼의 사진들 중에는 매력적인 것이 아주 많다. 제2차 세계대전이
발발하기 전 날 쌍둥이 누이동생 자비네와 함께 그녀의 런던 집 뒷마
당에 앉아 있는 사진, 테겔 형무소 마당에서 옷소매를 말아 올리고 손
에 책을 쥐고 있는 사진, 아마도 한 손으로 라켓을 잡고 다른 손은 호
주머니에 넣고 있는 것으로 보아 적수가 되지 않는 이와 맞붙은 것처
럼 보이는 탁구 경기 모습을 담은 사진, 이 모든 사진들은 우리를 본
회퍼에게 이끌어간다. 하지만 시간이 흐를수록 내가 점점 더 깊이 음

미하고 있는 사진은 그가 해변에서 찍은 것 중 하나다. 본회퍼는 구부린 무릎 위에 올려놓은 손을 굳게 쥔 채 여러 학생들에게 둘러싸여 앉아 있다. 신원이 확인되지 않는 스웨덴 출신의 한 학생이 공책을 펴들고 손에 펜을 쥐고 있다. 다른 학생들(모두 독일인이다)은 집중해서 본회퍼의 말을 듣고 있다. 본회퍼는 장황하게 이야기를 하고 있다. 본회퍼의 제자였던 잉게 카딩은 당시를 이렇게 회상한다. "처음부터 선생님은 우리가 성경을 우리에게 제시된 그대로, 즉 우리에게 직접 제시된 하나님의 말씀으로 읽어야 한다고 가르치셨다."[1]

아마도 내가 이 특별한 사진에 끌린 이유는 나 또한 선생이고, 비록 개인적으로는 이런 사직을 찍을 만한 해변으로부터 너무 먼 거리에 있지만, 이 모습이 나의 직업적 이상을 대표하기 때문일 것이다. 특히 내 자신이 해변에 앉아 본회퍼의 말을 직접 듣기를 너무나 갈구하기에 이 사진에 끌리는 것 같기도 하다. 하지만 우리가 그를 알기 위해 택할 수 있는 차선은 그를 읽는 것이다.

에버하르트 베트게는 본회퍼와 함께 시간을 보내는 것이 어떤 것인지 알았다. 나치 때문에 멀리 떨어져 있었을 때조차 그들은 여전히 편지를 통해 함께 시간을 보냈다. 한 편지에서 베트게는 이렇게 말했다. "내가 너무 엄격함에 빠져 있을 때, 매번 당신이 다가와 그런 생각을 흔들어 깨워 새로운 궤도에 진입하게 합니다. 또한 나의 엄격한 눈에 새롭고, 유쾌하며, 흥미진진한 모습들을 제공해 줍니다."[2]

이제 우리는 본회퍼가 쓴 책들과 본회퍼에 관한 책들을 통해 우리

---

1 잉게 카팅, 마르틴 도브메이어와의 인터뷰에서, Eric Metaxas, *Bonhoeffer: Pastor, Martyr, Prophet, Spy* (Nashville: Thomas Nelson, 2010), 129에서 재인용.『디트리히 본회퍼 | 목사, 순교자, 예언자, 스파이』.
2 에버하르트 베트게가 1944년 9월 21일 본회퍼에게 보낸 편지에서, *DBWE* 8:541.

의 생각을 흔들어 깨우는 그의 능력에 대해 살필 것이다.

본회퍼가 쓴 책들: 출발지

본회퍼의 『신도의 공동생활』이야말로 본회퍼 읽기를 위한 출발지가 될 듯하다. 이 짧은 책은 내용이 알찰 뿐만 아니라 도전적이기도 하다. 다음으로는 『옥중서간』을 추천한다. 이 책은 한꺼번에 통째로 읽을 수 있고, 그런 읽기가 유익하기도 하지만, 나는 이 책을 때때로 잠깐씩 읽으며 묵상하는 편이 훨씬 유익하리라고 믿는다. 세 번째 책은 *The Collected Sermons of Dietrich Bonhoeffer*(본회퍼 설교집)이다. 이 책은 본회퍼의 저작에서 뽑아 낸 31편의 설교 원고를 담고 있다. 다음으로 『나를 따르라』가 있다. 우리가 보았듯이, 이 책은 고전의 반열에 오른 이유가 있다. 이보다 부피가 작은 책 『본회퍼 십자가 부활의 명상』(*Mediations on the Cross*, 청우)은 본회퍼의 광범위한 저작들에서 발췌한 놀라운 문장들을 제공한다. 이 상위 다섯 책들에 우리는 그의 미완성 대표작인 『윤리학』을 더할 수 있다. 그러나 이 책을 한 문단으로 요약할 수 있다고 여기지 말라. 이 책은 난이도에 있어서 거의 10에 가깝지만, 본회퍼의 중요한 사상을 이해하는 데 필수적이다. 그러므로 상위 다섯 권에 더하여 보너스 한 권이 있는 셈이다.

- 『신도의 공동생활』(*Life Together*), 정지련, 손규태 옮김(대한기독교서회, 2010).
- 『저항과 복종: 옥중서간』(*Letters and Papers from Prison*), 손규태, 정지련 옮김(대한기독교서회, 2010).
- 『나를 따르라』(*The Cost of Discipleship*), 손규태, 이신건 옮김(대한기독교서회, 2010).

- 『본회퍼 십자가 부활의 명상』(*Dietrich Bonhoeffer: Meditations on the Cross*), 연규홍 옮김(청우, 2006).

그리고 강심장을 가진 이들을 위한 보너스 한 권이 있다.

- 『윤리학』(*Ethics*), 손규태, 이신건, 오성현 옮김(대한기독교서회, 2010).

본회퍼가 쓴 책들: 여행 계속하기

이상 여섯 권의 책들 외에도 『디트리히 본회퍼 묵상 52』(*A Year with Dietrich Bonhoeffer*, 이신건 옮김, 신앙과 지성사, 2010)이 있다.

또한 『본회퍼의 삶과 대강절 설교』(*Dietrich Bonhoeffer's Christmas Sermons*, 최재훈 옮김, 솔라피데출판사, 2008)가 있다. 마지막으로 만프레드 웨버(Manfred Weber)가 편집하고 유진 보링(Eugene Boring)이 번역한 *Reflections on the Bible: Human Word and Word of God*(성경에 대한 성찰: 인간의 말과 하나님의 말씀)은 성경에 대한 본회퍼의 가르침과 관련된 다양한 본문들을 접하는 데 아주 유용하다.

본회퍼의 다양한 저작들에서 뽑은 약간 방대하지만 유익한 읽을거리로 제프리 켈리(Geffrey Kelly)와 버턴 넬슨(Burton Nelson)이 편집한 *A Testament to Freedom: The Essential Writings of Dietrich Bonhoeffer*(자유에 대한 약속: 디트리히 본회퍼의 핵심 저작)이 있다.

끈기 있는 독자라면 다음 단계로 본회퍼의 전집을 읽는 것도 좋을 것이다. 포트리스 출판사(Fortress Press)는 총 16권으로 구성된 *Dietrich Bonhoeffer Works*(디트리히 본회퍼 작품집) 영어판을 출판했다. 이 책들은 본회퍼의 저작들에 대한 학술판으로 서론적 에세이와 풍부한 주석, 도움이 되는 부록들을 포함하고 있다. 또한 그 부록들 중에는 각

책들과 관련된 사건과 저술에 관한 연표, 완전한 색인, 그 책에서 언급된 인물의 색인과 사건에 대한 간략한 설명을 포함하고 있다. 한 권을 제외하고 전체가 나와 있다.

14권으로 구성된 *Theological Education at Finkenwalde: 1935-1937*(핑켄발트에서의 신학 교육: 1935-1937년)은 출간 준비 중에 있다. 다음으로 진정한 본회퍼 마니아에게는 독일어를 배울 것을 권한다. 그리고 16권으로 된 독일어 원전인 *Dietrich Bonhoeffer Werke*(디트리히 본회퍼 작품집)과 씨름해 볼 것을 권한다.

이와 더불어 품절된 책 한 권을 추천한다. 『옥중서간』은 본회퍼의 편지 전부를 수록하고 있지 않다. 그와 그의 약혼녀인 마리아 폰 베데마이어 사이에 오간 편지들이 빠져 있다. 그 편지들을 읽고자 한다면, 『옥중연서: 디트리히 본회퍼와 약혼녀 마리아의 편지』(*Love Letters from Cell 92*, 정현숙 옮김, 복있는사람, 2013)를 찾아 읽으라.

본회퍼에 관한 책들: 출발지

커피 테이블에 앉아 책장을 넘기며 읽기 좋은 책으로는 레나테 베트게(Renate Bethge)와 크리스티안 그레멜스(Christian Gremmels)가 편집한 『디트리히 본회퍼: 사진으로 보는 그의 삶』이 있다. 베트게 부인은 에버하르트 베트게와 결혼한 본회퍼의 조카딸이다. 이 책에서 본문과 사진은 조화를 이루면서 본회퍼의 삶을 면밀하게 보여 준다. 다음으로 에릭 메택시스가 쓴 『디트리히 본회퍼: 목사, 순교자, 예언자, 스파이』를 권한다. 활기 찬 필체로 쓰인 이 책은 그의 삶을 관통하며 살피게 한다. 메택시스의 책을 읽고도 영향이나 도전을 받지 않기란 사실상 불가능하다.

본회퍼의 삶에 이르는 또 다른 길은 파울 바르츠(Paul Barz)의 책 *I*

Am Bonhoeffer: A Credible Life(나는 본회퍼다: 신뢰할 만한 삶)이다. 이 책
은 소설이지만 본회퍼의 삶에 대한 연구에 기초해 거장의 솜씨로 쓰
였고, 본회퍼 학자들에게 높이 평가받고 있다. 본회퍼가 죽은 후 마리
아 폰 베데마이어에게 일어난 일에 대한 그의 설명은 감동적이다.

다음으로 페르디난드 쉬링겐지에펜(Ferdinand Schlingensiepen)이
쓴 *Dietrich Bonhoeffer 1906-1945: Martyr, Thinker, Man of
Resistance*(디트리히 본회퍼 1906-1945: 순교자, 사상가, 저항의 사람)이 있다. 본회
퍼를 좋아하는 이들은 이 전기를 메택시스의 것보다 더 좋아한다. 하
지만 그 책만큼 많이 읽지는 않는 듯하다.

마지막으로 에버하르트 베트게(Eberhard Bethge)가 쓴 1천 페이지가
넘는 전기 『디트리히 본회퍼, 신학자-그리스도인-동시대인』이 있다.
만약 시간이 충분하다면, 이 책이야말로 당신을 위한 책이 될 것이다.
이 책은 핑켄발트에서는 제자였으나 투옥기간에는 편지로 우정을
쌓은 베트게가 본회퍼의 삶을 거의 월 단위로 기록한 것이다. 베트게
는 그의 전 생애를 본회퍼의 문학적 유산을 살피는 데 쏟았다. 베트
게가 쓴 이 전기는 그 자신의 유산이기도 하다. 아주 방대하지만 매
력적이고 풍부한 내용을 담고 있다. 본회퍼 전기들 중 최고봉이라 할
수 있다.

그렇게 해서 아래와 같은 상위 다섯 권의 목록이 나온다.

- 레나테 베트게, 크리스티안 그레멜스, 『디트리히 본회퍼: 사진으로 보
  는 그의 삶』(*Dietrich Bonhoeffer: A Life in Picture*), 정성묵 옮김, 가치창
  조, 2010.
- 에릭 메택시스, 『디트리히 본회퍼: 목사, 순교자, 예언자, 스파이』
  (*Bonhoeffer: Pastor, Martyr, Prophet, Spy*), 김순현 옮김, 포이에마, 2011.

• 에버하르트 베트게, 『디트리히 본회퍼, 신학자-그리스도인-동시대인』(*Dietrich Bonhoeffer: A Biography*), 김순현 옮김, 복있는사람, 2014.

• Barz, Paul, *I Am Bonhoeffer: A Credible Life.* Minneapolis: Fortress, 2006.

• Schlingensiepen, Ferdinand. *Dietrich Bonhoeffer 1906-1945: Martyr, Thinker, Man of Resistance.* London: T&T Clark, 2011.

본회퍼에 관한 책들: 여행 계속하기

마르틴 마티(Martin Marty)는 종교적 인물들의 삶을 다루는 시리즈 중 일부인 그의 책 *Dietrich Bonhoeffer's "Letters and Papers from Prison": A Biography*(디트리히 본회퍼의 "옥중서간": 하나의 전기)를 통해 즐거운 읽을거리를 제공한다. 본회퍼의 사상에 대한 포괄적인 개괄을 위해서는 자비네 드람(Sabine Dramm)이 쓴 『본회퍼를 만나다』(*Dietrich Bonhoeffer: An Introduction to His Thought*, 김홍진 옮김, 대한기독교서회, 2013)가 아주 큰 도움이 된다. 크레이그 슬레인(Craig Slane)은 *Bonhoeffer as Martyr: Social Responsibility and Modern Christian Commitment*(순교자로서의 본회퍼: 사회적 책임과 현대의 기독교적 헌신)에서 본회퍼의 삶과 지금도 논쟁이 되고 있는 히틀러 암살 계획에 대한 개입을 핑켄발트에서의 경험이라는 렌즈로 살펴본다. 이와 함께 얇은 책이기는 하나 존 매튜스(John Matthews)가 쓴 『그리스도 중심적 영성』(*Anxious Souls Will Ask*, 공보경 옮김, SFC출판부, 2006)은 본회퍼의 예언자적 삶을 이해하도록 돕고, 우리의 문화 속에서 예언자적 입장을 취하도록 도전한다. 마크 디바인(Mark Devine)의 『본회퍼의 삶과 신학』(*Bonhoeffer Speaks Today*, 정은영 옮김, 한스컨텐츠, 2006)은 교회의 삶에 대한 본회퍼의 도전을 현대 교회에 적용한 아주 훌륭한 책이다. 이런 책들을 마무리하는 것으로는 케이스 존슨(Keith Johnson)과 티모시 라센(Timothy Larsen)이 편집한 아주 유익한 에세이 모음집인 *Bonhoeffer, Christ and Culture*(본회퍼와 그리스도, 문화)가 있다. 휘튼 신학교 컨퍼런스에 제출되었던 이 에세이들은 본회퍼의 신학과 유산을 탐색한다.

마지막으로 품절된 책 한 권을 추천한다. 월프-디터 짐머만(Wolf-Dieter Zimmermann)과 로널드 그레고르 스미스(Ronald Gregor Smith)가 쓴 *I Knew Bonhoeffer*(내가 아는 본회퍼)라는 책이다. 본회퍼의 학생들과 조교들, 그리고 친지들이 본회퍼에 대한 기억을 추억하며 모아 놓은 이 책은 그의 삶과 사상 위에 드리워져 있던 커튼을 활짝 열어젖힌다.

영화

이런 책들에 더하여 본회퍼에 관한 필름을 보며 시간을 보낼 수도 있다. 마르틴 도블메이어(Martin Doblmeier)는 본회퍼 탄생 백주년을 기념하는 장편 다큐멘터리 *Bonhoeffer*(본회퍼)를 출시한 바 있다. 다른 다큐멘터리로는 모한(T. N. Mohan)이 주된 역할을 맡고, 에드 아스너(Ed Asner)가 내레이션을 맡은 *Hanged on a Twisted Cross*(뒤틀린 십자가에 매달리다)와 *Dietrich Bonhoeffer: Memories and Perspectives*(디트리히 본회퍼: 기억과 관점들)이 있다. 이런 다큐멘터리에 더하여 영화 *Bonhoeffer: Agent of Grace*(본회퍼: 은혜의 대리인)이 있다.

무인도에 갈 때 가져가야 할 상위 다섯 권의 책들

『신도의 공동생활』

『디트리히 본회퍼 설교집』

『윤리학』

『디트리히 본회퍼: 사진으로 보는 그의 삶』

『본회퍼: 목회자, 순교자, 예언자, 스파이』

나를 위해 근심하거나 걱정하지 말게나. 그럴 일은 없으리라고 확신하네만, 나를 위해 기도하는 것은 잊지 말게. 하나님의 인도하시는 손길을 굳게 믿는 나는 그런 확실성 안에서 보호받기를 바라고 있네. 자네는 내가 지금 이 길을 감사와 즐거움으로 여행하고 있다는 사실을 의심해서는 안 되네. 내 과거의 삶은 하나님의 선하심으로 가득 차 있고, 내 죄는 십자가에 달리신 그리스도의 용서하시는 사랑에 덮여 있네. 내가 만난 사람들에게 크게 감사하고 있네. 그리고 그들이 나 때문에 슬퍼하는 대신 나처럼 언제나 하나님의 자비와 용서를 확신하고 감사하기를 바랄 뿐이네(디트리히 본회퍼, 테겔 형무소, 1944년 8월 23일).

본회퍼 생애 연표

1906	2월 6일 베를린에서 출생
1923-1924	튀빙겐과 베를린 대학에서 신학 공부, 이탈리아와 북아프리카 여행
1927	첫 번째 박사학위 취득, 『성도의 교제』 집필
1928	바르셀로나에서 목회
1930	두 번째 박사학위 취득, 대학 교수 자격 취득, 『행위와 존재』 집필
1930-1931	뉴욕 유니온 신학교에서 공부, 할렘에서 목회, 미국 전역과 쿠바 여행
1931-1932	베를린 대학에서 강의, 이 강의에 그리스도론 강연(학생들의 노트를 자료 삼아 사후에 『중심이신 그리스도』라는 제목으로 출판)과 『창조와 타락』(1933년에 출판)에 관한 강연이 포함됨
1933	고백 교회에서의 초기 사역, 『베델 신앙고백』 초안과 8월 버전 작성, 10월에 런던 사역 시작
1934	봄에 에큐메니컬 운동을 위해 런던에서 돌아옴, 8월에 파뇌 컨퍼런스에 참석, 11월에 잠시 런던으로 돌아감
1935	처음에는 징스트에서 다음에는 핑켄발트에서 고백 교회 설교자들을 위한 지하 신학교 개소
1936	게슈타포에 의해 베를린 대학교 교수직 박탈, 핑켄발트에서 강연과 사역 계속함, 『나를 따르라』 출판
1937	게슈타포가 핑켄발트를 폐쇄함, 27명의 학생들이 체포됨, 본회퍼는 포메라니아 지역에서 일군의 젊은 목회자들을 가르침
1938	『신도의 공동생활』 집필, 목사단 교육 계속함
1939	미국으로 떠남, 돌아오기로 결심함, 목사단 교육 계속함
1940	게슈타포가 코슬린과 시그루드소프에 있는 목사단 거점들을 폐쇄함, 본회퍼가 그의 매형 한스 폰 도나니의 권유로 아브페어(군사 정보국)

에 들어감, 게슈타포에 의해 공적 연설과 집필을 금지당함, 『윤리학』 집필 시작

1941 아브페어를 위해 광범위하게 여행하며 고백 교회를 위해 일함, 『윤리학』 작업, 베를린과 다른 도시들로부터 유대인들을 소거하는 "작전 7"에 대한 보고서 작성

1942 아브페어를 위해 광범위하게 여행하며 고백 교회를 위해 일함, 마리아 폰 베데마이어와 만남, 11월에 그녀와 약혼을 시도함

1943 1월에 마리아와 약혼, 4월 5일에 게슈타포에 의해 체포되어 테겔 형무소에 수감, 옥중서간(편지, 시, 소설, 그리고 『윤리학』 원고) 작성 시작

1944 테겔 형무소에서 재판을 기다림, 옥중 서간 작성 계속함, 7월 20일에 발키리 계획 실패, 9월에 조센 문서 발견, 베를린으로 이송되어 프린츠-알브레히트 가에 있는 게슈타포 본부 지하 감옥에 수감됨, 글쓰기 활동 심각하게 축소됨

1945 2월 7일(39번째 생일 다음날)에 부켄발트로, 다음으로 레겐스부르크로 이송, 4월 5일에 히틀러가 사형집행 명령 하달, 4월 8일에 프로센베르크로 이송, 4월 9일에 프로센베르크 강제수용소에서 교수형 집행

부록 B

그리스도인의 삶에 관한 본회퍼의 사상 개요

그리스도 안에서	공동체 안에서	사랑 안에서
그리스도론	교회론	윤리학
그리스도 목적적 제자도: 성육하시고, 십자가에 달리시고, 부활하신 주님 안에서 그분을 향해 살기	교회-공동체	그리스도를 따름 삼위일체 하나님을 사랑하기
성육신 • 겸비와 의존의 계발 • "차안적 제자도"	기도 • 홀로 드리는 기도 • 함께 서로의 짐을 짊어지고 드리는 기도	이웃 사랑/ 말씀 안에서 살기 자아에 대해 죽고 그리스도와 함께 부활하기
십자가 처형 • 십자가 아래에서 십자가로부터 살기 • 용서받고 용서하기 • 하나님의 은혜와 자비, 그리고 사랑 안에서 살기 • 고난에 대한 이해와 포용	성경 • 하나님의 말씀을 가르치고 선포하기 • 하나님의 말씀을 읽고, 거기에 순종하며, 그것을 따라 살기	자아에 대한 노예 상태에서 해방 타인을 섬기기 위한 자유 우리가 세상 속에서 살아갈 때 지켜야 할 "네 가지 명령"
부활 • "예수님은 살아 계시다. 나에게는 희망이 있다." • 그리스도와 함께 부활하기	고백 • 신학을 가르치고 신학과 씨름하기 • 신학적으로 살기 성례 • 세례, 그리고 삶을 위한 양분으로서 또한 은혜의 수단으로서의 주님의 만찬	• 일 • 결혼 • 정부 • 교회
십자가에서	세상을 향하여	

본회퍼가 말하는 그리스도인의 삶 **289**

본회퍼가 말하는 그리스도인의 삶

십자가에서 세상을 향하여

초판 1쇄 인쇄   2014년 9월 12일
초판 1쇄 발행   2014년 9월 16일
개정판 1쇄 인쇄   2023년 2월 16일
개정판 1쇄 발행   2023년 2월 23일

지은이 스티븐 니콜스
옮긴이 김광남
펴낸이 정선숙

펴낸곳 협동조합 아바서원
등록 제 110-86-15973(2005년 2월 21일)
주소 경기도 고양시 덕양구 삼원로 51 원흥줌하이필드 606호
전화 02-388-7944 **팩스** 02-389-7944
이메일 abbabooks@hanmail.net

협동조합 아바서원, 2016

ISBN 979-11-90376-65-5 03230